Christian Morgenstern
Stufen

W03337435

SERIE PIPER
Band 273

Zu diesem Buch

»Ein Buch ist nicht etwas, was ein Mensch geschrieben hat, sondern dieses Menschenmysterium selbst« – auf keines seiner Bücher trifft diese Aussage Christian Morgensterns in so besonderem Maße zu wie auf seine »Stufen«. Sie sind eine Summe seines Lebens, Frucht seiner stetigen Suche nach bleibenden Wahrheiten, die dann doch nur als Stationen am Wege Bestand haben können.
»Es liegt mir nicht daran, mit diesen durch Jahre gehenden Notizen ein neues Büchlein Aphorismen zu anderen zu geben. Es liegt mir nicht daran, mich irgendwie als Mystiker oder dergleichen herauszustellen. Zweck dieser Blätter ist allein der, aus einem Stück Entwickelung das zu lernen zu geben, was ein Stück Entwickelung nun eben zu lernen geben kann.«
Die »Stufen« sind mit Sicherheit das gedankenreichste Werk Morgensterns, sie breiten vor dem Leser seine Reflexionen über Natur und Kunst, über Sprache und Literatur, über Philosophie, Psychologie und Pädagogik aus – Fragen, die ihn ein Leben lang beschäftigt haben.

Christian Morgenstern, geboren 1871 in München als Sohn des Malers Carl Ernst Morgenstern. Der Autor der berühmten »Galgenlieder« und des »Palmström« begann schon 1901, vier Jahre vor Erscheinen des »Tagebuchs eines Mystikers«, Tagebuchnotizen und Aphorismen festzuhalten, die später dann in die »Stufen« eingegangen sind. Morgenstern starb 1914 in der Nähe von Meran.

Christian Morgenstern

STUFEN
und andere Aphorismen und Sprüche

Piper
München Zürich

Von Christian Morgenstern liegen in der Serie Piper außerdem vor:

Galgenlieder (291)
Palmström (375)
Das Morgenstern Buch (452)
sowie
Michael Bauer:
Christian Morgensterns Leben und Werk (421)

ISBN 3-492-00573-x
Neuausgabe 1982
3. Auflage von Band III der Werke in vier Bänden,
46.–50. Tausend Januar 1986
(2. Auflage, 9.–13. Tausend dieser Ausgabe)
© R. Piper GmbH & Co. KG, München 1986
Umschlag: Federico Luci
Satz: Welsermühl, Wels
Druck und Bindung: Clausen & Bosse, Leck
Printed in Germany

Inhalt

Zur Anordnung des Bandes

Im Jahre 1918 wurde eine umfangreiche Sammlung der Aufzeichnungen und Aphorismen Christian Morgensterns aus dem Nachlaß unter dem Titel »Stufen« veröffentlicht. Sie war einerseits nach Themen und Jahren geordnet und gipfelte andererseits im »Tagebuch eines Mystikers«. In die Sammlung waren auch, ohne Kennzeichnung, die schon bei Lebzeiten publizierten Aphorismen übernommen worden. Weitere Aphorismen und Aufzeichnungen hat Michael Bauer in seiner Morgenstern-Monographie (1933) bekanntgemacht und Margareta Morgenstern in ihrer Neuausgabe »Aphorismen und Sprüche« (1960).

Diese Überlieferungslage bestimmte die Neuordnung. Die noch bei Lebzeiten veröffentlichten Aufzeichnungen wurden aus den »Stufen« herausgenommen, um eine Vorstellung davon zu vermitteln, wie Morgenstern selbst die Anordnung der Aphorismen vorgenommen hat. Sodann wurde das »Tagebuch eines Mystikers«, von dem Morgenstern seit 1906 sprach und an dem er noch 1912 in Davos arbeitete, als geschlossener Komplex kenntlich gemacht. In ihm spielten sich wichtige Auseinandersetzungen mit Nietzsche und Mauthner ab, und in dem ersten Kapitel, »In me ipsum«, ist der Beginn des Tagebuchs deutlich markiert. Dieses Kapitel wurde »Melencolia: Erkenntnisleiden« genannt. Den Titel »Melancolia« konnte Morgenstern 1906 nicht für eine neue Gedichtsammlung durchsetzen; sie wurde mit »Melancholie« überschrieben.

Durch die Herausstellung des »Tagebuch eines Mystikers« als Beginn der eigentlichen Aufzeichnungen und Aphorismen war es möglich, die übrigen Aufzeichnungen in drei Gruppen zu gliedern. Die eine Gruppe entspricht der Intention Morgensterns, eine »weltliche Periode (Nietzsche)« für seine Entwicklung anzusetzen; sie erhielt den Titel »Für sich befreiende Geister« (an Efraim Frisch, 5. 2. 1901). Die andere Gruppe umfaßt den Kunstkomplex (Natur, Literatur, Kunst, Theater) unter dem Titel »Wider den literarischen Jargon« (in Anlehnung an einen Aphorismus zur Philoso-

phie). Die letzte Gruppe verrät Morgensterns Verstrickung in die geistigen Auseinandersetzungen vor dem Ersten Weltkrieg: »Im Spiegelkerker« – nach dem Aphorismus »Der Mensch ist ein in einem Spiegelkerker Gefangener«. Außerdem wurden die frühen Aufzeichnungen als eigene Gruppe behandelt, um die Lücke von 1896 bis 1904 zu beseitigen, die bisher immer Anlaß zur Kritik gegeben hat.
Die neue Anordnung läßt noch die Gliederung in den »Stufen« erkennen, weil die früheren Kapitelüberschriften erhalten sind. Neben der anthroposophischen Sinngebung im »Weltbild« wurden aber jetzt auch die drei Schwerpunkte in Morgensterns Werk und Leben hervorgehoben: mystische Einübung, Nietzsches Unzeitgemäßheit und Dienst an der Kunst.
Ausgelassen wurden solche Aufzeichnungen, die Wiederholungen enthalten, deren Thematik schon in den Briefen oder Sprüchen auftauchte oder die, allzu jugendstilhaft, dem kritisch-theoretischen Bewußtsein der Gegenwart nicht mehr standhalten. Das gilt natürlich nicht für die Aphorismen, die Morgenstern noch selbst veröffentlicht hat. Es steht zu hoffen, daß durch die vorsichtige Wiederherstellung und durch die problemorientierte Auswahl dem Leser genug Gelegenheit geboten ist, die Gdanken Morgensterns noch einmal zu bedenken und den Ernst der Auseinandersetzungen als einen Weg zur Darstellung des Selbst zu begreifen.
Die Auswahl von Sprüchen und Epigrammen im Anhang durfte knapp ausfallen, weil auch das Gedichtbuch »Melancholie« einen Abschnitt »Sprüche« enthält und weil die Sammlung »Wir fanden einen Pfad« vorwiegend Spruchcharakter hat. Es sind bei der Auswahl besonders jene Sprüche berücksichtigt worden, die die existentielle Situation des Autors erhellen und die deshalb für uns einen erkenntniskritischen Wert haben.
Zuletzt sei noch auf den Index hingewiesen, durch den zum erstenmal alle Aphorismen nach Stichworten erfaßt sind und den Barbara Klose und Marlies Tropp erstellt haben.

Clemens Heselhaus

PRISMA MEINES GEISTES

Aufzeichnungen und Aphorismen in Zeitschriften (1904–1916)

Das Theater (1904)

(Zum Thema Strindberg.) Es entsteht jedesmal ein bedeutendes Schütteln des Kopfes, wenn ein absonderlicher Mensch durch das Mittel einer großen künstlerischen Begabung in die Welt hinausgreift. Begabung sollte eigentlich immer mit Bravheit gepaart sein, meint man, da man gern in aller Ruhe lernen und bewundern will; so kommt man weiter in der Bravheit, und damit, meint man, in der Kultur. Ein Mensch, der einen nötigt, mit ihm zu laufen, dann jäh wieder umzukehren, dann plötzlich ins Wasser zu springen, darauf vielleicht donquichotisch auf ein eingebildetes Amazonenheer loszurücken, schließlich mit einem Male in einem Kloster zu verschwinden, um mit einer Maske in der Linken und einer Geißel in der Rechten wieder hervorzukommen, ein solcher Irrstern und Wirbelsturm wird nicht gern einregistriert und als voll genommen. Ein genialer Verrücktling, sagt man und geht wieder zur Ordnung über. Daß aber hier ein Mensch wie ein gehetztes Wild durch die Felder und Wälder, Schluchten und Flüsse des Lebens stürzt, gehetzt – ja wovon? – von irgendeinem Verfolgungswahn: als flöge die Finsternis hinter ihm her, aus der er entsprungen, und er müßte das ewige Licht finden, bevor sie ihn wieder packte, – oder von irgendeinem Sehnsuchtswahn – wonach? –: nach dem grünen Wiesental eines unbewölkten Friedens oder nach dem Gipfelfelsen über den Nebeln, von dem aus er hinüberfliegen könnte ans Ufer eines anderen Sterns, einer höheren Welt, – daß aber hier ein Mensch durch die Welt geht, allen Jammer des Menschlichen vor sich her tragend in Jubel und Hohn und Haß und jedem Gefühl vom niedrigsten bis zum höchsten, das wird als nichts empfunden, das bleibt tot und unfruchtbar für den ganzen Bann der Geordneten.

So ein Toter aber, solch ein den meisten nur selten und unvollkommen lebendig Werdender ist August Strindberg, ein gehetztes Wild, eine laufende Flammensäule, ein Mensch, alles in allem, vor dem die Sehnsucht nach jenem »Blitz aus der Wolke, der da heißt Über-Mensch« aufschreit, wenn irgendwo: denn dieser Untergehende ist ein Hinübergehender.

Was liegt an »Werken« (im letzten Grunde), was an Korrektheit, Bravheit, Nützlichkeit, Tradition, Gemüt, Liebe – kurz was an all dem Vordergrundswesen, außer daß da ein Mensch seinen Sinn sucht – ein *Mensch.* »Respektiert den Menschen –«; er kommt so selten zum Vorschein. Die Menschen – was sind sie wert. Der Mensch ist immer ein Phänomen. Er sieht nicht schön aus: Irgendwie heißt sein Name und Ruhlos sein Schuh, sein Rock heißt Elend, seine Zunge Eitelkeit, sein Eingeweide Wollust, sein Herz Flamme, sein Auge Sonnenheimweh, sein Wanderstab Nirgendsheim und seine bittere Nahrung Er selbst.

In den Höfen und Gärten des Menschlichen gibt es viel Nützliches und Tüchtiges zu tun. Da gebe es nur den Schurz und die Schaufel. Da wird das Handwerk getan. Aber in der Gespensterstunde von zwölf bis eins, da horcht hinaus auf die wilde Jagd der vom Genius Gezeichneten, da laßt den Menschen zu euch hinein und legt die Finger in seine Wunden und fühlt –: es gibt noch etwas, wovor Kunst und Wissen und all das versinkt wie ein Rauch.

Und da wird euch Strindberg nicht mehr nur ein genialer Sonderling dünken.

1 (1904) 185–186

Die neue Rundschau (1907–1916)

Ich habe soeben eine lange leidenschaftliche Epistel an meinen Ofen verfaßt und sie ihm dann übergeben. Er verschlang sie gierig und wärmte mir mit seinem Feuer eine Minute lang Gesicht und Hände. Gewiß, das war alles; aber es gibt Menschen, die nicht einmal wie ein Ofen zu antworten vermögen.

Im Himmel, könnte man sagen, wird es wenigstens keine Briefe mehr geben. Man wird zwar seine sämtlichen Briefträger dort wiederfinden – denn der Briefträger kommt *eo ipso* in den Himmel –, aber sie werden alle selige Engel und außer Dienst sein und nicht mehr das unberechenbare Schicksal deiner Tage und Nächte.

Denke dir einen Teppich aus Wasser. Und als die Stickerei dieses Teppichs die Geschichte des Menschen.

Wir müssen zusehen, aus den Formen, als die wir erschienen sind, bis zu unserm Ende zu Kugeln zu werden: Die Spirale der Ewigkeit hinabzurollen, nicht aber wie ungefüge Klötze hinabzurutschen oder hinabzupoltern, muß unser erster Wunsch und letzter Wille sein.

Das Letzte, was wir aneinander erleben, ist schließlich doch das Schmerzliche. Leide an mir, so spricht selbst noch das Liebste zu uns.

Man bemerkt bei den irdischen Ereignissen unserer Tage (den Vulkanausbrüchen, den Erdbeben) wieder einmal, wie gering bei den Menschen das Gefühl ist, welches das natürlichste von allen sein sollte: Das Gefühl des Zusammenhangs mit allem, was ist. Nicht einmal von Berlin bis Neapel reicht ihr Glaube an die Einheit und Korrespondenz aller Dinge; wie sollten sie dem Gedanken leben, daß das ganze Universum beständig in ihnen ist, wie sie es in ihm sind, ja daß jener Ausbruch des Vesuv so gut wie irgendein untergehender Stern hinter der Milchstraße nichts andres als ihre ureigenste Angelegenheit bedeutet?

Es ist eine wunderliche Empfindung, senkrecht in die Erde zu unsern Füßen hineinzudenken. Man kommt nicht weit, die Phantasie erstickt buchstäblich.

Mancher sucht sein Leben lang Kameradschaft, – aber man muß mit diesem Bedürfnis im Herzen nicht zu Frauen gehen. Sie wollen, eine jede, ausschließlich *geliebt* sein, sie wollen aus aller Kraft die Episode der Liebe, aber ohne sie dabei als Episode aufzufassen. Sie wollen ein ganzes Leben in Beschlag nehmen, aber dafür kein Leben der Kameradschaft, sondern ein Leben der Liebe geben. Ein Leben der Liebe aber ist ein Unding, wie ewige Musik oder ewiger Frühling. Die Liebe verdirbt die Seele zur Kameradschaft, sie ist kalt und heiß, eifersüchtig und unberechenbar, die Kameradschaft, die Freundschaft ist allein wahre Seelenliebe, sie ist bis zu jedem möglichen Grade unegoistisch, sie ist der höchste Zustand zwischen Mensch und Mensch. Die Liebe ist das Mittel zum Werden des Kindes, aber die Freundschaft ist das Mittel zum reif und süß Werden deiner selbst.

Wir sind alle hart und äußerlich zueinander, auch wenn wir noch so sehr aufeinander einzugehen trachten; aber wenn wir getrennt in unsern Zimmern liegen und nachts der Regen herniederfließt, dann suchen wir uns im Geiste mit zärtlicher, bereuender Teilnahme, dann drängen wir uns aneinander wie unwissende und zusammenschauernde Preisgegebne auf dunklem Meer, dann liebkosen und trösten sich unsere Seelen, die der erkältende Tag wieder verstocken und verhärten wird, dann lieben wir wirklich einander mit einer tiefen, schwermütigen, unbezwinglichen Liebe.

18 (1907) 512

Es gibt nichts Lohnenderes, als der Schwachheit des Menschen durch ein schönes Wort zu Hülfe zu kommen. Verordne einem »Patienten« dreimal täglich Manulavanz, und er wird sich über alle erhaben fühlen, die sich bloß die Hände waschen. Je interessanter du seine Gewohnheiten benennst, desto geschmeichelter und dankbarer wird er sein, und das eine Wörtchen Alkoholismus, um ein Beispiel zu nennen, hat sicherlich nicht nur Gorkis Satin, sondern unzählige andere Unglückliche unzählige Male berauscht und getröstet. Übersetze das Unglück maßvoll ins Arabische, Griechische, Lateinische, und du wirst ein wahrer Wohltäter der Menschen werden. Du gibst ihrem Geist dadurch Anregung, du verschaffst ihnen eine kleine Distanz zu ihren Leiden oder Lastern. Wie fremdartig ist es, Angina zu haben, wie beinahe ehrenvoll, die Krisis eintreten zu fühlen. Du knüpfst damit das Individuum, das nichts *mehr* fürchtet als das Alleinsein, das Alleingelassenwerden, an ferne, fremde Zeiten und Kulturen; das alte, das neue Europa versammelt sich um sein Lager, und selbst wenn die Pest es befällt und fällt, kommt sie ihm doch aus Asien: die Mutter der Menschheit selbst trifft es mit dem Schatten ihrer gewaltigen Flügel.

Es ist das Interessante an Büchern, über denen man eigentlich den Verstand verlieren müßte, daß man durch sie vielmehr an Verstand gewinnt. Freilich ist das nur ein neuer Kompromiß – denn anständigerweise müßte man allerdings nach ihrer Lektüre abdanken. Aber das Leben ist nicht das, was wir anständig zu nennen lieben. Allein schon der Umstand, daß der Autor seinen Verstand behalten hat, wird genügen, den Leser zum Gleichen zu veranlassen; es sei denn, daß er nur so beweisen zu können meinte, daß er noch tiefer als jener sei, daß er sozusagen aus Ehrgeiz, aus Willen zur Macht wahnsinnig zu werden geradezu – wünschte.

Betrachte die Welt: Alles wesentlich, alles unwesentlich. Unwesentlich die Mücke, wesentlich der Mensch; unwesentlich der Mensch, wesentlich die Menschheit; unwesentlich die Menschheit, wesentlich das Universum; unwesentlich das Universum, wesentlich ––?

Man muß Erdbeben sein und die festen Städte der Menschen immer wieder zu Falle bringen. Man muß ihre Mauern wandeln machen, sonst stockt das Leben in ihnen. Aber es kann auch Zeiten geben, da man Urgestein sein muß, dahinauf sich ein namenlos geängstigtes Geschlecht retten kann. Wo man um der Liebe willen, um des nackten Lebens willen die verwerfen und verleumden muß, die den Erdboden zur schwankenden Welle machten, die den Abgrund predigten und die Schauder der Ewigkeit. Man wird aus Himmel und Sternen wieder ein Bild machen, man wird die Spinnweben alter Märchen auf offene Wunden legen müssen und all das bunte Spielzeug wieder hervorholen, das die Kulturen bisher hervorbrachten.

Der Bürger und nichts als Bürger ist ein trister Anblick, aber der aus jeder und gar jeder Bürgerlichkeit hinausgeschreckte Mensch, der verfluchte Bürger, der irre, friedlose, von jeder Gewißheit enterbte, das personifizierte Grauen vor dem Unfaßbaren, der aus Tiefe wahnsinnig werdende Mensch – das wäre der Untergang selbst. »Oberflächlich aus Tiefe« – Lebenswort! Auf die Stirne von Tempeln!

Wer sich einmal in die Idee des »Teufels«, an dem »Gott« immer wieder zuschanden wird, von dem er immer wieder zum »Leben« verführt wird, versenkt, dem wird die Größe und Schönheit des Lebens fürder nicht Einwand sein können: Denn je unfaßlicher dieser Gott ist, desto unfaßlicher wird auch die Kunst seines Teufels sein müssen, desto »heiliger« wird sie erscheinen müssen, desto bejahungswürdiger die »Welt« für menschliche Urteilskraft.

Warum ist Mitleid nichts? Weil Mitleid dich ablenkt von dir auf den andern. Dich aber sollst du zu vollenden trachten, nicht den andern. Wer sich nach innen wendet in seine Tiefe, von dem fällt Mitleid ab wie ein Müßiggang. Er kann niemanden mehr bedauern um seines Leides willen, er könnte ihn höchstens um dessentwillen bedauern, daß ihn sein Leid nicht in sich hineintreibt, daß es ihn nicht vertieft. Wer sich und den Nächsten als Gott erkannt hat, von dem fällt Mitleid ab wie ein Geschwätz. Er wird den Nächsten zwar mehr als sich lieben und ihm sein Menschliches zum Opfer bringen können, wenn es das gilt, aber ohne Mitleid; denn mit großem Auge wird er durch sein Leiden hindurch ihn als Sich sehen; in dem aber, was er da sieht, fallen, wie Ekkehart sagt, alle Worte dahin. Da hat Mit-Leiden keinen Sinn und keinen Platz mehr.

Ich fürchte – und dieser unheimliche Gedanke kehrt mir, fast seit ich denken gelernt, immer wieder, –: nicht, daß wir sterben werden, ist zu fürchten, sondern daß wir nie sterben werden. Ich empfand dies immer unter folgenden Worten: Ich werde immer da sein. Und wenn ich heute meinem Leibe nach sterbe, wer will wissen, ob ich dann nicht – mein Freund bin? Nicht als ob etwas, was meine Seele genannt werden könnte, gewandert wäre, nein, sondern wie wenn ein Etwas in allem Lebendigen immer wäre und wüßte, daß es wäre ... Wer will wissen, ob er nicht aus seinem Freunde (wenn auch ganz und gar als dieser und mit allen physischen Prämissen) in die Welt blickt, in demselben Moment, wo er sein Bewußtsein verliert? Solange ich in meiner Form befangen bin, kann ich nichts Zweites sein, aber wenn diese

Form zerbricht, bin ich vielleicht das Zweite, und das Zweite ist vielleicht nichts als wieder das Eine.

Dostojewski. – Er führt eine Anzahl Menschen ein, die uns zunächst nur einfach fesseln, noch nicht erregen, wirft sie durcheinander, bringt sie in die unglaublichsten Verwicklungen, bis für jeden irgendeinmal die Stunde schlägt, wo er sein Innerstes enthüllen muß. Und enthüllt er sich nicht aus freien Stücken – und je bedeutender solch ein Mensch ist, desto verschlossener, schamhafter, unwilliger, ja selbst zynischer ist er – so wird er, ich möchte sagen, »gestellt«. Ein anderer setzt ihm das Messer auf die Brust. Aljoscha und Ivan Karamasow, Werssilow und sein Sohn im »Werdenden«, Schatoff und Stawrogin in den »Dämonen«. Lassen wir das, ruft Schatoff, davon später, sprechen Sie von der Hauptsache, von der Hauptsache ... Ich habe zwei Jahre auf Sie gewartet. Nicht meine Person selbst, zum Teufel mit ihr, – aber das andere –! Und dann sprechen sie alle von dem »andern«, von der Hauptsache: ob es einen Gott gibt oder nicht; was der Mensch tun muß, wenn es Gott nicht gibt; ob der Mensch überhaupt ohne Gott leben könne; wie im besondern das russische Volk diese höchste und brennendste Lebensfrage entscheide, und ob dieses Volk nicht vielleicht »das einzige Gott tragende Volk« heute sei, »das einzige, dem die Schlüssel des Lebens und des neuen Wortes gegeben sind«.

Es gibt keine Einzelschuld, es gibt nur Gesamtschuld. Wir müssen uns durchaus gegenwärtig halten, daß die Bestrafung eines Verbrechers durch unsere Behörden nur den Schein der Gerechtigkeit für sich hat, nicht die Gerechtigkeit selbst; denn wie könnte die wahre Gerechtigkeit sich gegen einen einzelnen wenden, sie, die das ganze Gewebe des Lebens vor sich ausgebreitet sähe.

Ob Geister, sofern es solche gibt, auch Bücher lesen? Ich

meine, ob sie, wie sie vielleicht in unserm Zimmer mit uns wohnen, auch dann und wann, in stillen Winternächten etwa, wenn sie es müde geworden sind, den massigen Menschenschläfer zu betrachten und zu belauschen, sich in die Werke vertiefen, die auf unserm Tische liegen? Vielleicht verstehen sie das Geheimnis, sie bei geschlossenem Deckel, ohne auch nur ein einziges Blatt umzuwenden, von Anfang bis Ende zu lesen. Wie ich darauf komme? Durch einen kleinen Druckfehler, in einem Werke, in dem ich gerade studiere. Ich zaudere, ihn zu verbessern, – es ist nichts weiter, als daß in dem Bindewort *dass* das *s* nicht verdoppelt ist; aber ich tue es endlich doch: Denn wenn es nun doch Geister gäbe, – müßten sie nicht unglücklich über diesen Fehler werden, den sie selbst nicht verbessern können und aus dessen Stehengebliebensein sie schließen müssen, daß ihr Freund ihrer nicht gedacht hat?

18 (1907) 1022–1024

Es gibt keinen größeren Stilisator in der Natur als den Tod. Gib das Leben dem Tod in die Hand und der übergibt es – seiner Kultur. Selbst mit dem Menschen ist es nicht anders. Je mehr uns der Tod in Händen hat, desto höhere Kunstwerke werden wir.

Es ist schauerlich Klavier spielen zu hören, während man über Berge und Täler hinwegblickt und die Erde als eine ihrer unzähligen Schwestern mit sich im unendlichen Raume schweben und kreisen fühlt.

Napoleon war ein Naturereignis. Ihn einen großen Schlächter schmähen, heißt nichts anderes als ein Erdbeben groben Unfug schelten oder ein Gewitter öffentliche Ruhestörung.

An Napoleon muß man im Gebirge denken, den Blick auf einen Teil der Erdkarte gerichtet, ein Panorama vor sich von

Bergen, Tälern, Dörfern und Städten. Und dann sich vorstellen, wie dieser eine kleine Korporal in die Breite solchen Lebens mit seiner einen kleinen Faust gegriffen, wie er gleich dem Monde das Meer, all dies schwerfällige, schwerflüssige Leben übermächtig zu sich emporzwang, so daß es auf eine Weile in ihm seinen natürlichen Mittel- und übernatürlichen Höhepunkt fand.

Was wäre Lagarde mit all seinen Forderungen, seiner Strenge und Höhe, wenn nicht eine so große Natur und eine so tiefe, fast unvergleichliche Bildung in jedem Verstande sein Besitz und sein Erwerb gewesen wäre. Er gleicht einem Marmorbild, auf dessen Sockel ewige Gebote eingegraben sind, aber dessen Erscheinung für sich allein noch gebietender wirkt als sie.

Man soll nicht immer nach Jahrzehnten und Jahrhunderten rechnen. Man soll sich Mut fassen und fühlen: tausend Jahre sind vor Ihm, dem Geist der Entwicklung, wie für uns ein Tag und eine Nachtwache.

Vielleicht wird jeder Planet so alt, bis er sich selbst erkennt und damit vollendet hat oder doch so, wie Goethe sagt: der Mensch muß von einem gewissen Zeitpunkte an wieder ruiniert werden.

Oh wenn erst die Leidenschaft für den Planeten als solche uns ergriffen haben wird, dann wird es auch keine Kriege mehr geben, dann werden ungleich gewaltigere Unternehmungen diese armseligen Kraftproben einer noch dunklen Periode überflüssig machen, denn freilich: das bittere Zuchtmittel des Krieges durch philantropische Phrasen nur einfach abschaffen zu wollen geht nicht an. Zuerst muß der Geist der Völker der neuen Aufgabe, den neuen höheren Ambitionen gewachsen werden, zuerst muß ihn der Furor jener neuen Anstrengungen, Wagnisse und Opfer anfallen, ehe er den alten blutigen *furor bellicus* entlassen darf, ehe er von sich sagen darf: ich habe den Krieg wahrhaft überwunden.

Wenn mich nicht alles trügt, so stehen wir dicht vor Künstlergenerationen, die sich des ganzen irdischen Lebensstoffes noch ganz anders bemächtigen werden als die bisherigen.

Dem Worte Größenwahn ist noch nie das Wort Kleinheitswahn oder Niedrigkeitswahn gegenübergeprägt worden. Und doch ist dieses Leiden so verbreitet, daß ganze Völker noch nicht darüber hinausgekommen sind, sich als bloße Tiere zu empfinden, zu gebärden und zu behandeln.

Wie mag in einem rechten Sturm ein Baum zum Gefühl seiner selbst kommen! Wie wunderbar ist eine Birke im Sturm! Wie göttlich graziös! Wie unsagbar malerisch.

Lärchen, Birken, Erlen, – ein fraulicher Wald.

Die hohen Tannen sprechen: Wir sind nicht traurig und nicht fröhlich, wir sind *fest*.

So ein Spinnentüchlein voll Regentropfen – wer macht das nach?

Jede Landschaft hat ihre eigene besondere Seele, wie ein Mensch, dem du gegenüberlebst. Dies wirst du am deutlichsten empfinden, wenn du den Eindruck einer gegenwärtigen mit dem Wiederbeschworenen vergleichst, den eine andere, frühere deiner Seele eingeprägt hat. Etwa wenn du einen Ausschnitt der gegenwärtigen betrachtest, der recht gut auch jener vergangenen angehören könnte, – so daß dir eine Weile so unheimlich zumute wird, als glaubtest du die Hand eines Anwesenden oder gar Verstorbenen zu halten, während es doch, wie du weißt, die des dir Gegenüberstehenden ist.

Und je mehr Gegenstände du daher besitzest, desto mehr Ansprüche hast du zu befriedigen. Nicht nur sie dienen uns, sondern auch wir müssen ihnen dienen. Und wir sind oft viel mehr ihre Diener, als sie die unsern.

Heftige Bewegungen machen alle Tiere scheu. So sollte sich auch der vollkommene Weise im Geistigen jäher Bewegungen enthalten. Im Grunde ist es das Gleiche, wie du an ein Pferd herangehst und sein Zutrauen gewinnst, und wie du an einen Menschen dich wendest und ihn eroberst.

Den seelischen Wert einer Frau erkennst du daran, wie sie zu altern versteht und wie sie sich im Alter darstellt.

Suche allem nach Möglichkeit eine Folge zu geben. Nichts macht das Leben ärmer, als anfangen und abbrechen.

Wer den Menschen mehr denn billig als Einzelperson nimmt, wird nur zu oft an ihm und mit ihm scheitern. Der Mensch ist nicht nur Einzelpersönlichkeit, sondern zugleich Volkszelle, wie die Volkspersönlichkeit zugleich wohl wieder in einer höheren Einheit aufgeht usf.

Wohin sollte die Natur in der Stufenfolge der Tiere im Menschen streben, wenn nicht dahin, daß Gott in ihm sich selbst erkenne? Dies aber, das Erkennen kann noch nicht sein letztes Ziel sein: er muß aus dieser Selbsterkenntnis noch zu irgendeinem Handeln hervorschreiten, muß ja sagen und tun wie der Zarathustra Nietzsches, oder nein wie der indische Buddha. Er muß das Schicksal der »Welt« an seinem Teile entscheiden; sie soll sein oder sie soll nicht sein. Und doch –.

20 (1909) 1366–1367

Es versteht sich mir fast von selbst, daß das, was ich bin, sich irgend einmal seines ganzen Lebens – in allen seinen Erscheinungsformen – erinnern wird.
Und es wird nichts sein – kein Richten, kein Wundern, nur ein Schauen. Aber in diesem Schauen wird Gericht oder Freispruch beschlossen sein.

Nicht daß ein Fürst in allen Stücken der Seinen Herzog sein möchte, ist der Schade, sondern, wenn er es seinem ganzen Vermögen nach nicht sein kann, nicht ist. Nicht nur einmal – zehnmal Absolutismus – und *nicht* Parlamentarismus, wenn ein wirklicher Herr und Herrscher in Frage kommt.

Eine Zeit des Geistes wird von selbst zur Monarchie zurückkehren. Laßt erst einmal Einen Geist über die Völker kommen, und sie werden nicht *mehr* begehren, als sich in ihren geborenen Führern auch sichtbarlich zu gipfeln.

Von letzten Dingen kann man nicht immer gemeinverständlich reden. Genug, fürs erste, daß man sich selbst verstand. (»Ich und Mich, der Freund ist immer erst der – Dritte.«) Ja, genug sogar, wenn selbst dies nur einmal geschah. Mir ist nie ein Satz verständlicher gewesen, als der Hegel zugeschriebene: daß er sich zuletzt selbst nicht mehr verstanden habe.

Alles Denken und Reden ist ein einziger Monolog der Gottheit. Aber in, so scheint es, Legionen Hirnen, aber mit Legionen Zungen.

Ich und du, einmal groß und einmal klein geschrieben – das ist die Weltformel. Ich und Du, und ich und du.

Mut, Mut, Mut, das fehlt dem sogenannten denkenden Wesen, dem Menschen, – als denkendem Wesen, – am meisten.

Und dann Phantasie. (Aber was wäre Phantasie ohne Mut?) Vielleicht ist Mangel an beiden eine der grundlegenden Lebensbedingungen, vielleicht kann der Mensch nur mit einem gewissen Quantum von Feigheit und Trägheit – existieren.

Wer mag wissen, was Glockengeläut z. B. in den Vögeln für eigentümliche, dunkle Gefühle auslöst. Ob sie sich da nicht momentweise auch »über sich selbst erheben«, nur so in einem dumpfen Drang ...

20 (1909) 1832

Alle Wissenschaft – um gerade einmal sie herauszugreifen – hat einen doppelten Wert. Einmal ihren Wert als Wissenschaft, den man allgemein für ihren eigentlichen, für ihren Hauptwert hält, und der doch nur ein Hilfswert ist, und ihren Wert als eine Art moralischer und intellektueller Gymnastik, deren Übung dem einzelnen die Möglichkeit gewährt, seine Persönlichkeit (ganz ebenso wie es z. B. die Disziplin bei einem Streckenwärter tut) – zu kräftigen, zu entwickeln, zu erhöhen. Und das ist ihr Hauptwert.
Und das ist der Hauptwert aller historisch gegebenen Berufe. Sie sind vor allem *Kunstgriffe,* – um der Kultur der Persönlichkeit willen. Es könnten auch andere sein, und es werden sich auch vermutlich auf zahllosen Planeten noch zahllose andere finden. Die Gesamtheit dieser Kunstgriffe und ihrer Benutzung nennt man dann die Geschichte des Planeten.

Weil wir niemals und nirgends etwas Totem gegenüberstehen, sondern immerdar dem Ausdruck irgendeines Willens – so ist alles Empfinden die unmittelbare Aufnahme jenes fremden Willens in unsern, der indessen sofort auch seine Wiederausstoßung folgt, seine Distanzierung, Zurückweisung, Objektivierung. – Das Bild der Welt bietet so im Großen und Fortwährenden das Bild der – Liebe, als welche ein ewiger Wechsel zur Einheit zusammenfließender Zweiheit und in Zweiheit sich sichselbstgegenüberstellender Einheit ist.

Wer mag wissen, ob unsere Erde in der Rangstufe unserer Planeten nicht einer der untersten, niedersten ist? Ob sie der Mehrzahl anderer Wandelsterne nicht etwa vorkommen möchte, wie einem Paris, einem London der Marktflecken Schildburg, oder wie einem Lionardo sein Hund oder sein Pferd.

Le style c'est l'homme ist eine der feinsten Tautologien, die es gibt. Was heißt es im Grunde anderes als: der Mensch – das ist der Mensch! Nur, daß unter dem Worte *style* der Mensch als geistiges Wesen angeschaut ist, und unter dem Worte *homme* auch als physisches. –

21 (1910) 582–583

In diesen Erzählungen von Liebe sehe ich immer nur eines: die Liebe als Selbstpreis. Selten oder nie, daß diese Menschen durch ihre Liebe zueinander *wachsen* wollen, daß sie sich über sich hinaus lieben. Daher denn auch die Übersättigung, ja der Ekel, der einen nach und vor derlei erfaßt, ein Verlangen, es möchte doch auch hier endlich eine neue Optik Platz greifen, eine tiefere, religiösere Betrachtung des Liebeslebens.

Manche Menschen treiben leicht ab. Unversehens sind sie anderswo, als wo man sie haben will, als wo sie sich selbst haben wollen.

Beobachte doch, wie alles Menschliche sich fortwährend selbst korrigiert. Wie sich ein ganz bestimmter – und nicht nur beliebiger oder »notwendiger« – Sinn des Lebens entwickelt, vielfach verschleiert, aber immer wieder hervorbrechend, sich immer reiner klärend und persönlicher enthüllend.

Wenn wir tausend Jahre wie einen Tag übersehen könnten, so würden wir die Entwicklung der Menschheit mit unheimlicher Schnelligkeit sich vollziehen sehen. So aber »sieht« vielleicht der Planet. Wir sehen nur die Individuen wachsen, er – die Typen.

Sollte in immer höherer Erkenntnis und Liebe (in immer höheren Formen) nicht die Möglichkeit immer höheren Glückes liegen? Welche Genugtuungen, wie viel demütiger Dank, wie viel namenloser Jubel steht uns vielleicht noch bevor! Denn immer wieder, wenn alles, was ist, sich unaufhörlich höher ver- und emporgottet – wo braucht es eine Grenze zu finden, wo hat Gott – ein Ende? Solch ein Aspekt aber ist erst einer Gottheit würdig – der ins Ewige und Unendliche.

Solange du um etwas nicht weißt, bist du unschuldig; sobald du aber um etwas weißt und doch gegen dein Wissen handelst, bist du schuldig.

(Nach einer Bemerkung Spittelers:) »Alle Wassergötter haben eine Neigung ins Komische zu fallen«, –: Einen Wassergott schaffen, der das Meer in seinem ganzen restlosen Ernst verkörpert!

Leichtsinn und Geduld, zwei weibliche Haupteigenschaften.

Wem das allgemeine Wohl das höchste Ziel auf Erden dünkt, der tut den Menschen gar nichts so Gutes, wie er meint. Man soll nie das Wohl, man soll nur das Heil jedes

Menschen im Auge haben, – zwei Dinge, die sich oft wie Wasser und Feuer unterscheiden.

Jedes einmal ins Licht getretene Wort ist ein Vorspann (der Menschheit) für immer.
Denn jedes fordert, sobald es nur sichtbar wird, zur Produktion heraus. Man kann kein Wort lesen oder hörend aufnehmen, ohne es zugleich aus seinen Schrift- oder Tonelementen wieder zu *schaffen.* Schaffen heißt beseelen, ein nicht wieder beseeltes Wort bliebe ein nicht wieder geschaffenes, d. h. für den Nichtbeseeler tot.

Man nehme ein paar beliebige Wörter: Fest. Ebene. Landschaft. Musik. Ganze Welten von Schöpfungen erheben sich, indem wir sie lesen.

Die Sprache ist eine ungeheure fortwährende Aufforderung zur Höherentwicklung. Die Sprache ist unser Geisterantlitz, das wir wie ein Wanderer in die unabsehbare und unausdenkbare Landschaft Gott unablässig weiter hineintragen.

Mit jedem Worte wachsen wir.

Warum sollte dies mein Leben ein Anfang oder Ende sein, da doch nichts ein Anfang oder Ende ist. Warum nicht einfach eine Fortsetzung, der unzähliges Wesensgleiche vorangegangen ist und unzähliges Wesensgleiche folgen wird.

Es ist der Schritt, der erobert. »En marche« – ist eines der schönsten Worte der Welt.

Die meisten wissen gar nicht, was sie für ein Tempo haben könnten, wenn sie sich nur einmal den Schlaf aus den Augen rieben.

In und trotz aller Geschäftigkeit – wieviel Verschlafenheit, wieviel Verträumtheit! Das wacht oft ein ganzes Leben lang nicht auf. Rüttelst du aber zu unsanft, so magst du leicht einen Stoß vor die Brust bekommen, wie von einem Schlaftrunkenen, den man vorzeitig stört. Tröste dich mit diesem »vorzeitig«. Und wer nicht aufstehen will, kann es wohl auch noch nicht, *muß* wohl noch – schlafen.

Optik! Optik! Wenn ihr euren ganzen »heutigen« Geist nur einmal von oben sehn könntet. Eure Wissenschaft, eure Kunst, euer tägliches Leben! Nicht um dies alles gering schätzen, o nein, nichts weniger als gering, sondern um es *richtig* schätzen zu lernen. Eine Menschheit, die zu sich selbst und ihrem Treiben noch keine wirkliche Distanz gewonnen hat, ist unreif, so erwachsen sie sich sonst auch gebärden mag.

21 (1910) 1319–1320

Man sollte nie ohne Abschied voneinander gehen. Denn weiß man, ob man sich – als diese Persönlichkeiten – wieder begegnet?

Nur durch Schaden werden wir klug – Leitmotiv der ganzen Evolution. Erst durch unzählige, bis ins Unendliche wiederholte leidvolle Erfahrungen lernt sich das Individuum zum Meister über sein und alles Leben empor. Alles ist Schule.

Wie leicht ist es, den Tyrannen zu hassen, wie schwer, ihn zu lieben. Das aber ist die Aufgabe.

Die kleinen Schwächen legt man am schwersten ab, so wie man der Moskitos schwerer Herr wird, als des Skorpions oder der Schlange. Und so ist es recht eigentlich das Kleine, was den Fortschritt der Menschheit aufhält: Gedankenlosigkeit, Unaufmerksamkeit, Trägheit, Lauheit.

Niemand wird die Welt verstehen, der sie von heute auf morgen verstehen zu müssen glaubt, der sich über die augenblickliche Konfiguration der Erde nicht so hinwegzusetzen vermag, daß ihm Heute und Morgen zu Unwesentlichkeiten werden. Niemand wird die Götter und ihre Werke verstehen, vor dem tausend Jahre nicht wie ein Tag sein können und wie eine Nachtwache.

Der Welt Schlüssel heißt Demut. Ohne ihn ist alles Klopfen, Horchen, Spähen umsonst.

Man muß aufhören können zu fragen, im Täglichen, wie im Ewigen.

Es gibt für Unzählige nur ein Heilmittel – die Katastrophe.

Der moderne Mensch »läuft« zu leicht »heiß«. Ihm fehlt zu sehr das Öl der Liebe.

Eine Wahrheit kann erst wirken, wenn der Empfänger für sie reif ist. Nicht an den Wahrheiten liegt es daher, wenn die Menschen noch so voller Unweisheit sind.

Der Nenner, auf den heute alles gebracht wird, ist Egoismus, noch nicht – Liebe.

So wie der Strom in das Meer muß, so muß der Amor in die Caritas.

Unsere Kulturen sind noch vorwiegend egoistisch, darum ist auch so wenig Segen in ihnen.

Jede Krankheit hat ihren besonderen Sinn; denn jede Krankheit ist eine Reinigung: man muß nur herausbekommen, wovon und wozu. Es gibt darüber annähernd sichere Aufschlüsse; aber die Menschen ziehen es vor, über hundert und tausend fremde Angelegenheiten zu lesen und zu denken, statt über ihre eigenen. Sie wollen die tiefen Hieroglyphen ihrer Krankheiten nicht lesen lernen, sie interessieren sich, gleich dem Neger, noch weit mehr für das Spielzeug des Lebens als für seinen Ernst, als für ihren Ernst. Hierin liegt die wahre Unheilbarkeit ihrer Krankheit, in Mangel an und in Widerwillen gegen Erkenntnis, hierin, nicht im Bakteriologischen.

Die Zeitung ist das Hauptspielzeug des europäischen Negers. Um die Zeitung verkauft er dem schlauen Händler Ahriman mindestens das eine Horn seiner Weisheit.

Die Menschheit ist ein großes Kind, dem feindliche Mächte unaufhörlich neues Spielzeug schaffen helfen, damit es sich nicht wesentlich entbabysiere. Was muß sie dagegen tun? Das Spielzeug, soweit es irgend geht – spiritualisieren, statt sich von ihm materialisieren zu lassen.

22 (1911) 1489

Man wirft dem Schriftsteller wieder einmal vor, daß er sich zu wenig mit Politik beschäftigt. Er soll Partei nehmen; und wer da nicht »wählt«, wird leicht Verräter gescholten. Aber wie? Wählt er wirklich nicht, ergreift er wirklich keine Partei? Bilden die Stillen im Lande keine Partei, und ist es ihre Schuld, daß die höchsten Geister, die sie als Führer verehren und wählen, in Land- und Reichstage sich nicht einordnen lassen, weil sie im Parlament der Menschheit sitzen?

Man dient seinem Volke auf mancherlei Weise und nicht am schlechtesten, indem man seinem politischen Leben in toto widerspricht. Das will nicht sagen, man glaube, es könne anders sein, ja, nicht einmal immer: es solle anders sein, als es ist. Geschichtliche Entwicklungen müssen ihren

Gang gehen und ihre Zeit haben, und wer es zum Beispiel für sonderlich wahrscheinlich hält, so viel Kriegsstoff zu Land, Luft und Wasser, wie gegenwärtig des Losbruchs harrt, könne dem Versucher eines Tages in den Hals zurückgeworfen werden, der ahnt weder, wie die Linke noch wie die Rechte Gottes arbeitet. Der wird mit seinem frommen Wunsch ebenso eine Ohnmacht sein, wie der wandellose Wunsch und Glaube des Frommen, daß die Menschheit eine Gemeinde des Christus werde, eine Macht ist, die zwar bekämpft, aber nie gebrochen werden kann und die im Himmlischen Jerusalem, wie es der Apokalyptiker nennt, das Endziel ihrer Polis weiß. Nicht also um fromme Wünsche handelt es sich, wenn einer auf seinen Wahlzettel des Großen Meisters Namen schreibt. Sondern um Zeugnisablegung inmitten einer Welt in gewissem Sinne der Welt sich Entfremdender, Welt-Fremder. Man kann an Völkern und Vaterländern auf mancherlei Weise bauen, es gibt nicht bloß die Schöpf- und Schöpferkelle der Wahlurne.

Wir leben heute noch recht wie Kinder, noch nicht wie erwachsene bewußte Menschen. Wir essen und trinken geruhig, während Mitmenschen neben uns verhungern und verdursten, wir gehen fröhlich in Freiheit herum, während Mitmenschen neben uns in Kerkern verderben. Wir können uns in jeder Weise freuen, während um uns in jeder Weise gelitten wird, und wenn wir selbst leiden, so haben wir die Unbefangenheit, mit dem Schicksal darob zu hadern. Oh, daß unser Herz und Geist mit den Zeiten verwandelt würde und diese bittre Häßlichkeit von uns abfiele und wir aus Kindern Erwachsene würden.

Geistige Leidenschaft, Leidenschaft fürs Geistige, – prüfen wir uns einmal, wie weit sie gemeinhin reicht. Nach allem Möglichen wird unter Umständen mit vier Pferden gejagt, aber wenn einer Morgen um Morgen dein Leben lang an deiner Türe vorbeigeht, mit Lebensbrot, so kann er ein Leben lang ungerufen daran vorbeigehen: denn seine Bettwärme oder sein appetitliches Frühstück oder seine Zeitung oder gar seine »Pflicht« läßt keiner so leicht im Stich – um Lebensbrotes willen.

Der Mensch will schon lange genug wieder frei werden von der nurfünfsinnlichen Beschränkung, die zu seinem Wachstum allerdings notwendig war, die er aber doch niemals ganz verlernt hat, als ein Joch und eine Schulung zu empfinden, daraus er eines Tages wieder hervorgehen werde, wie er eines Tages hineingegangen ist: als einer, der aus Geisteswelten hinabgestiegen ist und zu Geisteswelten wieder hinansteigt. Er *will* es – und wer einmal gefühlt hat, was der Wille des Menschen bedeutet, der weiß auch, daß vor diesem Willen, wenn der Tag der Reife gekommen, die Tore der alten Heimat sich auftun, wie von magischer Hand berührt. Er weiß, daß alles im Himmel und auf Erden ihm entgegenwächst, wenn es so weit ist; daß er nicht mehr zu darben braucht, wenn das Maß seiner Prüfungen voll ist. Denn war auch Kant ein großer Lehrer und Erzieher, wie viele Lehrer- und Erzieherstufen sind vom Kant-Menschen noch aufwärts, bis dahin, wovon es heißt: La Somma Sapienza è il Primo Amore.

23 (1912) 1783–1784

Die Menschen sollen einander lieben, aber damit ist nicht gesagt, daß ihnen dies nicht so schwer wie möglich gemacht wird und fallen soll, denn es gibt keine wohlfeile Liebe. Es gibt nirgends im Kosmos des Kreuzes billige Errungenschaften, und wie wäre er sonst auch seines Meisters und seiner Bestimmung würdig.

Werden wir krank, weil es einem plötzlichen Gewitterregen oder einem herabrutschenden Dachziegel so gefällt? Oder weil unsere Eltern krank waren oder weil rings um uns Krankheit herrscht? Oder weil wir uns selbst die Krankheit irgendwie verschrieben haben, auf daß sie uns von etwas Schlimmem, von einer Leidenschaft oder einem Irrtum etwa – heile? Vor der Geburt schon verschrieben, aus einer obzwar nicht minder individuellen aber zugleich viel höheren Erkenntnis und Weisheit heraus, als deren wir uns in unserer gegenwärtigen Wiederverkörperung bewußt sind?

Was gegen die höchsten, reinsten Empfindungen ausgespielt wird, sind nichts als die gleichen Empfindungen, nur noch mehr oder minder vor ihrer Katharsis. Wie kann man den Satz nachsprechen: Gott ist die Liebe, und an anderer Stelle der Meinung sein, eine vom Tierischen ganz losgelöste seelisch-geistige Liebe sei – wohl vielleicht eine reinere, aber auch eine kühlere, blassere, ohnmächtigere Liebe.

Übe dich an dem Worte: Mit der einen Hand wird gegeben, mit der anderen genommen. Alle Erziehung verläuft unter diesem Pendelgesetz. Alles Erzogensein besteht in der endlich errungenen inneren Ruhe dem einen wie dem andern Schicksal gegenüber und einer Liebe und einem Vertrauen, die höher sind als alle Vernunft zwischen Geburt und Tod.

Wer wollte den Gutartigen, den Begabten, den Wunderlichen nicht lieben. Aber den Böswilligen, den Ungeistigen, den Langweiligen zu lieben gilt es. Nicht so sehr ein jovialer Wirt sein allen, die ihre Zeche mehr oder minder bezahlen, als der barmherzige Samariter derer, die nichts mehr haben als ihr schmerzliches Schicksal.

24 (1913) 1475

Gespräch ist gegenseitige distanzierte Berührung. Ein Buch ist chiffriertes Tasten. Lies es, taste daran, und du wirst wiederbetastet werden, es wird sich die Erscheinung seines Verfassers auf und in die deine dechiffrieren, als telegraphierte er dir mit unsichtbaren Fingern durch die Stirn.

Wenn ein Schriftsteller sich jederzeit der Macht bewußt wäre, die in seine Hand gegeben ist, würde ein ungeheures Verantwortlichkeitsgefühl ihn eher lähmen als beflügeln. Auch das Bescheidenste, was er veröffentlicht, ist Same, den er streut und der in andern Seelen aufgeht, je nach seiner Art.

Es ist eine wunderliche Sache, dem Erklären und Beschreiben feinsinniger Historiker und Psychologen zuzusehen: mit wie geschickten Fingern sie das Leben zergliedern, zerfasern – und wie dennoch das Geheimnis dieses Lebens unberührt bleibt.

Wenn ich ein Musiker wäre, so würde ich einen gemischten Chor mit Orchester komponieren: den »Chor der Genesenden«, – und im Himmel selber sollte nicht tiefer, inbrünstiger und süßer gesungen werden.

Der Frühling ist etwas Herrliches. Der Frühling aber, der nicht mehr kommen *mußte,* der nur so aus überirdischer Gnade noch einmal gekommen ist, der ist nicht mit Namen zu nennen.

Es gehört mit zum Seltsamsten, was es gibt: das pure, lautere Gold liegt vor uns, um uns. Aber wir leben mit Blei, Kupfer, Zinn; von Minderem zu schweigen. Wir haben die Wahrheit wie die Sonne über uns und folgen Schatten und Gespenstern.

Man denkt und empfindet heute nicht über die nächsten zehn, hundert, bestenfalls einige hundert Jahre hinaus. Als ob uns, Erscheinungen der Ewigkeit, die Ewigkeit unserer Zukunft nicht gerade so anginge wie unsere nächsten Jahrhunderte, ja, als ob diese nicht allein aus jener richtig bestimmt werden könnten.

Wir müssen aus der wissenschaftlichen Idylle endlich wieder ins Große kommen. Wieder Atem holen lernen, das ist es. Das Netz, das die »Geschichte«, die »Weltgeschichte« über uns geworfen, als Netz erkennen und seine Maschen so weit machen, daß wir jeden Augenblick frei sein können, den wir frei sein wollen.

Machen wir uns doch von der Tyrannei der Geschichte frei. Ich sage nicht: von der Geschichte, ich sage: von der Tyrannei der Geschichte.

Die Geschichte ist eine Schlummerrolle, auf welcher gestickt steht: Ein Viertelstündchen. Aber ganze Generationen schlafen ihr ganzes Leben auf ihr. – Was ist dem Erwachten – Geschichte? Das, was – andre getan haben. Worauf er denn gar nicht genug an sein eigenes Tun denken kann.

Der Grundhang, das Leben zu einer Biedermeierei zu erniedrigen, ist es, den ich unter der Bezeichnung »bürgerlich« überall aufspüre und verfolge. Es ist die eigentliche Gefahr des Menschen, zu versimpeln. Man sollte täglich zu einer festgesetzten Stunde einen Glockenton durchs ganze Land gehen lassen, der keine andere Bedeutung hätte, als die, den Menschen in Erinnerung zu rufen, daß sie nicht nur Bürger von diesem Namen und jenem Stande seien, sondern unerforschliche Teile des Unerforschlichen. Man müßte eine eigene Glocke dafür erfinden und in unzähligen großen und kleinen Exemplaren gießen lassen: eine »Gedächtnisglocke des Menschen«. Wo aber ein Tempel gebaut würde, da müßte über seiner Pforte stehen: Dem furchtbaren Gott, oder: Mir Selber, dem dreimal Unbekannten.

Schaffen, schaffen, solange es nur noch irgend etwas umzuschaffen gibt. Nicht aus dieser Welt, solange es noch in ihr zu tun gibt!

Nur wer sich selbst verbrennt, wird den Menschen ewig wandernde Flamme.

Organisation ist das große Wort, dem die Zukunft gehört.

Zukunft! – un-er-schöpfliches Wort! O Lust, zu leben! O Lust, zu –– sterben!

Wohin können wir denn sterben, wenn nicht in immer höheres, größeres, schwersterblicheres – Leben hinein!

27 (1916) 1151–1152

Die Schaubühne (1910–1913)

Der wird das Drama der Gegenwart schreiben, der in die eine Hand die Vergangenheit, in die andre die Zukunft nimmt.

Ein schottischer Uhrmacher hat die Buchstaben der Hamlet-Rolle und die Buchstaben der Faust-Rolle zusammengezählt und die merkwürdige Entdeckung gemacht: wenn man die I-Punkte der englischen Ausgabe mitrechnet, erhält Hamlet ein Plus von 555; wenn man die I-Punkte des Faust mitrechnet, erhält dieser ein Plus von genau 1110.

Gordon Craig möchte Stücke ohne Text haben. Ich bin für Stücke, in denen allerdings fortwährend gesprochen wird, aber nicht dem Sinne mehr, nur noch dem Rhythmus nach.

6 (1910) 922

Wie die Gefahr des Tauchers der Tintenfisch, so des Grüblers die Melancholie.

In einer nicht ganz natürlichen Redeweise liegt eine Gefahr für den Sprecher wie für den Hörer. Das gilt vom persönlichen Verkehr wie von dem mit der Öffentlichkeit. So gibt es, zum Beispiel, Menschen, welche immer ein wenig ironisieiren. Sie nennen alles nicht so sehr beim Namen, als bei irgend einem Spitz- oder Übernamen. Damit wirken sie oft kurzweilig, öfter aber demoralisieren sie, ob auch nur um einen Schatten, sich wie den andern.

Für den Trägen gibt es nichts Aufreizenderes, als die unaufhörlich fortschreitende Zeit. Er fühlt, wie sie über ihn hinweggeht, und stammelt ihr in dumpfem Ingrimm seine Verwünschungen nach.

Mancher wird die ihm so bequeme Joppe des Materialismus mit nichts vertauschen wollen; es geht ihm, wie er sagt, der Sinn für – Feierlichkeit ab.

Es ist bekannt, wie viele verlorene Nadeln sich täglich auf Weg und Steg finden lassen. Im äußersten Gegensatz hierzu würden, gesetzt, auch geistige Dinge könnten in solcher Weise verloren gehen, täglich wohl kaum Ein Paar Scheuklappen gefunden werden.

»Hat die Religion eine Zukunft?« So gut, wie derjenige, der so fragt, eine Zukunft hat, in der er, wie zu hoffen steht, solchen Fragestellungen entwachsen sein wird.

Das ist das Fruchtbarste am großen Menschen, daß sein Anblick den, der ihn langsam zu erkennen beginnt, bis in den Tod hinein beschämt. Eine Erfahrung, von welcher aus dem Menschen klar werden kann, was ein – Gott für ihn sein kann, wenn er sich wirklich in ihn versenkt.

Der Mensch wird im allgemeinen unterschätzt.

Habe die Gabe der Unbestechlichkeit. So sehr auch Liebe für dich Partei ergreifen mag: dein Sein gilt, nicht dein Schein.

9 (1913) 14

Licht und Schatten (1913)

Wann wird dies sein? Wann wird das sein? – Wann wir es uns verdient haben werden.

Man hüte sich vor Lieblingsvorstellungen, Lieblingsideen. Dergleichen lenkt einen bloß von der großen Liebe ab, die sich allein auf die Menschheit in ihrem Vorwärtskommen richten soll; dergleichen sind bloß Fallgruben der Eigenbrödelei, Sackgassen der Egoität. Mag sich ins Kornfeld werfen, den Himmel angucken und Träume spinnen, wer die Wirklichkeit noch nie geschaut hat; wem die Augen offen wurden, der weiß, daß es für ihn nur noch einen *modus vivendi* gibt, den des entschlossenen Realisten der Liebe.

STUFEN (1918)
Aufzeichnungen und Aphorismen aus dem Nachlaß

Tagebuch eines Mystikers

Melencolia: Erkenntnisleiden (In me ipsum)

1906

Es wäre vielleicht der richtige Augenblick, ein Tagebuch zu beginnen. Draußen regnet es ununterbrochen seit neun Stunden und bringt mir meine Einsamkeit erdrückend zum Bewußtsein. Heute Nachmittag durchfuhr es mich: wenn ich meine Gedanken und mein Schaffen nicht hätte, wie würde ich dann wohl solch ein Krankenleben ertragen können. Und ich bin krank, wenn ich es auch fortwährend wieder vergesse und mitten in meiner Krankheit Stunden, Tage, Wochen vollkommener Gesundheit durchlebe, Zeiten voll herrlichsten Blühens, in denen der Zerfall in mir gleichsam überblüht, hinweggesiegt wird von einem Frühling, der Herbst und Winter des Leibes nicht anerkennt, der die Ordnung der Natur vergewaltigt und, als unüberwindliche immer wieder auferstehende Lebenskraft mich über mich selbst hinwegretten zu wollen scheint. Aber dann kommt ein Spätnachmittag mit seiner gefährlichen Muße, dann kommt ein nasser, trübseliger Tag wie dieser, und mit dem Vergessen dessen, »was ist«, ist es vorbei. Ich sehe ihn vor mir, meinen treusten Begleiter und Verfolger, den seltsamsten Kauz der Welt. Seine Beschäftigung besteht seit zehn, seit vierzehn Jahren darin, mich mit einer feinen Federpose in der Luftröhre zu reizen, gleich als wünschte er auf Erden nichts, als immer von neuem, Stunde um Stunde, Tag um Tag, Jahr um Jahr meine Stimme zu hören, lediglich die Stimme, unartikuliert, tierisch, ohne Form, ohne Inhalt, wie er denn wohl auch selbst nur ein tierischer Geist sein

mag, ein Gespenst ohne Hirn, nichts als fixe Idee von oben bis unten und ich sein einziges Ziel, sein einziger Lebenszweck.
Es berührt mich eigentümlich, wenn meine Freunde künftige Pläne vor mir ausbreiten. Die einen denken sich ein kleines Haus für mich aus in ihrer Nachbarschaft, die andern wollen mich weiß Gott wohin haben. Vielleicht, vielleicht. Aber ich gebe mir höchstens noch zehn Jahre. Und diese zehn Jahre haben ihre Bestimmung, und die ist kaum: Nachbar zu werden und Besuchsreisen zu machen. Am meisten schmerzt mich, was ich von dichterischen Möglichkeiten alles fallen lassen muß. Zum Drama werde ich nie gelangen, ich habe von Natur nicht das Zeug dazu und mich aufs Drama hinzudisziplinieren, dazu fehlt, wie gesagt, Zeit und dann auch Energie. Mein Widerwille nämlich gegen richtiges, zusammenhängendes »Schreiben« ist allzu groß. Daran wird auch mein Roman scheitern. Ich bin Gelegenheitsdichter und *nichts* weiter.

Den Gefahren, in welche mich von meinem 23. Jahre an die Schwäche und Reizbarkeit meiner Lunge brachte, verdanke ich nicht nur die Bestärkung in einer maßvollen und regelmäßigen Lebensweise, sondern auch die ruhige, fast ununterbrochene innere Entwickelung, die ich in diesen kritischen Jahren genommen habe. Ich habe also vielleicht gerade in diesen Jahren den Grund zu einem im doppelten Sinne gesunden Leben legen dürfen.

Wenn ich heute stürbe, glaube ich, alt genug geworden zu sein. Ich bin dann wenigstens alt genug geworden, um sterben zu können.

Warum muß ich so unaufhörlich unter mir und anderen leiden! Meine Seele ist fortwährend das Spiel über sie hinziehender Schatten.

Für mich gibt es nur ein Mittel, um die Achtung vor mir selbst nicht einzubüßen: Fortwährende Kritik.

Ihr wollt alle nur die Liebe zur Möglichkeit haben. Ich habe nur die Liebe zur Unmöglichkeit.

Kritik, Kritik, nimmer genug Kritik,
ein Spiegel sei mir noch das letzte Tor.

Wie die Nacht über einen Tod zieht, so zieht Vergessenheitsnacht allnächtlich über mein Gehirn. Ja, oft hat ein Tag so viele Tage und Nächte, wie bei andern wohl oft Wochen und Monate. Wenn mich jemand hypnotisierte, ich sei eine Mücke und hätte nur einen Tag zu leben, so glaube ich wohl, daß dieser Tag für mich ein ganzes Leben werden könnte.

Ich ermangele ganz des Vermögens, mir nach einer Beschreibung – und wenn sie noch so genau ist – ein Zimmer oder eine Landschaft vorzustellen. Bühnenanweisungen gehen an mir meistens spurlos vorüber und Schilderungen etwa wie des Hauses der Buddenbrooks gehen nur mit einigen groben Zügen in mein Gehirn ein.

Ich habe sehr sichere Instinkte, aber nicht die Gabe, eingehend zu begründen, zu erklären. Die Mehrzahl der Heutigen hat umgekehrt die Gabe des Begründens und Erklärens in hohem Maße, aber dafür keine innere Direktion. Es ist unendlich quälend, die Berechtigung seines Urteils immer wieder aufs neue beweisen zu sollen.

Ich bin wie eine Brieftaube, die man vom Urquell der Dinge in ein fernes, fremdes Land getragen und dort freigelassen hat. Sie trachtet ihr ganzes Leben nach der einstigen Heimat, ruhlos durchmißt sie das Land nach allen Seiten. Und oft fällt sie zu Boden in ihrer großen Müdigkeit, und man kommt, hebt sie auf, pflegt sie und will sie ans Haus gewöhnen. Aber so bald sie die Flügel nur wieder fühlt, fliegt sie von neuem fort, auf die einzige Fahrt, die ihrer Sehnsucht genügt, die unvermeidliche Suche nach dem Ort ihres Ursprungs.

Wenn ich etwas an Christus verstehe, so ist es das: »Und er entwich vor ihnen in die Wüste.«

Wie wenig meiner sicher bin ich doch noch. Mit welcher Leichtfertigkeit habe ich heute Abend über Menschen geredet: so daß ich nun nachts über mich erschrecke. (Ich werde mir doch das Armband »Denke daran« anlegen müssen.)

Eines kann ich wohl als Merkwort über all mein Leben und seine Erfahrungen schreiben: Fast alles, was ich geworden bin, verdanke ich mir selber, einigen Privatpersonen und dem Zufall. Von irgend einer bewußten organischen Kultur um mich herum, die das Einzelindividuum zu benutzen und systematisch auszubilden vermocht hätte, spürte ich nie etwas. Weder Eltern noch Lehrer noch irgendwer hat mich je kraftvoll in die Hand genommen und in großem Sinne erzogen. Und wenn ich, ein Mensch von ursprünglich glänzender Begabung, alles in allem ein Dilettant geblieben bin, so hat die Hälfte der Schuld daran gewiß die Unsumme von Dilettantismus, von Halbheit und Kulturlosigkeit, die ich überall gefunden habe, wohin mich meine bewegte Jugend geführt hat.
(Gelegentlich der herrlichen Schilderung der Krapotkinschen Jugend.)

Es ist bitter, sich sagen zu müssen, daß man zwischen 35 und 45 zu erledigen hat, was man zwischen 45 und 60 hätte sollen erledigen können.

Ihr macht mir aus meiner gleichmäßigen Höflichkeit gegen alle einen Vorwurf. Aber, was wollt ihr! Es gibt gewiß nicht gar so viele, denen es *leicht* fällt, die Menschen zu lieben. Nun, mir fällt es zuweilen leicht: warum sollte ich da gewaltsam unfreundlich zu ihnen sein? Ich finde an jedem etwas, was mir Sympathie oder doch Interesse abnötigt; und würde nicht mein Gefühl vom Einssein mit allem eine Lüge sein, wenn ich irgend einem Mitmenschen gegenüber völlig kalt bleiben könnte?

Ich bin der leichterregbarste und unbeeinflußbarste Mensch, den ich kenne.

Ist es ein Wunder, wenn dann und wann eine Nuance von Hochmut in einem auftaucht. Wenn man der offenbaren Niedertracht gegenüber zuweilen eisig wird – das Einzige, das ihr nicht zu Gebote steht. Die Menge weiß nichts von der Tiefe der Demut, die ein einzelner empfindet, der sich ganz zu erkennen strebt.

Luther spricht einmal von »bösen Gedanken«, deren Kommen man nicht hindern könne, aber die es gelte, vor der Schwelle bleiben zu lassen. Der Satz (dessen schöner kräftiger Wortlaut mir im Augenblick leider nicht gegenwärtig) ist mir oft im Leben ein Trost gewesen; denn ich habe von früh auf, d. h. wohl etwa von meinem 14. Jahr an, daran gelitten, daß in der Reihe meiner Assoziationen plötzlich zuweilen ein »häßlicher Gedanke«, eine häßliche Vorstellung auftauchte, die ich sofort als solche erkannte, ohne indes die Macht zu besitzen, ihr auszuweichen, ja ihr Wiedererscheinen zu hindern.

Ihr wollt meinen Platz wissen? Überall, wo gekämpft wird.

Meine Methode, ein Wort durch den Gestus zu finden.

Niemand war und ist mir eine empfindlichere Geißel als der richterlich geartete Mitmensch. Er ist für mich der personifizierte böse Blick. Vor ihm erschrickt alles Lebendige in mir so tief, als hätte der Tod selbst es gestreift. So mag eine Pflanze aufhören zu wachsen, wenn sie ein schlimmer Zauberer anhaucht. Sie will gern von Wind, Regen und Kälte vernichtet werden, und wenn sie jemand zertritt, so wird sie es als etwas Natürliches hinnehmen, aber sich bei lebendigem Leibe von einem andern lebenden Wesen schlechtweg in Frage stellen, verneinen, für unfähig, für einen Irrtum erklären lassen zu müssen und das nicht etwa unter einem Feuer von Leidenschaft, sondern kalt, vorbedacht – das ist unerträglich.

Dieser Ofen könnte mich veranlassen, zu bleiben. Er ist aus länglichen Kacheln gebaut, die ein von allerzartestem Lila umrahmtes milchweißes Ornament zeigen, und von schönen Verhältnissen. Wenn die Menschen mehr bedächten, wie viel Glück von einem einfachen Gegenstand ausgehen kann, wenn sich nur ein reiner Geschmack in ihm ausdrückt, würden sie unter den einfachsten Bedingungen viel dankbarer gegen ihr Leben sein dürfen. Ich kann nicht sagen, wie mich die ersten Architekturen des Südens (in Bozen) wieder bewegten. Ich glaube, ich werde von hier unaufhaltsam nach Italien hinabsinken – und vielleicht bloß um seiner Bauwerke willen, die mir den Menschen erhöhen, wie der Mensch sich in ihnen erhöht hat.

1907

Als Primaner versuchte ich zum ersten Mal zu einer lebendigen Vorstellung dessen zu gelangen, was wir des Alls Unendlichkeit nennen. Ich legte mich nachts auf einen fast horizontal gestellten Klappsessel in den Garten, und bemühte mich, über das rein Bildmäßige des Sternenhimmels hinaus in seine Wirklichkeit einzudringen. Es gelang mir so wohl, daß ich empfand: Jetzt noch eine Sekunde solcher Erdabwesenheit, ein einziger kleiner Schritt weiter und mein Gehirn ist auf immer verloren. Und ich brach das schauerliche Experiment ab. Jetzt, etwa fünfzehn Jahre später, droht mir die gleiche Gefahr am lichten Tage. Es begann an einem stählern blauen Frühlingsabende in einer Gartenanlage in Obermais, mit dem Blick auf die dem Vinschgau vorgelagerten Ketten. Die Berge formten sich ungefähr wie zu einem Maulwurfshügel zusammen, die Ortschaft, die Gegend um mich verloren ihre Wichtigkeit. Meine Mulde erschien mir nicht bedeutender als der Abdruck eines Daumenballens in einer Wachskugel, und mich trug der riesige doch kleine Planet wie ein Infusor auf seinem Rücken rund durch den Raum. Ein leichtes geistiges Schwindelgefühl, ein Vorgefühl von Seekrankheit des Geistes erfaßte mich. Die Begriffe oben und unten gingen in einem dritten unter. Ich saß da nur einfach von Luftdrucksgnaden.

Wenn ich das Gegenwärtige nicht so liebte, wenn ich diese Liebe nicht hätte wie einen großen und sicheren Fallschirm, ich wäre längst ins Bodenlose gefallen.

Da stamme ich nun von Malern – und muß den Zusammenbruch der Natur als eines *Bildes* in mir erleben!

Ich bin wie einer, der ohne Führer, nur so nach Karten und gelegentlicher Auskunft von Hirten und Wanderern ins Hochgebirge hineinsteigt. Niemand ahnt, mit was für Martern ich das oft zahlen muß und wie mir ein schneller Tod oft göttliche Wohltat wäre. Nein, mein »Dilettantismus« ist kein Spaß, keine Koketterie; er ist ein Schicksal, aber ich kann ihm nicht entrinnen; denn war mein Geist auch allezeit willig, meiner Physis fehlte es allezeit an jener letzten besten Energie, die sekundieren muß, wo irgend etwas Großes auf Erden werden soll.

Es ist viel Glück in mir, Glück, das mir meine Grenzen verschleiert und Glück, das sie mir ins Unbestimmte hinausrücken zu dürfen scheint. Ich habe viel Talent zum Leben, – wenn das Leben nur mehr Talent zu mir hätte. Aber manchmal weht doch ein Windstoß alle die warme schützende Illusion fort und dann sehe ich flüchtig meinen Umriß und – schaudere.

Ich habe nur *einen* wahren und wirklichen Feind auf Erden und das bin ich selbst.

Wenn ich unter Menschen bin, bin ich wie auf Ferien. – Und deshalb sollte ich eigentlich nicht mehr unter Menschen und am wenigsten unter Freunde gehen: denn sie wissen alle nicht, daß ich nur gastweise bei ihnen bin und ihnen zuhöre, daß mir für vieles von ihrem Leben und Treiben die letzte leidenschaftliche Aufmerksamkeit verloren gegangen ist, als wäre ich ein Mann, der etwa in einem Saal einer feinen und großen Musik zuhört – aber draußen vor der Türe steht heimlich sein Weib und wartet auf ihn und vor lauter innerer Unruhe hört er nur mit halbem Ohre zu und verbirgt kaum seine Zerstreutheit und mag manchem schärferen Beobachter mit Recht als kein sehr fachmännisch engagierter Zuhörer gelten.

Ich irre in diesen europäischen Ländern umher, wie ein Vogel in einem Treibhaus. Die Menschen glauben, weil ich von einem Ort zum andern reise, lebte ich ein beneidenswertes Leben. Sie wissen nicht, daß mich letzten Endes jeder dieser Orte enttäuscht – denn über jeden ist der Fluch europäischer Zivilisation ausgegossen, vor dem er vor hundert, ja vor fünfzig Jahren noch verschont war. Die entsetzliche Nüchternheit der letzten 30, 40 Jahre kriecht einem überall nach, ja sie färbt auf einen selber ab: Man verhotellt zuletzt rettungslos. Denn wo kein Hotel ist, da ist kein Platz für dich mit deinem Rohrplattenkoffer und deiner schriftdeutschen Sprache. Ich habe wohl auch meine Zeit an die Großartigkeit unserer Epoche der Technik geglaubt, aber jetzt fühle ich nur noch das Eine: daß sie die Erde entzaubert, indem sie alles allen gemein macht.

Das abwechselnde Summen zweier oder dreier Wespen erinnert mich an die Responsorien der katholischen Kirche. Ich sehe die wohlgenährten Schwarzröcke vor mir, ich sehe den zelebrierenden Priester auf den Stufen des Altars und den Altar selbst mit seinen schlanken Kerzen und alten Gemälden.

Ich habe diesen Herbst mit Übeltaten angefangen. Ich habe an zwei heißen Septembertagen fünf oder sechs Wespen getötet, die in mein Zimmer gekommen waren und mich beunruhigten. Das war ganz und gar gegen meine Gewohnheit und nur durch eine Unruhe und Unbeherrschtheit zu erklären, die unter dem Einfluß des Südwindes mich vielleicht ebenso wie die Wespen überkommen hatte.
Spätere Bemerkung:
Ich weiß noch, wie mich damals besonders die »Dummheit« der Tiere erregt hatte, die oft eine Stunde lang an der Zimmerdecke hin und her und auf und ab irrten, ohne den scheinbar so einfachen Weg durch die offene Balkontür wiederzufinden oder wiederfinden zu wollen. Übertragen wir diese meine Ungeduld und Unduldsamkeit auf Götter und Menschen, so hätten diese Götter wohl den ganzen Tag nichts weiter zu tun, als Menschen totzuschlagen.

Mein ganzes Leben lang suche ich den Stachel, den ich hier ins träge Fleisch drücken könnte – und finde ihn nicht.

Ich könnte heute noch im Walde wie ein Knabe spielen: Aus Steinen und Holzstücken Häuser bauen, mit dürren Zweiglein Straßen abstecken und Haine bilden, einen Felsblock zum Range eines Alpengipfels erheben und einem Hirschkäfer und seiner Frau die Herrschaft über das alles verleihen. Und dieses kleine Reich würde mich glücklicher machen und meine Phantasie umständlicher erregen und beschäftigen – als ein noch so großes der Wirklichkeit. So habe ich einmal, mit 35 Jahren, acht Tage am Strande von Sylt mit Bauen und Zimmern einer Strandhütte verbracht und war wohl selten so von Herzen froh, wie bei diesem harmlosen Spiel.

Je älter ich werde, desto mehr wird ein Wort mein Wort vor allen: Grotesk.

1908

Wenn ich aber tot sein werde, so tut mir die Liebe und kratzt nicht alles hervor, was ich je gesagt, geschrieben oder getan. Glaubet nicht, daß in der Breite meines Lebens das liegt, was euch wahrhaft dienlich sein kann.
Ißt man denn an einem Apfel auch alles mit: die Kerne, das Kerngehäuse, die Schale, den Stengel? Also lernt auch mich essen und schlingt mich nicht hinunter mit alledem, was nun zwar zu mir gehört und gehörte, aber von dem ich selbst so wenig wissen will, wie ihr davon sollt wissen wollen. Laßt mein allzuvergänglich Teil ruhen und zerfallen: Dann erst liebt ihr mich wirklich, habt ihr mich wirklich verstanden.

Ihr seid von hier, ich bin von dort.

Ihr meßt jedem sein Maß Liebe zu: dem drei Viertel, dem zwei Viertel, dem ein Viertel, dem nichts. Davon verstehe ich nichts. Ich kann nicht messen und meine Seele ist immer da am eifrigsten, wo ich sehe, daß eure sich spart und sperrt.

Ich kann mit fertigen Menschen nichts anfangen. Es gibt fertigere Menschen denn mich, sicherlich ungezählte. Aber keiner ist fertig, soll je fertig sein.

Ihr selig Blinden rings um meinen Schritt!

Manchmal meine ich, mich definieren zu sollen als einen wehr- und hilflos dem Großen preisgegebenen Menschen. Auf mich kann eine Seite Lagarde z. B. wie eine Säure wirken, die mich für den Augenblick völlig zersetzt. Oder ein Wort Nietzsches oder Goethes.

An dieser meiner Lieblingsbank führt kein Spazierweg vorüber, geschweige denn eine Straße, – nur ein schmaler Wiesenpfad von zwei Spannen Breite. Da kommt denn auch begreiflicherweise wenig Volks vorbei, – – Einsiedler, Sonderlinge!

Man wird mich einst in manchem meiner Sätze zu einem Eklektiker degradieren wollen, aber wenn ich auch in nichts Bisheriges überschritten haben sollte: Eklektiker war ich nie. Nie zeichnete ich etwas auf, wozu ich nicht durch meine ganze Natur und Entwickelung gekommen wäre und vieles fand ich und finde ich zu meinem Erstaunen wieder, was ich für mich allein zuvor besaß.
Da lese ich soeben am 7. August 1908 von Schleiermacher: »Darum lebt das ganze Universum, das Göttliche, in jeder Individualität, *als* jede Individualität.« Ist dies nicht mein Gedanke? und habe ich Schleiermacher je zuvor näher kennen gelernt?

Ich sehe mich selbst, schreibend zur Nachtzeit – im Bett bei der Lampe, dies Büchelchen schreibend ...
Und all das bin Ich.
Ich sehe. –

Ich bin wie eine Uhr, die sich jeden Tag von neuem richten muß, weil sie jeden Tag immer wieder von neuem nachgeht.

Ich möchte sagen, daß ich immer noch im und vom Sonnenschein meiner Kindheit lebe.

Über die äußere Technik zur Hervorbringung kontemplativer Zustände mich unterrichten!

Wie wenig reeller Wert ist oft an einer ausgedehnten »guten Handlung«. Da bin ich eben bei einem Begräbnis gewesen. Aber nichts von meiner ganzen Beteiligung an diesem actus war anders als so gut wie nur äußerlich, außer der ursprünglichen spontanen Regung beim Empfang der Todesnachricht: Du willst diesem Entschlafenen die letzte Ehre erweisen.

Schließlich und endlich: was vermisse ich unter meinen Mitmenschen am meisten: Wirkliche, *wirkliche* Phantasie.

Heut habe ich mich zum zweiten Mal an die Erweckung des Lazarus gemacht ... Was ich hier will, ist viel tiefer als »Kunst«.

Das ist es: Alle die andern beschäftigen sich mit »Gott«. Ich wage zu sagen: Ich – bin – das, was wir Gott nennen – selbst. Wer das versteht, aber auch nur der, weiß, was ich meine, wenn ich von »meinem Ernste« spreche.

Meine Wendung zum Dualismus (wenn ich es so brottrokken ausdrücken will) datiert nicht etwa vom August 1908, sie hatte sich mir schon lange vorher verraten. Ein äußeres Merkwort bedeutete für mich auf diesem Felde eine gelegentliche Auslassung Heinrich Frickes, etwa im Vorfrühling 1907, über sich, Goethes Farbenlehre und den Dualismus. Daß ein so tiefer Mensch überall Zweiheit sah, mit derselben Kraft, mit der ich überall Einheit fühlte, konnte ich nicht mehr vergessen. Aber ich kam doch auch noch auf ganz andern Wegen zu der Formulierung der Welt als Gottes »Du«.

Ich habe einmal in meinem Leben auf einen Stein gebissen. Seitdem bitte ich jedes Brot vorher: enthalte keinen Stein!

1909

Der Mensch ist mein Fach und hier will ich bis zum Äußersten gehen. Wenn Ihr aber sagt: Dagegen wendet der Politiker dies ein und dagegen der Historiker dies und dagegen der Nationalökonom dies, so erwidere ich: Laßt auch sie ihr Fach bis zum Äußersten treiben. Ihr Fach ist der Mensch in irgend einer sozialen Form, das meine der Mensch an sich, der Mensch als inkommensurables Wesen.

Bei hunderten mag es fesselnder und lohnender sein, den Bedürfnissen nachzuspüren, woraus ihre Werke entsprungen sind, als diesen Werken selber. Bei mir mag man sich mehr an das halten, *was* ich schreibe.

Mein Hauptorgan ist das Auge. Alles geht bei mir durch das Auge ein.

Ich weiß mich merkwürdig frei von jeder »romantischen Sehnsucht«, ich fühle im Durchschnitt meines Wesens brüderlich zum Leben als etwas, dem ich nichts hinzuzufügen brauche und das mir nichts hinzuzufügen braucht. Darum vermag ich mich auch rein an ihm zu freuen, wo es Freude erweckt, darum wendet sich mein Schmerz über das Leid der Welt gleich bis in seinen Grund zurück.
Kein *Anders*-Sein wollend, sondern das Sein in seinem Kern und Wesen anklagend und in Frage stellend.

Ich werde noch manches veröffentlichen müssen, was einer früheren Entwickelungsstufe als meiner jetzigen angehört, denn ich darf niemanden über den Weg betrügen, den ich gegangen bin.

Niemanden loslassen. Keine Beziehung fallen lassen!

Immer bewußter sich konzentrieren lernen. Alles Flatternde und Flackernde in mir überwinden. An jeden guten Gedanken, jede gute Empfindung einen Stein hängen, sie verankern. Damit zusammenhängend: Seßhaft werden, Tempobändigung, Tempobeherrschung.

Ich widerrufe alles Harte und Böse, was ich je in meinen Worten oder Briefen gesagt habe.

O nur nicht immer wieder erlahmen, nur nicht immer wieder absinken. Züchte doch den *Willen* in dir, du ewiger Wanderer *ohne Stab*.
Man soll mich als einen malen, der *ohne Stab* einen Berg erklimmt. Der Dämon seiner eigenen Schwäche hindert ihn, sich einen Stab zu bilden, – aber am Steigen selbst kann er ihn nicht hindern, wie oft er auch wie tot daliegen mag.

Was ich heute tue, tue ich nicht um meinetwillen, sondern um meiner Liebe zum Menschen willen.

Einem Menschen wie mir genügt es nicht, *ein* Mal das Richtige zu erkennen.

Ich möchte gern auch noch zu äußerem Wirken gelangen. Ich möchte mein Berlin als geistiges Staatskunstwerk zum Ziel machen.

In alles und jedes einfließen lassen einen höheren Geist!

1910

Ich träumte mir die Kraft eines Zukünftigen, – *meine* Zukunft und ließ, als ich vom Haus der lieben Freunde dankbar Abschied nahm, in jedem Zimmer eine Rose zurück, geschaffen durch den Willen meiner Liebe.

O meine Hand, du seltsames Geschöpf, du warst mir immerdar ein Angelhaken der Meditation.

Wenn ich in deine Schale blicke, meine ich ein Geistgebilde zu schauen.

1912

Mit meinen Erkenntnissen ist es so, wie wenn endlich ein Stück Berglehne abbricht und zerbröckelnd in die Tiefe rutscht. Wie einen Bergrutsch fühlt man's in sich und frohlockt, daß das Massiv der Blindheit, die wir sind, wieder um etwas kleiner geworden ist.

Ich kann ebensowenig Briefe schreiben, wie Gespräche führen. Beides verflacht mich und läßt mich in einem Zustand zurück, dessen Unerquicklichkeit ich niemandem wünsche.

1913

Sprich du zu mir, mein höher Du!
Ich will mich ganz in dich verhören.

Großer philosophischer Moment während des Vortrags vom 27. August 1913: ich sah einen Augenblick lang den Menschen (Steiner) als reinen, bewußten *Willen,* sich allein durch ein ungeheures göttliches Vorwärts-*Wollen* im Leben und als solches Leben behauptend.

Bild meines Lebens (1910):
Stiel: Weltliche Periode (Nietzsche) beendet durch innere Krankheit.
Schale: Öffnung durch Johanneisches.
Blut: Erfüllung.

Autobiographische Notiz

Ich wurde am 6. Mai 1871 als einziges Kind des Landschaftsmalers Carl Ernst Morgenstern (Sohnes des Landschaftsmalers Christian Morgenstern) und seiner Ehefrau Charlotte Schertel (Tochter des Landschaftsmalers Josef Schertel) in München geboren und erlebte in unserm gegen Nymphenburg zu gelegenen – aller Kunst und heiteren Geselligkeit geöffneten – Hause mit parkartigem Garten glückliche, eindrucksreiche Kindheitsjahre. Meine Eltern reisten viel, zuerst aus Lebenslust, dann aus Rücksicht auf ein beginnendes Lungenleiden meiner Mutter, und nahmen mich schon von meinem dritten oder vierten Jahre an überallhin mit. Besonders ist mir eine lange Reise durch Tirol, die Schweiz und das Elsaß in Erinnerung, die im wesentlichen in einer von zwei unermüdlichen Juckern gezogenen Kutsche zurückgelegt wurde. Dazwischen und später waren es dann die (damals noch ländlichen) bayerischen Seedörfer Kochel, Murnau, Seefeld, Herrsching, Weßling und noch später schlesische Dörfer am Zobten und im Vorland des Riesengebirges, die dem sehr viel einsamen und stillfrohen Knaben unvergeltbar Liebes erwiesen. Solch freundliches Los ward ihm zumal durch die Lebensführung des Vaters, der als freier Landschafter sowohl, wie dann, als er an die Breslauer Kunstschule berufen worden war, Sommer um Sommer ins Land hinauszog; wozu noch kam, daß er ihn, als eifriger Jäger, bisweilen in seinen Jagdgebieten und Jagdquartieren mit sich hatte.

Diese Jahre waren grundlegend für ein Verhältnis zur Natur, das ihm später die Möglichkeit gab, zeitweise völlig in ihr aufzugehen.

Sie waren aber auch nötig, denn bald nach seinem zehnten Jahre, in dem er die Mutter verlor, begann der Ansturm feindlicher Gewalten von außen wie von innen. Was sich bisher, gehegt und verwöhnt, daheim und im Freien so durchgespielt hatte – mein Spielen bildet für mich ein eigenes sonniges Kapitel – zeigte sich dem äußeren Leben, wie es vor allem in der Schule herantrat, weniger gewachsen. Es war, als wäre das Leidenserbe der Mutter, das doch erst zwölf Jahre darauf zu wirklichem Kranksein führte, schon damals übernommen worden; denn wenn auch mancher frische Aufschwung immer wieder weiter trieb, so setzten doch mehr und mehr jene dumpfen Hemmungen ein, die ihn wohl nicht hätten so zu Jahren kommen lassen, wenn nicht irgend etwas in ihm ebenso zähe für ihn gestritten und ihn

über das Schlimmste immer wieder von neuem hinweggebracht hätte. Vielleicht war es dieselbe Kraft, die, nachdem sie ihn auf dem physischen Plan verlassen hatte, geistig fortan sein Leben begleitete und, was sie ihm leiblich gleichsam nicht hatte geben können, ihm nun aus geistigen Welten heraus mit einer Treue schenkte, die nicht ruhte, bis sie ihn nicht nur hoch ins Leben hinein, sondern zugleich auf Höhen des Lebens hinauf den Weg hatte finden sehen, auf denen der Tod seinen Stachel verloren und die Welt ihren göttlichen Sinn wiedergewonnen hat.
Sie mag ihm auch den Jugend- und Lebensfreund zugeführt haben, *Friedrich Kayßler*, dem die Sammlung »Auf vielen Wegen« (und wieviel anderes!) mit dem Danke gehört: »Wär der Begriff des Echten verloren / In Dir wär er wiedergeboren«.
In meinem 16. Jahre etwa wurde mir das erste Glück philosophischer Gespräche. Schopenhauer, vor allem, auch schon die Lehre von der Wiederverkörperung traten in mein Leben ein. Es folgte, Anfang der Zwanziger, Nietzsche, dessen suchende Seele mein eigentlicher Bildner und die leidenschaftliche Liebe langer Jahre wurde. Die Aufgabe, Ibsens Verswerke zu übertragen, führte mich 1898 nach Norwegen. Ich lernte Henrik Ibsens teure Person kennen und durfte in den Übersetzungen von »Brand« und »Peer Gynt« mich innerlichst mit ihm verbinden.
Das Jahr 1901 sah mich über den »Deutschen Schriften« Paul de Lagardes. Er erschien mir – Wagner war mir damals durch Nietzsche entfremdet – als der zweite maßgebende Deutsche der letzten Jahrzehnte, wozu denn auch stimmen mochte, daß sein gesamtes Volk seinen Weg ohne ihn gegangen war.
Noch sechs Jahre darauf schrieb ich in mein Taschenbuch:

Zu Niblum will ich begraben sein,
am Saum zwischen Marsch und Geest ...

Zu Niblum will ich mich rasten aus
von aller Gegenwart.
Und schreibt mir dort auf mein steinern Haus
nur den Namen und: »Lest Lagarde!«
Ja, nur die zwei Dinge klein und groß:
Diese Bitte und dann meinen Namen bloß.
Nur den Namen und: »Lest Lagarde!«

Das Inselchen Mutterland dorten, nein,
das will ich nicht verschmähn.
Holt mich doch dort bald die Nordsee heim
mit steilen, stürzenden Seen –
das Muttermeer, die Mutterflut …
o wie sich gut dann da drunten ruht,
tief fern von deutschem Geschehn!

Inzwischen war dem Fünfunddreißigjährigen Entscheidendes geworden. Natur und Mensch hatten sich ihm endgültig vergeistigt. Und als er eines Abends wieder einmal das *Evangelium nach Johannes* aufschlug, glaubte er es zum ersten Male wirklich zu verstehen.

Die nächsten Jahre – des Austragens, Ausreifens, zu Ende Denkens – überstand er so, wie er sie überstand, eigentlich nur, weil ihm Gesundheit und Mittel fehlten, sich irgendwohin zurückzuziehen, wo er in völliger Unbekanntheit seine Tage hätte vollenden dürfen. Er war doppelt geworden und in der wunderlichen Verfassung, sich, sozusagen, groß oder klein schreiben zu können. (In »Einkehr«, »Ich und Du« und einer Sammlung Aufzeichnungen findet sich Einiges aus diesem Abschnitt.)

Er konnte in einem Kaffeehause sitzen und fühlen: »So von seinem Marmortischchen aus, seine Tasse vor sich, zu betrachten, die da kommen und gehen, sich setzen und sich unterhalten, und durch das mächtige Fenster die draußen hin und her treiben zu sehen, wie Fischgewimmel hinter der

Glaswand eines großen Behälters, – und dann und wann der Vorstellung sich hinzugeben: Das bist Du! – Und sie alle zu sehen, wie sie nicht wissen, wer sie sind, wer da, als sie, mit SICH selber redet und wer sie aus meinen Augen als SICH erkennt und aus ihren nur als sie!« …

Und doch war solches Erkennen nur erst ein Oberflächen-Erkennen und darum letzten Endes nur zur Unfruchtbarkeit verurteilt.

So kam das Jahr 1908 –

»Da traf ich Dich, in ärgster Not: den Andern!
Mit Dir vereint, gewann ich frischen Mut.
Von neuem hob ich an, mit Dir, zu wandern,
und siehe da: Das Schicksal war uns gut.
Wir fanden einen Pfad, der klar und einsam
empor sich zog, bis, wo ein Tempel stand.
Der Steig war steil, doch wagten wir's gemeinsam.
Und heut noch helfen wir uns, Hand in Hand.«

Der Andre war *Sie,* die mein Leben fortan teilte; der Pfad war der Weg theosophisch-anthroposophischer Erkenntnisse, wie sie uns heute, in einziger Weise, durch *Rudolf Steiner* vermittelt werden.

In dieser Persönlichkeit lebt ein großer spiritueller Forscher »ein ganz dem Dienste der Wahrheit gewidmetes Leben« vor uns und für uns dar.

Vor ihm darf auch der Unabhängigste sich von neuem besinnen und revidieren, vor ihm hat dies jedenfalls der getan, der immer am liebsten dem Worte nachleben wollte: – Vitam impendere vero.

Aus dem Tagebuch eines Mystikers (Weltbild: Episode)

1905

Wenn man den Sternenhimmel mit Ernst betrachtet, wird man gestehen müssen, daß Gott, der Schöpfer, der größte Gedanke war, der je in ein Menschengehirn kommen konnte, wie zugleich Gott, der Sittenrichter einer der beschränktesten. Aber so gewiß der letzte unzählige Male bis zu Ende gedacht worden ist, so ungewiß ist es, ob der erste je in seiner ganzen unerhörten Mächtigkeit Herz und Hirn eines Sterblichen ergriffen und zerstört hat.

Ein Mensch, dessen ganzes Leben darauf gerichtet ist, das Rätsel Christi zu lösen.

Die Entwickelung der Fahrzeuge verfolgt langsam denselben Weg wie die religiöse Entwickelung. Der Vorspann verschwindet, die bewegende Kraft wird ins Innere selbst verlegt.

Leben ist die Suche des Nichts nach dem Etwas.

Der Mensch hat kein Vorrecht auf Rücksicht. Groß und unbeirrt geht die Natur ihren Gang, und Legionen denkender Wesen fallen als Opfer, weil ihr Denken noch nicht Macht genug über ihr Leben gewonnen hat.

Wie könnten wir die große Selbstkorrektur des Lebens anders als ahnungsvoll verfolgen?

Jeder Mensch ist ein neuer Versuch der Natur, über sich ins Reine zu kommen.

Ich schrieb dies auf einem Punkte, wo der Mensch mit Gott zusammenfällt, wo er aufhört, sich als Sonderwesen fühlen zu können.

Religion ist Selbsterkenntnis des menschlichen, als ebendamit göttlichen Geistes. Religion ist die Erkenntnis, daß alles Denken göttliches Denken ist, wie alle Natur göttliche Natur, daß jede Handlung eine Handlung Gottes, jeder Gedanke ein Gedanke Gottes ist, daß Gott nur soweit Gott ist, als er Welt ist, daß die Welt nichts anderes ist als Gott selbst, – daß in demselben Augenblick, da ein Mensch sich seines Gott-seins bewußt wird, Gott in ihm sich seiner selbst als Mensch bewußt wird.

Betrachte den Sternenhimmel – alles versinkt um dich her. Wer ist er, wer bist du. Dein Denken schweigt. Du fühlst dich wie hinweggehoben, zerflattern … Wer bist du, wer ist er, wenn nicht – Es. Das unfaßbare Selbst, Gott, das Mysterium. Und dies Mysterium fragt in sich selbst: wer bin ich, wer bist du. Gott fragt sich selbst in sich selbst – und weiß keine Antwort, erstummt in sich selbst …

Wie kann es eine Sünde für mich geben, wenn ich Gott bin? Wenn ich meinen Bruder erschlage, erschlage ich mich in ihm; es gibt nichts, was ich nicht ein Recht hätte zu tun; denn ich tue es an mir selber. Der Täter ist zugleich der Erleider – vielleicht ist dies ein Fenster in mich hinein, vielleicht erahnt sich durch dies Wort das Unvorstellbare, das wir sind und dem gegenüber uns nur tiefstes Grauen und Wegsehen, praktisch aber nur dies übrig bleibt: uns als die, als die wir uns nun einmal vorgefunden haben, innerlichst zu vollenden, gleichviel, was objektiv für Uns, als Gott, damit gewonnen oder nicht gewonnen sein mag.

Das eine und einzige Gebot: Du darfst alles tun, was du willst, aber bedenke, daß du es dir selbst tust.
Wenn du meinst, es dir selbst tun zu dürfen, so tue selbst das Äußerste. Dies Gebot hindert kein Schaffen oder Zerstören. Mit diesem Gebot bist du frei zu allem und doch wird es dich weise machen.

Wie kann ich schwören: Ich schwöre bei dem allmächtigen Gotte, daß ich dies nicht getan habe – da ich doch selbst dieser allmächtige Gott bin und – als ein sog. anderer Mensch – es sehr wohl getan habe? Aber ich werde das dem Richter nicht auseinanderzusetzen vermögen; er wird niemals begreifen, daß er wie auch der Verbrecher *eine* Person mit mir ist: und ich werde als Mensch wie ein Verrückter dastehen und als Gott auf mich den Richter blicken, wie jemand auf seinen Daumennagel blickt, auf den er ein Gesicht gemalt hat. Er spricht zu dem Daumen und sagt ihm, daß er mit ihm eins sei, aber der Daumen versteht kein Wort von dem, was er sagt.

Denke dir den einfachsten Menschen der Welt, mit einer oft lebhaften, leicht und nachhaltig erregbaren Phantasie und einiger dichterischer Begabung, ohne hervorragende Charaktereigenschaften, aber von dem beständigen Wunsch erfüllt, sich zu verinnerlichen; ein Schwächling, ja ein würdeloser Mensch mitunter, ohne ausgeprägten Sinn für Moral, von einer Sinnlichkeit, die sich wie eine feine Wärme über sein Leben verbreitet, deren eigentliche Ausbrüche indessen nicht so sehr von Belang sind, so daß man bei ihm zugleich von einer ihn häufig, wie die Flamme das Licht, verzehrenden Leidenschaftlichkeit und zugleich von einer sehr geringen Fähigkeit zur Leidenschaft sprechen mag; dabei von einer angeborenen Heiterkeit des Geistes, einer gewissen Neigung zu Spott und Gelassenheit, vielbelesen ohne irgendwie fachlich gebildet zu sein, von schlechtem Gedächtnis, ungeübt und träge im Dialektischen, durchdringend nur in seiner Ausdauer, immer nur ein Ziel bewußt oder unterbewußt zu verfolgen: sich in seinem Zusammenhang mit dem Außer-Ihm zu erkennen; – denke dir einen solchen Menschen eines Tages das Wort verstehen: Ich und der Vater sind eins. Denke dir, wie er das Wort in sich hin und her wendet, mehr noch, es sich hin und her wenden läßt; denn er springt auf seine inneren Erlebnisse nicht zu, er läßt sie leben oder sterben je nach ihrer eigenen Kraft; wie es ihn zum endlichen Bewußtsein seiner selbst zu bringen scheint, als wäre alles andre Blindheit, vollkommene Blindheit: sich *nicht* als Gott selbst – als das Eine und Alle, als das Einzig-Bestehende zu sehen, als wäre es geradezu eine »Ver-rücktheit«, sich »Gott« gegenüber als irgend etwas anderes, Gegensätzliches, Seitliches, Beigeordnetes oder gar Untergeordnetes zu fühlen, ja die Frage »Gott« überhaupt noch irgendwie zu diskutieren, als müsse man – *sich sich selbst beweisen!*

»Ihr seid alle in mir, aber in wem bin ich? – Wer mich hat, der hat auch den Vater. –«
Wie mich diese steten Wiederholungen einst ärgerten, wie einfältig und eigensinnig sie mir erschienen; als ob ein Kind immer dasselbe wiederholte!
Bis mir eines Abends dämmerte, aus welchem Gefühl heraus dieses unermüdliche Betonen geflossen sein muß ...

Mein Tod ist meine Wahrheit, wie Dein Tod die Deinige. Wenn ich als Individuum sterbe, bejahe ich mich als Welt. Denn mein Tod als solcher ist dem Leben des Ganzen notwendig und da ich selbst der Teil wie das Ganze bin, ist mein Tod mir selber notwendig. Was aber meine Notwendigkeit ist, ist auch meine Wahrheit; denn Notwendigkeit ist höchste Bejahung und höchste Bejahung Wahrheit.

Ich werde erst sterben, wenn ich erfüllt haben werde, was ich erfüllt haben konnte. Gott stirbt nicht vor der Zeit. Er wacht hier auf und schläft dort ein, wie es gut ist. Was sträubst du dich gegen das, was du dein Schicksal nennst? Siehe dir selbst ins Antlitz: Dein Schicksal ist, daß du Gott bist. Ich sage: Gott! Aber wo uns die Wirklichkeit dieses Wortes faßte, da wäre unser Herz und Hirn auch schon dahin, wie ein Bologneser Glas, das, getroffen, zu Staub zerspringt. Gott schauen ist Tod, das wußten alle Völker. Gott erraten ist Leben.

Jahrhunderte stritten über das Wort Dreieinigkeit. Und doch enthält es die Welt, für ein Kind gedeutet. Der Vater, das ist das Leben, das alles ist und das der einzelne Mensch nie aus seinem Gehirn heraus fassen oder gar erklären kann. Der Sohn, das ist dies selbe göttliche Leben als sich erahnendes Wesen, als Mensch, als der Mensch Christus im Besonderen. Der heilige Geist, das ist das langsame Weitergären dieser Erkenntnis auf Erden: daß alles »Gott« ist. –

Tief unten schlachten sich noch die Völker, es raucht das Blut und in Selbstzerfleischung fällt noch-Blindes sich selber an. Warum tue – Ich das. Ich weiß es nicht. Die Menschheit ist noch ein Kentaur, der heilige Geist hat das Tier erst zur Hälfte verwandelt.

»Gott ist nur der Lebensfunke.« Schön. Dieser Funke aber bildet Sterne und Gehirne. Ja, er legt mir selbst das Wort Gott über sich in den Mund. Und so brauch ich's denn.

Was es gilt, ist die Austreibung Gottes aus allem Jenseits in das Diesseits. Gott ist nicht irgendwo, er ist auch nicht hier oder dort, sondern er ist dies und das, und drittes und legionstes.

Ich habe den verwandelnden Blick.

Vor einer Anzahl von Leuten der »guten Gesellschaft«. Sind es nicht alles Menschen, die man in irgend einem Zuge ihres Wesens lieben kann? Alle sind so oder so ein wenig oder sehr liebenswert. Aber sie müßten auch fast alle mit dem Gift einer schwachen doch steten Unruhe geimpft werden. Sie wollen zu wenig über sich hinaus, sie siedeln sich zu schnell bei sich selber an, sie haben zu wenig Wachstum und Wandertum in sich. Sie glauben, mit 30 Jahren sich gefunden zu haben – sie nennen es: erwachsen sein – und setzen sich schon auf sich selbst zur Ruhe. Man wird nichts Unerwartetes von ihnen mehr sehen oder hören; als ob man nicht von jedem Menschen in jeder Stunde Unerwartetes erwarten müßte! Man kann sie vorausberechnen wie irgend etwas ganz Gewöhnliches – und dabei sind sie das Ungewöhnlichste der Welt, nämlich Menschen und tragen das Unberechenbarste der Welt in sich: eine zu jeder Unerhörtheit fähige Seele. Sie haben ganz vergessen oder nie begriffen, daß sie – Gott sind, sie begnügen sich damit, Herr X oder Frau Y zu sein und als solche und nur als solche zu leben und zu sterben.

Der Mensch von 1900 scheint eine neue Tugend in sich gereift sehen zu dürfen: die Erkenntnis des Bürgerlichen. Als das Bürgerliche bezeichne ich das Absehenkönnen des Menschen davon, daß er das Geheimnis der Geheimnisse ist, das Sichhinstellen- und Verharrenkönnen des Menschen als eines Zweiten. Bürger heißt: der sich in einer Burg Bergende. Bürger heißt mir der Mensch, insofern er sich in der Burg des Gedankens birgt, etwas andres als Gott selbst zu sein. Kein Mensch kann sich wirklich als Gott fühlen, der er ist. Es kann Gott sich nur bürgerlich und nicht anders ergreifen. Das Menschliche ist schlechtweg das Bürgerliche.

Im Menschen erschuf sich das Ungeborgene seine Burg. Gott ist nichts Außerbürgerliches; wo auch nur die kleinste Zelle, da ist sie zugleich Gottes Burg. Nun ist aber alles Zelle, das Wort wo ist überflüssig, ebenso wie wenn man sagen wollte: wo (im Glase Wasser) auch nur ein Tropfen Wasser, da ist Gott in ihm. Alles ist »Burg«. Seit Welt überhaupt ist, gibt es nur Gott, den Geborgenen, den Bürger.

(In einem Kaffeehause.) So von seinem Marmortischchen aus, seine Tasse vor sich, zu betrachten, die da kommen und gehen, sich setzen und sich unterhalten, und durch das mächtige Fenster die draußen hin und her treiben zu sehen, wie Fischgewimmel hinter der Glaswand eines großen Behälters, – und dann und wann der Vorstellung sich hinzugeben: Das bist Du!
Und sie alle zu sehen, wie sie nicht wissen, wer sie sind, wer da, als sie, mit SICH selber redet, und wer sie aus meinen Augen als SICH erkennt und aus ihren nur als sie!

Wie tief wird doch die Kirche, wenn man die Menge betrachtet, in der sie das eigentlich Wertvolle, das Innerliche, Namenlose wach erhält, diese Menge, die unter den Händen der Aufklärer zu einem platten, sich selbst und den andern uninteressanten Haufen wird! Ja, die Kirche ist sicherlich unsere, der Erkennenwollenden, beste Freundin. Sie ist die einzige ebenbürtige Gefährtin der Philosophie. Und was die Verirrungen beider anbetrifft, so dürften sie hier wie dort, wenn auch gleich ehrwürdig, ganz verschiedenen Charakters, gleich unerträglich und gleich lächerlich sein.

Vielleicht bin ich nur ein Bildschnitzer und nun schnitz ich Gottes Bildnis an allem.

Eine szenische Vorstellung ist für den Kontemplativen etwas wie eine Parade. Oder wie ein Schachspiel, gespielt mit lebendigen Puppen. Oder wie ein Glockenspiel mit kunstvollen Figuren.

Aller Blick auf menschliche Dinge muß zuletzt im Furchtbaren enden. Iwan Karamasow lehnt diese Welt ab; und wenn er alles begriffe, die Leiden der Kinder begreift er nicht. Wie aber – wenn all dies Leiden zuletzt ein Eigenleiden, ein Selbsterleiden Gottes ist! Wenn die ganze Menschheit und jede nur irgendwie denkbare Menschheit des Alls Gott selbst ist, das ohne Maß große schauerliche tragische Leben Gottes selbst! Nur eine Sekunde dumpfer Ahnung Seiner, als Gott selbst, in eines Menschen Hirn ... und scheint nicht alles aufgelöst – nicht in eine unsagbare *Harmonie* – o nein – aber in einen nie zu erfassenden, erfühlenden Abgrund von solcher Schauerlichkeit und Tiefe, daß jede Anklage, jede Klage, ja jedes Urteil verstummt. Es bleibt nur der fast unsichtbare Blitz einer fernen Erkenntnis Seiner selbst, der mich, den Menschen, zerfressen und tot niederwerfen würde, wenn er auch nur einen Grad heller, eine Sekunde länger leuchtete. Aber ich glaube, diese dumpfe Selbsterkenntnis Gottes im Menschen ist zugleich Seine einzige Selbsterkenntnis. Gott ist in der Natur gefangen, wenn man so sagen soll. Gott ringt sich aus ihr zum Sich Selber erschauenden Geist empor. Der Mensch ist Gottes Kopf. Aber so wenig wie der Mensch wird sich Gott je selbst *erkennen* (nur erahnen); denn er erkennt ja nur so weit, als er Mensch ist. Menschenleid ist zugleich Gottesleid; es scheint nur ein Wechsel des Worts und es ist doch etwas andres, ob jenes kleine Mädchen, von dem Iwan Karamasow erzählt, sich als eben dieses Mädchen die Brust mit den Fäustchen schlägt oder ob es einen Moment im Leben dieser selbstseienden, mit sich selbst kämpfenden, um sich selbst kämpfenden Unsagbarkeit »Gott« darstellt. Dieses Mädchen ist dort noch bürgerlich gesehen, göttlich gesehen wird es zum Mysterium, zu liebenswert für unsere Liebe, wie zu tief für unsere Klage.

(Nach einem französ. Roman.)
Sieh diese Liebe zweier Menschen, denen die gemeine Sorge des Lebens fern bleibt, diese, wenn du so willst, frevelhafte Liebe, weil sie im Geheimen und wider das Gesetz lebt, sieh diese beiden Luxusgeschöpfe, die der Proletarier erwürgen würde, wenn er wieder einmal in die Häuser der Bürger bräche, – stelle dir dicht daneben, kaum durch eine Straße getrennt, das grinsende Elend, die verstümmelnde Krankheit, den Schmutz, die Niedrigkeit, das Verbrechen vor – und frage dich, was ein Gott tun müßte, der dies nicht *alles selbst* wäre. Nur eine Welt, die Gott selbst ist, darf so sein, wie sie ist. Gott schenkt sich selber nichts, er ist die Liebe jener beiden feinen verwegen gewissenlosen Kulturgeschöpfe, er ist ihr Rausch, ein Rausch von solcher Tiefe und Schönheit, daß er selbst dieser Rausch *sein* muß, um seinen ganzen sublimen Wert zu empfinden, daß er er sein muß, um ihn (möchte ich sagen) nicht erst »empfinden« zu müssen und so ihn durch dies Empfinden, das zugleich ein Urteilen wäre – im Urteilen aber schläft auch schon das Verurteilen – herabzusetzen; ich sage, er ist diese Liebe selbst, wie er auch daneben das Elend, die Krankheit, der Schmutz ist, er braucht nicht vor sich zu erröten wie ein feiler Genüßling, er ist kein Dieb an fremdem Gut, er erschleicht seine höchsten Zustände nicht, er ist in schrecklicher Fülle und Wahrheit alles, von oben bis unten, er ist das ganze Universum »am eigenen Leibe«, noch einmal: Er darf alles sein, weil er alles *ist.* (Spätere Anmerkung: Solange er nicht selbst darum »weiß«. In diesem Moment beginnt seine – Sittlichkeit.)

Es gibt nichts, das ich Mir nicht vergeben könnte, und nichts, das ich nicht überwinden möchte.

Die Liebe zwischen Mann und Weib wird erst dadurch, daß sie Liebe Gottes zu sich selbst ist, zu einem Problem von schauerlicher Tiefe. Was allein kann das letzte Ziel dieser

Liebe sein? Das Kind? Keineswegs. Das Kind ist ja nur wieder Gott als Individuum. Wenn der Mann mit dem Weibe plötzlich zusammenschmelzen könnte in einen dritten Körper, dann würde die Erde vielleicht im selben Augenblicke vor jähem Erschrecken untergehen.

Nietzsche sagt einmal, daß mit der Wissenschaft der Optimismus Herr geworden sei. Und fürwahr, mit dieser Zählmaschine in der Hand wird der Mensch ein beschäftigtes und beruhigtes Schulkind. Die Furchtbarkeit des Daseins verliert ihre Gewalt für ihn, er klassifiziert, klärt auf, korrigiert hier und dort. Eine Welt, für die es nur die Eine Bezeichnung »furchtbar« gibt, wird ihm zuletzt ein behagliches Wohnhaus, in das bloß der Tod seine ungemütlichen Schatten wirft. – Sei bedankt, Tod, millionenmal bedankt, daß du das unwegschaffbare Ingredienz unseres Lebens bist. Ohne dich müßte das ganze Sinnen jedes Denkenden unaufhörlich darauf gerichtet sein, dich zu erfinden. Ohne dich würde Gott am eigenen Leibe verfaulen.

Vor einem Kirchhof: Die abgelegten Kleider Gottes.

Gott ist die Überwältigung unseres Innern durch die Unendlichkeit. Die Kapitulation des menschlichen Begriffsvermögens vor der Welt.

Philosophie und Religion ist für den Menschen vielleicht nur der Gefrierpunkt gegen den Wahnsinn. Vor der Kälte des Universums zieht sich das Wasser als Haut zusammen, so vor der Kälte des Unbegreiflichen der Geist zur Weisheit, das Herz zum Glauben. Gott, wo er nicht im Verfall, rettet sich vor dem Verfall, indem er *denkt*.

Mein Gottesbegriff ist die Heiligung auch des Allerfurchtbarsten. Alles, was geschieht, ist Mein bewußter oder unbewußter Wille und als solcher unantastbar. Damit aber fällt zugleich die übertriebene Wichtigkeit alles Geschehens dahin. Alles ist wichtig – als göttliche Äußerung; und nichts ist wichtig – ebenfalls als göttliche Äußerung. Gottheit ist Fülle, und Fülle weiß nichts von dem, was sich Kümmerlichkeit als Gewinn und Verlust herausrechnet. Es gab zu lange nur den Gott des Bürgers, Gott sah sich selbst als Bürger: den aber hat sein eignes Lachen töten müssen. Aus dem Gott-Bürger wurde der Gott-Freie, aus dem komischen wieder der tragische Gott.

In einen Roman:
»Ich sitze hier vor Ihnen und habe einen Gedanken, so groß, wie er vielleicht noch nie von einem Menschen gedacht worden ist, oder wenn, dann nur von einigen Wenigen, halb Verborgenen, ich sitze hier vor Ihnen und werde nicht drehend, nicht von Sinnen, nicht von Fieber geschüttelt. Ich bringe es fertig, mit diesem Gedanken mein ganzes bisheriges Leben fortzuleben, als sei nichts geschehen. Begreifen Sie, wie tief ich mich verachten muß, daß selbst ein solcher Gedanke dies schöne Gleichgewicht, um das mich so viele beneiden, nicht zerstört, und wie ich im Innersten nur jenes Eine begehren muß: den Schmerz, den unentrinnbar tödlich verwundenden, den –«

(Zu Drews) Alles Lebendige unmittelbar als Gott zu fühlen, kann nicht Größenwahn sein: denn wenn ich mich als Entwickelungspunkt Gottes, als Gott in einer bestimmten Entwickelungsphase erkennen zu dürfen glaube, so gilt mir doch jeder Mitmensch, ja jedes lebendige Wesen überhaupt gleichfalls als Gott: sodaß da nichts ist, was sich über andres überhöbe, oder nur in dem Sinne, wie sich Gedanken im selben Kopfe übereinander überheben.

(Zu Drews) Es ist sehr lehrreich, daß dieses dicke und gelehrte Buch »Die Religion als Selbstbewußtsein Gottes« gerade *die* Idee, die Gott am tiefsten faßt, als »wahnsinnig« hinstellt. Man mache sich klar: von unzähligen Ideen mit tödlicher Sicherheit gerade die energischste, bedeutendste! Man möchte den Geist des Verfassers eine umgekehrte Wünschelrute nennen.
Die Welt, lieber Herr Professor, (beruhigen Sie sich) ist eine – Privatangelegenheit Gottes. Und da Sie mit zur Welt gehören, so gehören Sie, wie jeder andere, ebenfalls ganz restlos in diese Privatangelegenheit hinein.

(Zu Dostojewski) Es ist ein Wandel zwischen Überreiztheit, Ermattung und Größe, einer Größe, wie sie sich nur bei den ganz tiefen, glühenden Seelen der Menschheit findet, und wenn ich im Augenblick gefragt werden sollte, wüßte ich auch im Augenblick nur zwei moderne Namen daneben zu nennen: den Namen Lagarde und den Namen Nietzsche. Nur bei ihnen findet man diesen Sturm der Seele wieder, der oft lange schläft, sich lange unter allerlei psychologischem, politischem, was weiß ich für Kleinkram verkriecht, um sich dann plötzlich unvermutet wie ein feuriger Wirbel zu erheben, emporzusteigen, alles zu überschütten, zu überstrahlen, daß das Herz zu klopfen anfängt –

(Zu Dostojewski) Und in diesen Gesprächen brennt die Flamme Gottes selbst, die Flamme des um sich selbst ringenden Gottes, dessen Leib das unendliche All der Gestirne und dessen Geist der Geist ihrer Lebendigen ist.

(Zu Dostojewski) Wenn ich ein Priester wäre, so würde ich mit meiner Stirn erst dreimal vor ihm den Boden berühren, bevor ich mich umwendete und zu meinen Brüdern spräche; denn in ihm ward eine jener großen Leuchten der Erde lebendig, die noch in den finstersten Nächten leuchten, – er war einer der großen Rechtfertiger des Menschen, weil er sich am Menschen nicht genug sein ließ; nur aber, wem der Mensch kein Ziel war, nur ein Wurf nach dem Ziel, verdient Mensch gewesen zu sein.

(Zu Drews) Wenn ich sage: »Mensch« ist nur eine sprachliche Ausdrucksform für »Gott« – ist das »Selbstvergötterung«? Gott kann sich doch nicht selbst vergöttern! Was aber wäre Gott, der nicht die ganze Natur, der nicht alles, alles selbst wäre, der nur das Selbst, nicht auch das Ich zugleich, nicht zugleich die Sehnsucht nach Sich und dies Ersehnte selbst, kurz, dessen Inhalt, sozusagen, nicht die gesamte unendliche Welt wäre? Gott ist jeder Gedanke und jedes Gebilde; es gibt allerdings Metaphysik, insofern die Natur nicht nur ein einfacher chemischer oder mechanistischer Prozeß ist, als den sie der Materialismus hinstellen will, aber es gibt keinen Metatheismus; Metatheismus aber wäre, das menschliche Subjekt noch einmal in Mensch und Gott zu spalten: wenn diese Spaltung auch noch so fruchtbar sein mag, ja wenn sie auch unzweifelhaft eines der instinktiven Mittel des aus dumpfem Urtrieb zu immer reinerer Sichselbsterfassung, Sichselbsterringung hindrängenden Gottes war und ist, seinen Weg zu sich selbst, ja: Sich Selbst zu finden.

Ihr werdet mich mit Euren blassen Gottesideen nicht überzeugen können. Der *sichselbstschöpferische* Gott ist ein zu gewaltiger Gedanke, und wenn nicht die Philosophen, so werden die Künstler mich stets begreifen.

Ich kann nur durch Kampf und Leiden zur Erkenntnis Meiner selbst kommen und zu diesem Leiden gehört, daß, was da leidet, zum allergrößten Teil nicht weiß, daß Ich leide, sondern sich als selbst-Leidendes fühlt, sodaß ich, obwohl

ich es nur selbst bin, der leidet, doch endlos zugleich leiden *mache.* Und dies alles um Meinetwillen, um Meiner Entwickelung willen. Was bleibt Mir da noch übrig, womit kann Ich allein diesen furchtbaren und doch notwendigen Weg aufwiegen, wenn nicht durch – Liebe! Liebe nicht zu Mir, sondern zu dem, was Ich noch nicht bin, also zur ganzen werdenden Welt, zu allem, was überhaupt noch Werden heißt. Die ganze Welt einst wieder an Mein Herz zurückzunehmen – könnte Ich mich ohne diesen Willen zur – Welt entschlossen haben?
(Schauerlich, wenn ich mit meinen ich und Ich mißverstanden würde. Wenn man mich für einen größenwahnsinnig gewordenen Subjektivisten nähme!)

Das Geschenk solcher Gotteserkenntnis, das sie uns anstelle der »ewigen Seligkeit« verspricht, ist folgendes:
Wir hören nie auf, als Lebendige wiedergeboren zu werden, wir sind und bleiben Teilnehmer des göttlichen Ringens um sich selbst. Gott schenkt uns (sich) keinen »Frieden«, als den, welchen er sich selbst erringt. Alle höchste Stufe der Entwickelung erreicht Gott als Mensch: Der höchstentwikkelte, am vollkommensten gelungene Mensch ist zugleich ein höchster Glücksmoment Gottes. Es gilt nicht, diese höchsten Glückmomente Gottes auf allen Sternen einfach auszuschalten und als irdische Ungenügendheiten zu verdächtigen. Sie sind die *einzige* (bewußte) *Seligkeit* Gottes, es gibt keine andere, hinterweltliche, außer ihr. Sie sind selbst geistweltlich genug. Sie sind Erkämpftheiten, Ersiegtheiten, nicht faule Geschenke, sie sind nicht jenes Ausruhen, jener Friede, den die Geplagten und Gemarterten als Höchstes ersehnen, sondern Seligkeiten der Kraft, des außerordentlichen Vermögens, – alles irdische Große und Herrliche ist zugleich Seligkeit Gottes. Es gibt nicht Elende und Glückliche *und* einen Gott bewußt oder unbewußt außerhalb ihrer, sondern Gott selbst ist elend und glücklich, Gott selbst fällt

und erhebt sich, sündigt und überwindet sich, Gott selbst ist das Herz, die Seele, der anemos der Welt.

Wer das Wunder nicht als das Primäre erkennt, leugnet damit die Welt, wie sie ist, und supponiert ihr ein Fabrikspielzeug.
Das Wunder ist das einzig Reale, es gibt nichts außer ihm. Wenn aber alles Wunder ist, d. h. durch und durch unbegreiflich, so weiß ich nicht, warum man dieser großen einen Unbegreiflichkeit, die alles ist, nicht den Namen Gott sollte geben dürfen.

Wirklicher innerster, reinster Glaube *kann* sich nur auf etwas beziehen, wofür die Sprache kein anderes Wort hat als absurdum; das Absurde ist sein *einziges* Objekt. Ja, ich möchte noch weiter gehen: was geglaubt werden kann, ist schon nicht mehr glaubwürdig. Glaube, im innersten Begriff, ist Annahme *aller* Möglichkeiten mit Ausnahme der einzigen, zu ihm selbst je ein bestimmtes Geglaubtes, d. h. einen irgendwie bestimmten Inhalt, zu finden. Glaube ist nur wahrer Glaube als von keinem Gedanken entweihtes Gefühl Gottes. Glaube ist damit das Gefühl Gottes von Sich selbst, Glaube *an* Gott ist bereits kein reiner Glaube mehr: das *an* setzt einen Gedanken, ein Urteil, eine Auswahl voraus. Glaube *an* Gott ist ebenso wenig Glaube Gottes, wie Gefühl an Gott Gefühl Gottes. Daher auch keine Vernunft dem wahren Glauben etwas anhaben kann.

A. Wo ist Gott …
B. Du fragst, wo Gott ist?
A. Ja.
B. *auf A deutend* Dort.
A. Wo? *dreht sich lächelnd um*.
B. Ja, du mußt dich nicht nur umwenden, du mußt dich in dich hineinwenden –

A. Hineinwenden?
B. Ja. Siehst du diesen Handschuh?
A. Ja.
B. Das ist der Mensch. Und dies *stülpt den Handschuh um* ist Gott.

Gott ist gewiß nicht Persönlichkeit. Aber er *wird* sie in jedem Moment. Gott ist: Persönlichkeit*en*.

Der Körper, der Übersetzer der Seele (Gottes) ins Sichtbare.

Daß jedes Menschenleben nur die eine leibgewordene Möglichkeit unter unzähligen Möglichkeiten bedeutet, gibt ihm erst den großen Hintergrund. Leib und – Seele, von hier aus neu zu begreifen. Der Leib, eine Linie der Seele, die Eine wirklich hingezeichnete Linie von Legionen Linien, die ebenfalls jede für sich hätte hingezeichnet werden können. (Sichtbar, leiblich geworden sein könnten.)

Die Welt ist ein einziges lebendiges Wesen, in beständigem Aufbau und beständiger Zersetzung begriffen. Es gibt für dies Wesen keinen Tod – um den Preis des individuellen Todes. Das Individuum ist der Preis des Dividuums. Das Individuum ist vergänglich, das Dividuum ohne Anfang noch Ende. Das Dividuum teilt sich fortwährend und darum besteht es fortwährend. Es kann nur bestehen, wenn es beständig zu Individuen wird. Im Individuum wird es allein fest, sodaß man sagen kann: Die Individualität ist die Persönlichkeit der Dividualität, oder, menschlicher: Der Mensch ist die Persönlichkeit Gottes.

Das Leben hat keinen Sinn als den Sinn – Gottes.

Im Anfang war – Mein Ziel.

Gott heißt immer nur der jüngste *Begriff* von Gott. Gott selbst kann es für den Menschen niemals geben – so wenig es für diese meine Hand diese meine Hand geben kann. Dasselbe kann nicht zugleich zweierlei sein. Mensch und Gott ist dasselbe, also kann Gott nicht vom Menschen erkannt werden. Erkannt werden kann nur eins vom andern. Der Mensch kann sich nicht nach sich selbst umdrehen und darum wird er nie wissen, wer er eigentlich ist, woher, wohin, warum. Und *mit ihm* wird es Gott nie wissen. Gott ist sich selbst Mysterium. Und wäre dies schließlich nicht das Letzte – was wäre dann die Welt? Eine Sphinx, die, gelöst, in den Abgrund stürzen *müßte*. Ihr tiefster Sinn wäre damit verloren – das Nieaussinnbare. Sie hätte jeden Grund verloren, weiter zu *sein*; denn der Welt Grund ist allein ihr *Ziel*. Wo aber ein Ziel erreicht ist, ist Tod und Ende. Welt, Gott, heißt stets unerreichtes Ziel. Und so unerreichbar ist dieses Ziel, daß wir nicht einmal wissen, wo es liegt, wie es heißt. Aber immer sucht das Universum. Gott ist der Welt Suche nach ihm. Die Welt ist Gottes Suche nach Sich, nach Seinem Sinn, nach Seinem Grund. Alles ist *Weg*, Gott ist *Weg*. Das Kleinste wie das Größte, alles ist nur ein Weg. Der Weg nach dem Sinn ist der Sinn selber. Der Weg nach dem Sinn ist der *Sinn* des Wegs.

Alles will zusammensein und darum zusammenkommen. Assoziation ist zuletzt das eine welterklärende Wort. Das andere – kennen wir nicht. Aber wir würden *das* mit ihm bezeichnen, was dieses Zusammenkommen von Allem zu Einem verhindert, um dafür die Welt der Individualformen aus ihnen zu bilden. Denke dir zwei konzentrische Hohlkugeln aus Glas. Die äußere Hohlkugel ist mit Gas gefüllt, die innere luftleer. Nun wird die innere zertrümmert: Das Gas will blitzschnell den ganzen Raum erfüllen, als Eines, Untrennbares, Ganzes, Molekül an Molekül, gleichartig assoziiert. Aber umsonst: denn in der innern Kugel war etwas,

das nun folgenden Vorgang zeitigt: Das Gas kommt nicht als Eines, Ungeteiltes zusammen, sondern erst als eine Unzahl von besonderen Zusammenheiten, etwas verhindert es am Zusammensein schlechthin. Jenes erlaubt ihm nur ein Zusammensein in Form von Legionen Zusammenseienden.
Oder so: Eine Masse wird durch einen Pilz in Gärung versetzt. Der Pilz bildet die außerordentlichsten und vielfältigsten Formen. Die Masse strebt ewig zurück zu ihrer Einheit, aber der Pilz wuchert fort. Gott sein eigener Pilz.

Es gibt nicht zweierlei Geist, sondern nur einerlei, und er ist Gottes Geist, ebenso, wie es auch nur einerlei Leib gibt, nämlich: Gottes Leib.

Sätze wie: In der Welt überwiegt die Summe des Leidens die Summe des Glückes – was sind sie im letzten Grunde anderes als Wortspielereien vor dem in Leid wie Lust furchtbaren, ganz und gar übergewaltigen Charakter des Weltalls. Sollte in diesem ganz unfaßbaren Komplex des Lebens nicht Leid und Lust so untrennbar, so organisch, so durch und durch ineinander verschlungen und verwirkt sein, daß man schon ein Prachtstück an Trockenheit und Pedanterie sein muß, um hier mit einer Waage heranzutreten und seine innere Unsicherheit, was nun wohl richtiger sei, die Welt zu segnen oder zu verdammen, durch ein so durchsichtiges Manöver bemänteln zu wollen? Der starke Geist wird, nachdem er angefangen hat mit sich ins Reine zu kommen, leidenschaftlich bejahen oder verneinen; ohne vorzuschützen, daß er durch »sorgfältiges Abwägen« zu solcher Erkenntnis gelangt sei. Ein noch stärkerer aber wird es weder beim Ja noch beim Nein aushalten: Er wird bekennen, daß ihm vor einem solchen Schauspiel, wie die Welt, alle Erdenworte versagen und vergehen, daß wohl ein geheimes Ja in seiner Seele lebt, daß er sich aber nicht Weltallsrichter genug erachtet, es auszusprechen, und daß sein oft in ihm aufquellendes Nein zu der Brotkrume Erde, die und deren Erscheinungen er allein kennt, ebensowenig wagen darf, das unversiegbare Füllhorn seiender und noch möglicher Welten zu verwünschen. Er wird, wie einer, der seine Worte und Werturteile unerbittlich zu bändigen gelernt hat, zu schweigen versuchen, und wenn man ihn nach seiner Religion fragen wird, so wird er antworten: sie ist Verstummen aus Schrecken, aus Selbstzucht und aus Phantasie.

Ich will den Menschen nicht schiffbrüchig sehen, aber er sollte dessen bewußt sein, daß er auf einem Meere fährt.

Wir müssen uns davor hüten, ausschließlich mit der Menschheit unseres Planeten zu rechnen. Wir müssen annehmen, daß jeder mögliche Gedanke über Gott auch wirklich (von Gott) gedacht wird, gleichviel ob in unsern oder in Mars- oder Saturnköpfen, ja, daß es sehr wohl Planeten geben kann, auf denen Gott sozusagen leibhaftig im vollkommenen Bewußtsein seiner selbst lebt. Daß wir als die Phase Gottes, die wir sind, offenbar nur Gott in irgend einer Phase darstellen, nicht zugleich in seiner höchsten; wiewohl auch seine höchste nur eine »endliche« sein mag, indem das unendliche »Mysterium« nur im immerwährenden Endlichen unendlich bleiben kann. Gott kann allein leben durch seinen immerwährenden Tod. Gott muß fortwährend sterben, um fortwährend leben zu können. Gott stirbt nie um den Preis fortwährenden Todes. Versuchen wir dieses Furchtbare zu fassen, und überwinden wir es durch das Wort »Ich bin«, das Gott in uns spricht. »Ich sterbe als du, damit ich als ich lebe. Du aber bist ich und ich bin du, sei also getrost. Dies ist nun unsere Notwendigkeit (wie ich sie als du erkannt zu haben meine).«

Ich glaube, unsere Erde hat ihr Ebenbild in jedem Baum,

in jeder Blume. Ein Keim fiel in einen Grund, ging auf, entwickelte sich zu Pracht und Duft – und wird, was man so nennt, absterben, wenn er seinen Gang vollendet. Ist Schönheit und Duft einer Rose etwas Geringeres als Schönheit und Duft der großen Erdenblume? Und welkt, wenn die Rose welkt, minder Tragisches dahin, als wenn dieser Erdball einst vergehen wird? – Wachstum ist alles, das Wort »wächst« vielleicht das letzte mögliche Wort. – Und wie es unendlich viel Bäume und Blumen gibt, so unendlich viel Welten und Gestirne, keine, keines gleicht dem andern, – und so wäre der Paradiesesgarten als Ewigkeitsgarten abermals stabilisiert. Eine Phantasie, groß genug. Ein Bild für Gott, immerhin unzerreißbar von menschlichen Kinderhänden. Eine Vorstellung, eine Erahnung, wohl nicht stärker, nicht deutlicher als der kaum erhaschte Duft einer von einem Berggipfel in einen Bergabgrund geworfenen Rose, deren an dir Vorüberfall du auf einer vorspringenden Felskante wie ein blitzartiges Wunder erlebst. Aber doch eben das, und als das, etwas. –

Der Mensch, der ganz erkannt haben würde, wäre der wieder geschlossene Ring Gottes.

Der Mensch ist ein an einer Stelle geöffneter Ring. Gott ist der Ring als Eines, Ununterbrochenes. Der Mensch stellt sich dar als dieser Ring, unterbrochen, mit seinen zwei Enden sich wieder zu vereinigen, zu schließen strebend. Der Mensch ist aus sich auslaufender und in sich zurücklaufender – aber noch nicht zurückgelaufener – Gott. Der Mensch ist die Offenheit des Rings, der noch nicht wieder zusammengeschmolzene Hingott und Widergott.

Gedanken vor Kierkegaard, Buch des Richters.
»So wird sie mich in der Ewigkeit verstehen.« – Wäre es nicht furchtbar, wenn der Mensch nur Entwurf Gottes blie-

be? Wenn jeder dieser Entwürfe als Entwurf endigen müßte, statt weiter und weiter durch alle Ewigkeit ausgeführt, weiter gebildet zu werden? Gewiß, der gegenwärtige Weltdurchschnitt wird immer Fragmentmosaik sein – aber es fragt sich, ob einmaliges Fragmentmosaik oder Fragmentmosaik als Fortsetzung und zwar nicht bloß im Ganzen, sondern auch im Einzelnen, Einzelnsten: ob ich also nicht nur Fragment Gottes im Ganzen, sondern auch Entwickelungsfragment meiner Person, als einer gottwerdenden Person, als Gottes im Einzelnen, bin. So vielleicht: Kann Gott als Menschenperson verloren gehen, ist Person nur eine Maske Gottes (oder besser ein Leib Gottes) – oder ist Gott, einmal Person geworden, als solche ebenfalls unsterblich, sodaß seine Entwickelung nicht nur eine Entwickelung zur Selbstahnung seiner Selbst als Welt, sondern auch eine Entwickelung in jedem Einzelnen zur immer wieder sterblichen Person auf immer wieder höherer Stufe wäre?

Vor einem Sterbelager.
Vielleicht trifft man sich einmal unter freundlicheren Verhältnissen wieder. Ja, vielleicht haben wir uns auch diesmal schon wiedergetroffen, von früher her, nur, daß wir es nie wissen, daß wir heimliche Zusammenwanderer sind.

Der Irrtum ist das formbildende Prinzip. Wahrheit kann nur als Irrtum zur Erscheinung kommen. Alles Daseiende selbst ist Irrtum, aber Gott entwickelt sich, wird (ist) nur dadurch, daß er sich beständig »verrennt«, verstrickt, verwickelt, zu Knoten schürzt, daß er sich selbst beständig Stationen schafft. Er würde wie ein Meer ins Unendliche verfließen – wenn er sich nicht fortwährend selbst im Netz gleichsam der Einzelerscheinung finge, diese Netzerscheinung wie als ein bereits Endgültiges zu höchster relativer Vollkommenheit emportriebe: um, wenn das ursprüngliche Netz sozusagen völlig in sie hineingenommen, nun den Persönlichkeitskern als Eigengewinn davon zurückzubehalten, das andere wieder zerfallen zu lassen.

Es ist ein schauerlich tiefer Gedanke: Der grobe schwerfällige Körper, als Geist zugleich mit dem Geist aller Epochen unablässig verkehrend.

Zünde einen Magnesiumfaden an – und du hast das Leben des Menschen im blitzschnellen Bild. Leben und sterben sind nur zwei Ausdrücke für dasselbe. Und unser Ichgefühl das Gefühl des hineilenden feurigen Punktes.

Es gibt nur ein Neues: Die Nuance.

Die Welt, eine in sich zurücklaufende Spirale.

Wie die Sprache für uns denkt und dichtet, so auch das Leben. Es ist interessant, zu beobachten, wie ins Rollen gekommene Verhältnisse sich oft genug ohne unser weiteres Zutun vollenden wollen (z. B. ein Liebesverhältnis, für dessen Entwickelung sich das Leben gewissermaßen viel mehr interessiert als die Beteiligten selbst). (Kette der »Zufälle«.)

Alles Lebendige ist umflossen vom Äther der Sinnlichkeit. Oder: Die Luft der lebendigen Welt ist ein leicht entzündliches und jeden Augenblick an hunderttausend Punkten aufflammendes Gas: Sinnlichkeit.

Gibt es eine schönere Form, an einen Menschen zu denken, als ihn »Tag um Tag in sein Gebet mit einzuschließen«? Und doch haben wir diese Form fallen lassen müssen ...

Es gibt wenig gewaltigere Dinge, als den Schluß des Johannes-Evangeliums. Zuerst die dreimalige Frage an Simon Johanna: »Hast du mich lieb?« Es ist, als ahnte und fürchtete Christus das ganze Papsttum voraus, die ganze offizielle Kirche, die ihn unzähligemale vergessen und verraten sollte.

»Weide meine Schafe!« Eine welthistorische Szene. Und Christus verkündet ihm seinen Tod. »Und da er das gesagt, spricht er zu ihm: Folge mir nach!« »Petrus aber wandte sich um und sah den Jünger folgen, welchen Jesus lieb hatte ...« »Da Petrus diesen sah, spricht er zu Jesu: Herr, was soll aber dieser?« »Jesus spricht zu ihm: So ich will, daß er bleibe, bis ich komme, was geht es dich an? Folge du mir nach!« »Da ging ein Reden aus unter den Brüdern: Dieser Jünger stirbt nicht. Und Jesus sprach nicht zu ihm: Er stirbt nicht, sondern: So ich will, daß er bleibe, bis ich komme, was geht es dich an?« Keine Szene mehr, ein Mysterium: Dieses Vorbei Christi an dem andern, dieses allerletzte Wort – nach dem letzten – an den Vertrauten seiner Seele. – »Was geht es dich an?!« – »Bis ich komme. –«

1907

Wir müssen das Quantitative verabschieden. Gott, ich meine das Unvorstellbare, das wir sind, ist weder groß noch klein. Alles ist in jedem Augenblicke Gott und jeder »Teil« in jedem Augenblicke zugleich das Ganze. (Ist denn das Wasser für den Tropfen klein oder groß? Nein, er ist der Tropfen und das Wasser zugleich, Wasser aber ist weder klein noch groß und wenn der Tropfen zurückblickt auf den Wasserfall, so wird er doch darum nicht sagen können: Wasser ist groß. Und so ist »Gott« auch nicht größer da, wo er die »Milchstraße« ist, als da, wo er in einem Menschen im Gras liegt. An sich ist diese Blume hier nichts geringeres als zehntausend Gestirne. Und so zerbrich denn auch nicht, Herz, an diesen Worten »groß« und »klein«, denn »das gibt es alles garnicht«.)

Die Menschheit ist nur eine Korrektur des Menschen.

Dies Bewußtsein wenigstens habe ich: mein höchster Gedanke hat nichts zu tun mit dem Äußerlichen meines Lebensganges. Ich bin nicht von denen, die zur Wiederaufnahme der Gottesidee durch irgend etwas getrieben worden sind, als da ist unterdrückte Sinnlichkeit, Einsamkeit der Seele, Verzweiflung an sich und der Welt oder ähnliches. Ich kenne diese Zustände wohl, aber ich wäre nie vor ihnen zu einem neuen Gottes-Begriff geflohen: wie denn dieser auch weder »heilt« noch »erlöst«. Diese Idee ist vielmehr aus meiner innersten Natur herausgewachsen, ich kann ihre Anfänge bis in mein zweites Jahrzehnt zurückverfolgen, in dessen Mitte etwa ein ganz spezifisch philosophisches Interesse in mir erwachte. Ihr endliches Zutagetreten hängt sehr stark mit der Art meines Schauens zusammen, das mir manchmal erlaubt, sehr in die Dinge zu versinken oder auch: die Dinge gleichsam in mich hineinzunehmen, und mir damit das Micheinsfühlen mit allem zu einem natürlichen Gefühl macht.
Ebenso hatte ich stets das Gefühl des Zusammenhangs in so hohem Maße, daß ich mich von Vorstellungen solcher Art nicht losmachen konnte, wie diese etwa, daß meine Hand, von A nach B bewegt, das ganze Weltall in Mitleidenschaft ziehen müsse.

Was sagt Meister Ekkehart anders als: zerbrich alle Sprache und damit alle Begriffe und Dinge: der Rest ist Schweigen. Dies Schweigen aber ist – Gott.

»Gott« ist das einfache Ergebnis eines Subtraktionsexempels: ziehe alles von dir ab, was abzuziehen ist, und der Rest ist – Mysterium.

Gott ist seine eigene Erfindung. Das sich selbst Unerklärliche sagt aus Menschenmund Gott zu sich.

In Christus ist zum ersten Mal auf der Erde Gott selbst sich zum Bewußtsein gekommen. In Christus erkannte Gott als Mensch zum ersten Mal sich selbst. Seitdem sind fast zweitausend Jahre vergangen. Aber freilich: »Tausend Jahre sind vor Ihm wie ein Tag.«

Man empört sich gegen die Gottheit Christi – als liege man selbst in Hose und Rock nicht als ein Stück – Gottheit herum.

Eines Einzelnen Leben ist vielleicht nichts Besondres. Von außen, mit fremdem Auge betrachtet, mag es nicht viel bedeuten, von innen, mit seinen Augen gesehen, schon mehr, sehr viel mehr. Als Leben – Gottes aber angeschaut, wird es sofort unaussprechlich tief und tragisch. Sieh nur irgend einen Menschen daraufhin an, daß er nichts andres ist als Gott, Gott selbst in ureigenster Person – und die Welt wird sich dir mit einemmal und auf immer verwandeln und du wirst kein Sittengesetz mehr zu befragen brauchen; denn alles wird dir auf einen Schlag wunderlich heilig werden.

Ich sehe das Unvermeidliche herannahen: daß den Menschen eines Tages in größerer und größerer Anzahl zum Bewußtsein kommt – nicht nur nominell wie bisher, sondern faktisch – daß sie in der Unendlichkeit leben.

Heute sehen die Menschen noch nicht den Raum; sie sehen den Himmel, aber noch nicht den RAUM.

Auf Erden ist nichts, sondern alles im Himmel zugleich und in der Ewigkeit. (Geträumte Zeile.)

Gott ist nicht etwas Vorgestelltes, sondern das, was wie jede andere Vorstellung, so auch die Gottesvorstellung produziert. Bis heute glaubt die Menschheit noch, so weit sie glaubt, an den Gott oder die Götter ihrer Vorstellung. Und darum ist sie so leicht durch den Satz zu widerlegen: Dein Gott ist eine bloße Vorstellung von dir. Gewiß ist er das. Erst die Menschheit, welche bekennt: Was wir uns als Gott vorstellen, ist irrelevant; das einzige, was wir als Gott behaupten können, ist das Unvorstellbare, auf das unsre Vorstellungen zurückgehen, ist das, was wir für uns als Wirklichkeit klassifiziert haben, sind wir selbst (wie wir uns bezeichnen) und alles, was um uns ist (was wir so bezeichnen). Gott ist alles. Wir haben kein andres Wort für Gott als das Wort »alles«. Man kennt und fühlt Pantheismus schon lange, aber ich weiß nicht, ob je mit diesem »alles« schon ganz und resolut Ernst gemacht worden ist. Wer ihn macht, für den gibt es kein Entrinnen mehr. Er muß selbst hinein in dies »alles« mit jeder Faser seines Leibes und jedem Schatten seiner Gedanken, er muß selbst zusammenfallen mit Gott, er muß selbst Gott – und nicht nur in Gott – sein.

»Sein« (esse) ist nur eine Denkform Gottes. Wenn Gott sagt: ich bin, so sagt er dies beides nur als Mensch. Als Gott sagt er nichts, »ist« er nicht einmal etwas. Gott ist nicht Gott. Als Mensch »ist« Gott.

Auch wo Gott »sich« fühlt, wie im Mystiker, bleibt er noch Mensch.

Man soll nur in alle Ewigkeit leugnen, daß die Welt unerklärlich sei. Die Folgen dieser bornierten Leugnung, dieser stiermäßigen Annahme des Gottmenschenkopfes von seiner Anlage zur Selbsterkenntnis sind allzu wertvoll, verinteressieren – als Wissenschaft – das Leben in allzuhohem Grade.

Unbewußte Stupidität, bewußte Verlogenheit – als Voraussetzung aller Wissenschaft, ja aller geistigen Kultur überhaupt: das ist eine groteske Wahrheit Gottes, des Menschen.

Auch hier meine Ausführungen, was ich auch versuche, bleiben – Anthropomorphismus. Diese Feststellung sollte eigentlich der Tod Gottes sein. Der Tod Gottes – als einer auszuscheidenden Vorstellung. Aber diese Vorstellung war meine letzte, in der ich alle andern begrub. Kein Wort der Erde, das sich mir im Wort »Gott« nicht löste. Andre nennen ihre Grenzvorstellung Leben, Natur, Wirklichkeit. Aber ist das minder anthropomorph? Nein. Jedes Wort ist Vorstellung, jedes Wort ist demnach gleich viel wert. »Leben« ist das Wort einer andern *Phantasie* als »Gott«, das ist alles.

Es gibt also zuletzt nur eine Grenzvorstellung, nur ein »Ur-wort«. Dieses Urwort muß uns gelassen bleiben, wollen wir Menschen bleiben.

Gott wäre etwas gar Erbärmliches, wenn er sich in einem Menschenkopfe begreifen könnte.

Ich frage mich, welche innere Nötigung liegt meiner Handlungsweise zu Grunde (drücken wir es so aus): das Ding an sich Gott zu nennen. Meine aufrichtigste Antwort lautet: Das ist des Dings an sich, das ist Gottes Sache selbst. Ich bin – wie ich es ansehen kann – nur eine Etappe im ungeheuren Heer und Komplex von Assoziationen, und wenn ich mich nun selbst psychologisch zu deduzieren suchte, so wäre damit wohl nicht vielmehr getan, als wenn ein Strudel jenes Baches dort unten die Art seines Gurgelns durch die Daten seines Lokals usw. erklären zu können glaubte.
Nun gut. Welche Nötigung? Die Nötigung, nicht Halt machen zu brauchen. Die Nötigung, mich mit allem um mich durch ein *persönliches* Band verbunden fühlen zu dürfen. Wenn diese Tanne da vor mir ein geistreicher Mechanismus ist wie ich, so kann sie mir in jedem Augenblick unendlich gleichgültig, ja widerlich werden. Aber sie ist kein Mecha-

nismus, sie teilt – ob ich sie nun als Du oder Erscheinung bezeichne – *Ein* Geheimnis mit mir, das Geheimnis des Lebens. Wir sind Brüder als Erscheinungen, und unser Beider Vater als Dinge.

Ich, als Vater, erfülle mich erst im Menschen, als mir, dem Sohne; als Sohn erst erfahre ich mich als den Vater. Oder: als Erscheinung erst werde ich mir selbst – Erscheinung.

Von mir: die Menschen sind ihm allein Köpfe Gottes.

Ja, gewiß, es ist vieles am Menschen lächerlich und verächtlich. Aber der Mensch ist ja auch nur ein winziger Teil Gottes. Und was wäre Gott, wenn er nicht irgendwo auch lächerlich und verächtlich wäre. Gott schenkt sich nichts. Das wollen nur die Kurzsichtigen, die meinen, man könne das Eine ohne das Andere haben, ja noch mehr: man dürfe es.

Die planetarischen Kulturen geistiger Wesen sind die großen Grotesken Gottes. Gottes materielle Erscheinungsform ist notwendig grotesk.

Man könnte eine Bibliothek schreiben von den Selbsttröstungen Gottes.

Nicht, daß gekämpft wird, ist das Tragische der Welt. Sie selbst ist das Tragische.

Betrachte den gefüllten Zuschauerraum eines Theaters. Wie festlich machen ihn die vor Erwartung und Lebenslust glänzenden Augen der Frauen, ihre schneeweißen Nacken, ihr herrliches Haar – wie scheinen sie alle zu rufen voll reizender Ungeduld: den Vorhang auf! den Vorhang auf! Wie gern sie leben und leben sehn, wie ganz unverständlich es ihnen wäre, wenn nun plötzlich ein Mann aufstünde und spräche: Nein, nicht den Vorhang auf! nicht auf! Sondern laßt uns endlich ein Ende machen mit diesem ewigen Theaterspiel! Und seine Augen würden sich schließen im Übermaß des Schmerzes. Aber nach einer kurzen Spanne der Starrheit – was würde geschehen? Mit ihren Fächern würden sie ihn zu erschlagen drohen und mit hundert beredten Gebärden laut oder stumm, lächelnd oder schluchzend, die Männer rings fragen: Wie? und wir? sind wir nichts? gelten für nichts? Ihr wollt dies starke süße bunte Leben nicht mehr? Ihr wollt also Uns nicht mehr? Was haben wir euch denn getan? Und was unsre Kinder, eure Kinder? O, ihr Toren, ihr Spielverderber, ihr Pflichtvergessenen! Aber ihr sollt uns nicht irre machen. Nicht irre an Lieben und Leben, nicht irre an Pflicht und gesundem Menschenverstand. Nein, die Komödie sei noch nicht zu Ende! – Der Sprecher von vorhin aber würde bei sich denken: Umsonst. Gottes Teufel ist seiner würdig. Er könnte nicht überzeugender noch unschuldiger sein. Und fürwahr: Heute erkannte ich ihn zum ersten Mal – und sein triumphierendes Reich, soweit Welt ist.

»Die Welt« ist Gottes Weg zu seiner Schönheit. Überall und immer duftet diese Wunderpflanze »Welt«. Um dieses Duftes willen ist sie da; er ist ihre Schönheit, ihre »Seele«, »Gottes« – Seele.

Wir sind nie wirklich aus dem Paradiese vertrieben worden. Wir leben und weben mitten im Paradiese wie je, wir sind selbst Paradies, – nur seiner unbewußt, und damit mitten im – Inferno.

»Alles was ist, ist vernünftig« – ganz gewiß. Freilich nicht vom Standpunkt des Reichstagsabgeordneten X oder des Privatdozenten Y aus; aber sub specie Dei.

Sieh einmal morgens nackenden Leibes beim Waschen an dir herunter, den Riesen-Zellenbau, das Zellenuniversum ohne Gleichen!
Welches naive Auge würde je darauf kommen, dich als eine einheitliche Ordnung von Legionen selbständiger Wesen zu verstehen und welches Auge würde folgen wollen, wenn der Verstand es wagte, die Wirklichkeit überhaupt als einen einzigen Zellenleib zu beschreiben, dessen Formen wir uns nur nicht vorstellen können?

Wie kann man sagen: Dies und das kommt hierher und daher; da doch alles überallher kommt.

Das Prinzip der Nachahmung (oder, vom Objekt aus: der Ansteckung) wirkt fortwährend in der ganzen Natur.

Ich habe zuweilen einen abgründigen Haß auf die Zahl. Sie ist die absurdeste Fälschung der »Wirklichkeit«, die dem Menschen wohl je gelungen ist, und doch baut sich auf ihr »unsere ganze heutige Welt« auf.

Der große Irrtum ist der: man glaubt irgend einmal einen Mechanismus schaffen zu können, der schließlich wie ein Lebewesen wird und leben soll, und sei es auch nur ein Infusorium. Und übersieht dabei nur eins: daß es ein einzelnes Infusor für sich allein gar nicht gibt, daß man das ganze Weltall nachschaffen müßte, um auch nur ein kleinstes Tierchen in Wahrheit lebendig zu machen – denn man kann nichts von außen hineinstopfen, Ihr Herren, man muß dann schon von der Pike auf schaffen, nicht nur so ex tempore und ex machina.

Alles ist Ausdruck eines *Wesens*.

Wenn im großen Weltkonzert einmal ein Stern untergeht, so ist das auch nichts weiter, wie wenn einem irdischen Orchestermusiker eine Saite platzt. Sähe man den Mann nicht die Geige absetzen, so würde man vermutlich gar nichts merken, so unbekümmert geht das vielstimmige Zusammenspiel seinen gewaltigen Gang.

Die »Welt« gibt offenbar immer nur relative Vollendungs-Möglichkeit. Zwischen zwei Eisperioden kann eine Menschheit sich vielleicht so »vollenden«, wie ein Einzelner zwischen Geburt und Tod.

Wir glauben als Menschheit eine Art fließende Ebene zu sein und sind statt dessen ein wandelnder Berg oder eine wandelnde Pyramide.

Es ist mit der Weltenuhr wie mit der des Zimmers. Am Tage sieht man sie wohl, aber hört sie fast gar nicht. Des Nachts aber hört man sie gehen wie ein großes Herz.

Diese Waschkanne vor mir – nimm die Zeit von ihr: und sie stürzt zusammen in nichts. Die Zeit macht erst den Raum.

Das Amüsante ist, daß es nun, seit dem Auftreten des Menschen, auf einmal Vergangenheit und Zukunft gibt (von vielem andern ganz zu schweigen), als hätte die ganze Wirklichkeit nur darauf gewartet, sich von ihm in vorn und hinten, oben und unten, früher und später usw. einteilen zu lassen. O Mensch, du Kindskopf aller Kindsköpfe, o Wissenschaft, du grandioses Orientierungs-System dieses Kindskopfes, nichts weiter!

Gestern und morgen haben im All keinen Sinn. Das All war weder, noch wird es sein, – es ist. Und so *war* nichts von dem, was wir »vergangen« nennen. Alles »Vergangene« *ist.*

Vergangenheit wie Zukunft sind nur Formen der Gegenwart.

Für Pflanze und Tier gibt es das Wort ewig nicht und daher auch keine – Ewigkeit. Es sollte sie auch für uns nicht geben. Wir *sind.* Wir werden nie sein, ebensowenig, wie wir je waren. Die Ewigkeit ist in jedem Moment »gelebte Gegenwart« – oder sie ist nicht.

Schauerlich, zu denken, daß alles nur »in der Flucht« ist. Es gibt nichts, als den *Moment,* in dem fortwährend alles ist. So wie »ich« von Sekunde zu Sekunde lebe und mir dessen bewußt bin – (aber das alles ist nicht ich, das ist die Unendlichkeit, die in mir fortwährend weiter lebt) so lebt die gesamte Wirklichkeit wie ein einziger gigantischer Körper in ihrer eigenen, von mir ihr vermittelten Vorstellung von Sekunde zu Sekunde.

Alle Vergangenheit existiert nur als lebendige Erinnerung eines gegenwärtigen Kopfes.
Alle Vergangenheit ist eine Selbsterinnerung Gottes.

Die Welt ist eine sich ewig fortentwickelnde Kugel, deren Oberfläche – hier der dies von ihr aussagt.

1908

Im Geist erst wird die Natur, wird Gott tragisch. Was ist der Mensch? Die Tragödie Gottes.

Wenn einer die Welt bejaht, bejaht sie Gott, wenn sie einer verneint, verneint sie Gott (und damit Sich). Gott sagt weder bloß ja noch bloß nein zu sich, sondern urewig ja *und* nein.

Wo einer keine Augen für sich – als Mysterium – hat, da hat auch Gott keine Augen für sich, als Mysterium. Aber als der, als der er Augen für sich hat, leidet er unter diesem andern, als der er keine Augen für sich hat, und zürnt sich, dem andern, aus sich, dem einen.

Die Welt könnte so groß angelegt sein, daß die unaufgelöste Dissonanz eines ganzen Planeten als solche mit hineingehörte. Ein schauerlicher, wahnwitziger Gedanke. Denn wer will seine Dissonanz – schon allein seine ganz persönliche Dissonanz nicht aufgelöst – und sei es auch erst – nach Äonen.

Gott ist die Welt im Einzelnen wie als Gesamtheit. Als Gesamtheit aber ist er vielleicht eine Zweiheit von Mann und Weib. Einheit als Gott, Zweiheit als Welt. Sagst du aber: Die Welt? das wäre wohl nicht genug, wenn nur *das* Gott wäre! so frage ich: weißt du, wo die Welt aufhört, daß du von genug und nicht genug redest? Wie kann etwas Un-Endliches noch-genug sein oder »nicht-genug«?
Das ist gewiß: was auch von Gott, von Gottheit gedacht werden mag, kann auch noch nicht an den Saum des Mantels seines Ernstes rühren.

Wenn Gott nicht die ewige Sehnsucht zweier Seelen zu einander ist – wenn die Welt nicht der ewige Weg dieser zwei Seelen ist – so weiß ich nicht, was Gott und Welt bedeuten.

Der Mensch ist nur ein Moment innerhalb des MENSCHEN, und der MENSCH nur ein Moment innerhalb Naturae sive Dei.

Mußte der wahrhaft innerliche Mensch früher mit der Kirche ringen, so muß er es heute mit der Wissenschaft. Der sich selbst schauende Gott ist immer nur als – Ketzer möglich.

Vielleicht ist nichts von allem Gedachten *ganz* unwahr. Sollte Gott über Sich *gänzlich* falsch denken *können*? Sollte nicht die barbarischste religiöse Vorstellung ein Körnchen Wahrheit enthalten, enthalten *müssen*?

Eines sein und haben und die Sehnsucht nach allem Andern, – Formel Gottes, des Individuums. (Hinzuzufügen: zusamt der stillgeglaubten Anwartschaft auf alles Andere.)

Frage dich nur bei allem: »Hätte Christus das getan?« Das ist genug.

Das ergibt sich aus meiner Lehre, daß nicht nur der Einzelne sondern auch Volk um Volk und endlich die ganze Menschheit – Persönlichkeit zu werden trachtet.
Denn wenn wir »Gott« sind, – was können wir Höheres aus uns machen, als immer durchseeltere, durchbildetere, vollendetere Persönlichkeit? So wie der einzelne durch und durch kaloskagathos werden soll, so soll auch ein Volk, eine Menschheit durch und durch »kalonkagathon« werden wollen.
Kunstwerk der Einzelne, Kunstwerk sein Volk, Kunstwerk die ganze Erde – das ist das Ziel.

Jeder kann von Christus etwas fortnehmen. Verstehen aber wird ihn alle fünfzig Jahre – vielleicht – Einer.

Wenn, was sich so Theologen nennt, wirklich wissen könnten, wer Christus war, würden sie ihn allesamt als einen Irrsinnigen und Verbrecher verdammen. Ja, so weit weg steht der Mensch, der gesagt hat »Ich und der Vater sind eins« (und nur der johanneische Christus ist für mich Christus, so ausschließlich, daß, wenn es ihn nie gegeben haben sollte, er längst hätte »erfunden werden« müssen) von der übrigen »christlichen« Menschheit und insonderheit ihren Theologen, daß er wie der leibhaftige Teufel auf sie wirken würde, hätten sie ja den Mut und die Kraft, ihm sein Weltgefühl bis zum Letzten nachzufühlen.

Immer wieder kommt mir die Szene auf Golgatha ins Gedächtnis, immer wieder komme ich zu mir selber wie Christus und frage mich: Und Du schläfst! Und ich fahre auf und Scham übergießt mich ganz und ich erwache zu mir selbst. Aber nur ein Kleines, so bin ich wieder im Halbschlaf. Und wieder tritt mein Selbst an mich heran, rührt mir ans Herz, daß ich wie verwundet aufschrecke und zum wievielten Male! das traurige Wort vernehme: Du schläfst! Wie – wäre mein Problem dies: Eine Natur, auf der Grenze geboren, wo das Mittelmäßige und das Außerordentliche zusammenstoßen, ein Mensch, zu groß, zu reich, zu tief, im Gewöhnlichen zu verharren und doch zu klein, zu arm, zu seicht, zu verharren im Ungewöhnlichen? Mir fällt ein Vers aus meinen ersten Jünglingsjahren ein, jenen Jahren, deren damals noch ganz anders zehrende Ohnmacht ich durch den ausdauernden Schritt nach nur Einem Ziel in zwei Jahrzehnten wenigstens bis zu einem gewissen Grade überwand: »Ich möchte schwächer sein und bin es nicht, ich möchte stärker sein und bin es nicht, und daß ich stärker nicht noch schwächer bin, als wie ich bin, das ist's, was mich zerbricht«. Und auch das fällt mir ein: Wie ich mich früher gehaßt habe. Gehaßt bis zu bitterster Todfeindschaft, die mir vielleicht nur aus Zufall nicht den Garaus machte. Und all mein Flehen um Tiefe fällt mir ein, das der alte Gott noch hören mußte und erfüllen sollte. Ein Mensch also gemacht aus Edelmetall und taubem Erz, zerspalten in Reichtum und Armut, Vermögen und Ohnmacht! Emporfahrend aus seiner Niedrigkeit, den Himmel des Seherischen und Schöpferischen in seine Arme herabzureißen, ihn erblickend in all seiner Herrlichkeit, und seiner flüchtigen Hoheit wieder entschlummernd in den Schlaf des Alltäglichen, von neuem erwachend nach kurzem Traum im Tal des unfruchtbaren Todes. Das wäre ich! Das bin ich?

Gibt es etwas Gleichgültigeres als das, was die Menschen nach deinem Tode von dir sagen werden? Nein. Nicht deshalb, weil es dich nicht mehr trifft, sondern weil es an sich bedeutungslos ist. So könnte man fragen und antworten. Aber auch so sagen: Eines bleibt: Deine Wirkung. Als Lebendiges wirkst du ringshin, so wie du selbst ein von ringsher Bewirktes wandelst. Und als Gestorbener wirkst du weiter, einmal mit der ins andere bereits übergegangenen Gesamtwirkung deines Lebens, zum andern aber damit, was die Überlebenden nun noch aus deinem Gelebt- und Gewirkthaben für sich herausholen. Beide Wirkungen bleiben, auch wenn du längst mit Namen und Werk vergessen sein solltest; in deinen Wirkungen kannst du nie sterben, als individuelle Wirkung bist du völlig unsterblich. Wenn du dies bedenkst, so wird dich der Gedanke daran, was man nach deinem Ableben von dir sage, wie man dich noch weiter fruktifizieren wird, nicht mehr so ganz gleichgültig lassen wie vorher. Der Inhalt der Nachrede zwar kann dich so wenig kümmern wie das Gelärm einer gefüllten Bahnhofgaststube, in der du ein Glas Wein getrunken, einen Brief geschrieben und ein Mädchen angeblickt hast, um dann gleich wieder weiterzureisen; aber die – wählen wir absichtlich ein grobes Vordergrundswort – mechanistische Wirkung, die unter Teilen jenes Gespräches verborgen fortzitternde Nachwirkung deiner Anwesenheit, wird je nach deiner Selbstinterpretation – dich immerhin mehr oder minder interessieren dürfen.

Ist nicht einmal dasselbe Wort in deinem Munde je dasselbe, so bist auch wohl du selbst ein in jeder Sekunde Neuer, noch nie Dagewesener, Niemehrsodaseinwerdender. Und nicht du allein: Alles ist fortwährend neu, frisch, einzig, einmalig.

Dies ist das Geheimnis des Lebens und damit Gottes, als eines ewig Seienden, ohne auch nur die Möglichkeit irgendwelcher Starrheit.

Bewußtsein: Wir stehen an einem Ende, wir sind ein Anfang.

Nicht nur Fortdauer – *Ziel*dauer.

Die Axt. (Fundamentalsätze.)
1. Keine Geschichte
2. Keine toten Gegenstände
3. Sprache – Prozeß.

Alle Materie ist ja nur geistiges Arrangement.

Aus einem Drama. Ein Freund zum andern (drohend):
Die Welt wird doch keine Narrheit sein, – *Du!?*

Wer das Gebet in irgend einer Form wieder in unser Leben zurückbringt – er wird uns Ungeheures wiedergegeben haben.

Was ist Religion: Sich in alle Ewigkeit weiter und höher entwickeln wollen.

Einen Tempel bauen mit der Aufschrift: Dem heroischen Leiden.

Im Menschen vollendet sich und endet offenbar die Erde. Der Mensch – ein Exempel der beispiellosen Geduld der Natur.

»Der Übermensch ist der Sinn der Erde« – das heißt: der Erde Sinn ist ihr Untergang in – Höheres.

Gefühl von Gnade: seliges Vorgefühl des uns zum Heil, unserer ganzen Entwickelung nach, Erwartenden – ohne den *vollen* Glauben, daß es auch wirklich kommen werde und ohne jeden Glauben daran, daß man es wirklich verdiene. Ein Gefühl, der objektiven Wahrheit zwar vielleicht nicht entsprechend, aber eine Schönheit des Herzens, ein Mehr – als – Wahrheit.

Alles Vollkommene darf angebetet werden, freilich nicht, daß es uns etwas schenke (außer sich selbst durchs Mittel seiner Schönheit), sondern angebetet im Sinne ehrfürchtiger Liebe.
Ja, *dies* Gebet, als kein Bitten um irgend etwas andres als um die immer reinere Offenbarung der Schönheit des Angebeteten soll bleiben, soll als das *neue* Gebet *wiederkommen,* nachdem wir das alte in uns niedergekämpft, ohne doch je vergessen zu können, daß es nicht nur eine Form des gemeinen Bedürfnisses, nein, noch weit mehr war: eine Form des edelsten Bedürfnisses der Seele: der Liebe. Als Liebe darf das Gebet wieder auferstehen, frei werden.

Gott ist der tiefste Gedanke, den der Mensch je gedacht hat. Gott ist der eigentliche Gedanke der Erde, der einzige all unsrer Gedanken, der, geschweige denn in Jahrtausenden, innerhalb ihres, der Erde, ganzen Daseins nicht zu Ende gedacht werden kann. Gott ist die große Frage der Erde, aller Erden: Ihr Leben ihre offenbare zugleich und geheime Antwort.

Es ist eines der tiefsten Worte: Bei Gott ist kein Ding unmöglich. Gott ist die Möglichkeit aller Möglichkeiten.

Aneignung der Anthroposophie (Weltbild: Am Tor)

1909

Göttliches (Theon) immer wieder in unzähligen Lebenslinien, Lebensläufen, Gott werdend (Theos) ... Gott ein ewiger und unendlicher Prozeß des Sich-Verlierens und Sich-Gewinnens ... Gott ein ewiges Ringen zahlloser dumpfer und lichter Individuen um Sich, als Schönheit der Schönheit. – Sich fortwährend auf irgend einer höchsten Formenstufe als diese gewinnend und besitzend und beschließend ... und doch nie *ganz* und überall und gleichzeitig vollendet.

Im Kugelbegriff grenzt sich Gott gegen sich selbst ab. Gott ist, worin dieser letzte Begriff als in seiner höheren Einheit aufgeht.

So wie ich – außer etwa als mystischer Seher – den Geistkörper des Menschen nicht schaue, so schaue ich auch nicht den Geistkörper der Erde. Und doch muß auch der Planet als Ganzes seinen Geistkörper haben und wer weiß, ob er damit nicht Brust an Brust mit Geistkörpern andrer Sterne lebt, sodaß ...

Ein Kunstwerk schön finden, heißt, den Menschen lieben, der es hervorbrachte. Denn was ist Kunst andres als Vermittlung von Seele. Eine Landschaft schön finden, heißt, uns ihrer als eines göttlichen Geschenkes unbekannter Mächte freuen. Dankt meine Ergriffenheit z. B. dem Meere selbst? Nein, sie dankt den schöpferischen Geistern, der ganzen Natur dafür, dem schöpferischen Geist – des Lebens selber. Interesselos aber ist mein Wohlgefallen am Schönen so wenig, daß es vielmehr alles tiefste Schöpferische in mir aufregt und, indem es ihm Gelegenheit gibt im ausgiebigsten Maße »mitzutun«, bis zu einem gewissen Grade zugleich befriedigt. Nur bis zu einem gewissen Grade – denn über dies Befriedigen hinaus bleibt noch – ob bewußt oder unbewußt – etwas von jener nie ganz gestillten Sehnsucht, die wir allem gegenüber empfinden, was uns zur Liebe zwingt: die Sehnsucht, es noch mehr, noch besser, noch gründlicher zu lieben, als wir es lieben *können*, des Wunsches einer noch viel vollkommeneren, sublimeren Liebe, die den Dank wirklich zu erstatten vermöchte, den wir fühlen.

Jeder konsequente Monismus führt unabänderlich zum – Dualismus. Denn eine absolute Einheit verträgt der menschliche Geist niemals. Und wo er ihr nicht entweichen zu können glaubt, wie in Schopenhauer, *verneint* er.
Aus diesem Grunde könnte auch die Gottheit ihrer schauerlichen Einheit in Legionen Vielheiten entflüchtet sein, von zwei Leiden das kleinere wählend.

Die Welt als *Trieb* und Vorstellung – diese Fassung hätte vielleicht manches Mißverstehen Schopenhauers unmöglich gemacht.

Die Welt ist nicht bloß Pflanze, oder Tier, sondern – Mensch!

Immer wieder Gott zu werden: Ziel aller kosmischen Entwickelungen.

Das Sein, das ist das Unvergängliche in uns, das Werden, das, als was wir dahingehen. Wie können Sein und Werden Gegensätze sein, wenn sie doch an uns in jeder Sekunde Eins sind, wenn das Ewig Seiende im Ewig Werdenden unaufhörlich »ist«!

Die Vorstellungen von Lohn und Strafe – müssen sie deshalb jeder tieferen Wahrheit entbehren, weil wir sie heute schroff ablehnen? Was hat sich eigentlich geändert? Daß wir uns heute unser Schicksal mehr oder minder selbst zu bereiten glauben, während wir früher glaubten, daß es uns bereitet würde. Ist nicht nur die Optik eine andere geworden, nur die Optik?

Man soll sich seiner Krankheiten schämen und freuen; denn sie sind nichts andres als ausgetragene Verschuldung.

An Steiner
Glück in medias res.
Ich war sozusagen bis 4 Uhr morgens gegangen und glaubte kaum noch, daß es nun noch wesentlich heller für mich werden könnte. Ich sah überall das Licht Gottes hervordringen, aber ...
Da zeigen Sie mir mit einem Male und gerade im rechten letzten Augenblick ein 5 Uhr, 6 Uhr, 7 Uhr – einen neuen *Tag*.

Meine Zahlen: 13/14/15/16/17/18/19. Mein Alter – 42?

Immer wieder: Nicht so sehr, *was* wir denken, ist das Höchste. Das Höchste ist das *Denken selbst.* Es allein *verbürgt* uns mit eherner Sicherheit den mit uns geborenen Gott.

––– An der Pforte steht das Grauen.

Man versteht den Menschen erst – sub specie reincarnationis.

Die Hochzeit zu Kana. Christus verwandelt Wasser in Wein: Was bisher als Wasser (Mensch) gegolten, wird durch sein Offenbarungswort Wein (Gott!).

A. Was, was ist's, was den Menschen vom Christus trennt; sagen Sie mir das, können Sie mir das sagen?
B. Ja, das kann ich. Der *Philister* in ihm.

Wir stehen nicht am Ende, sondern am Anfang des Christentums.

Der Gedanke Gottes muß freilich der Tod des Individuums sein. Darum hält er sich auch im Allertiefsten besser als im Vordergrund auf.

Wenn du die Lage einer Hütte auf einem Berge betrachtest, so machst du leicht deinen Standpunkt zu dem ihrigen, uneingedenk dessen, daß sich die Welt von da droben ganz anders ausnimmt als von dir aus. Ja, dies verhält sich bis zu einem gewissen Grade selbst dann noch so, wenn du dich mit aller Einbildungskraft auf ihren Standpunkt zu versetzen bemühst. Um einen Standpunkt *ganz* verstehen und würdigen zu können, muß man diesen Standpunkt selbst einnehmen oder wenigstens einmal eingenommen haben. Aus diesem Grunde läßt sich alles Göttliche nicht eigentlich beurteilen, es sei denn von Menschen, die in persona im Über-Menschlichen zu verkehren vermögen.

Die Menschheit schleppt am Boden. Gefesseltes aller, ach viel zu aller, Art. Darunter ab und zu ein Adler. Auch er mit Fußring und Bleikugel. Aber ein ander Schauspiel doch, als all das andre. Er gewöhnt das Schleppen nicht, das alle andern mehr oder minder gewöhnen. Er empört sich sein ganzes langes Leben lang, flüchtet empor, strebt empor, königlich und unablässig. Auch er vermag sich nicht wirklich in die Luft zu schwingen – und das weniger, weil er die Gewichte am Fuß nicht zu heben imstande ist, als weil ihn das ungeheure Gewimmel um ihn nicht los, nicht hoch läßt, – besser noch, weil er's nicht mit hochziehen *kann,* – aber er bleibt ein lebendig Memento Coeli, er verliert seine Göttlichkeit nicht an den Alltag, den Staub und die Straße, nicht an den Trott der Millionen.

Wer das feine zweite Ohr für den Souffleur hat, sieht die Geschichte der Menschheit anders an.

1911

Werden wir hier auf Erden nicht schon von sichtbaren Lehrern erzogen und immer weiter befruchtet? Ist irgend ein großer Mensch, dem wir etwas verdanken, nicht unser Meister? Ist so das Leben nicht ein fortschreitendes Lehren und Lernen?
Und sollte das nach dem Tode der leiblichen Persönlichkeit – aufhören?

Wenn die Menschen sich weiter entwickeln, müssen auch ihre Götter sich mit und weiter entwickeln, all die geistigen Wesenheiten, die an ihnen gearbeitet haben und arbeiten. Der Lehrer, der das Kind bis zu dessen zwanzigstem Jahre geleitet hat, wird dann ebenfalls um zwanzig Jahre gealtert, gereift, weiter entwickelt sein. Wer überhaupt göttliche Demiurgen annimmt, der soll sie nicht als starre Götzen verehren.

Wir sollten wohl so vor dem Mysterium von Golgatha empfinden: Nicht nur: ein Gott *opfert sich* für seine Welt. Sondern ebenso: er opfert sich für *seine Welt.* Für seinen eigenen ungeheuren tragischen Schöpfungsprozeß, Schöpfungskomplex. Oder, um die Majestät dieses Unausdenkbaren zu mildern: für den Menschen, seinen Sohn, seine Tochter. Denn vielleicht ist für den Gott, dem die Entwickelung seiner Schöpfung, seines Geschöpfes vor Augen steht, die von ihm selbst so verhängte und heraufgeführte Art und Notwendigkeit dieser Entwickelung ein noch ganz anderer Schmerz, als der seines Kreuzweges und Opfertodes. Vielleicht wird Christus erst dann von uns noch ganz anders ahnungsvoll begriffen werden, wenn wir uns in die Tragik eines Weltenschöpfers zu versenken suchen, dessen Wesen Liebe ist – stark und unaufhörlich wie die Sonne –, dessen Wille es ist, selbständige ebenbürige Weltengötter, Weltenschöpfer, durch Äonen und Äonen heranreifen zu lassen, und dessen abgrundtiefe Weisheit es ist, den Schmerz in allen seinen Graden und Formen als Bildner zu wollen oder doch wenigstens zuzulassen. Glaubst du nicht, daß Sein Leid über alle Leiden der Welt das Leid all dieser Leiden übertrifft, – denn noch wie anders leidet ein Gott als ein Mensch –? Sollten wir nicht dieses Leiden des Gottes Christus, als Gottes, zu sehr verkennen hinter dem Leid des Gottes Christus, als Menschen, in der Maja des Jesus von Nazareth?

Es ist ein ungeheures Schauspiel, mit welcher grenzenlosen Freiheit in einem Kosmos, wie dem unsern, alles seine Wege gehen darf. Jede Meinung, jede Handlung ist erlaubt. Jedes Wort, und sei es noch so wunderlich oder verkehrt, kann gesagt werden, jede Urteilsnuance bis zur höchsten Erkenntnis der Wahrheit hinauf, bis zur tiefsten Schmach der Verblendung hinab darf da sein und ist da und unterliegt keinem andern Gesetze, als dem der allmählichen Selbstkorrektur im Sinne einer von Liebe geläuterten Vernunft.

Kein größerer Irrtum als der: der Mensch sei dazu da, es jemals gut zu haben. Nie gut *haben* soll er es – außer höchstens, daß ihm die Kraft zu weiteren Kämpfen wachse –; denn sonst »bekäme« er es nie »gut«; dann nämlich, wenn er, nach Äonen und unzähligen Wandelungen, seinen Kosmos absolviert haben wird: Und eine Heerschar Gottes-Söhne mehr zu neuem Schaffen gereift steht.

Wen Gott lieb hat, den züchtigt, den – züchtet er. Und so ward er die Welt, Sich Selbst zur – Zucht.

Die Menschheit hat längst alles empfangen, was zu empfangen ist. Aber sie muß es immer wieder von neuem und in immer wieder neuer Form empfangen und verarbeiten.

Die Lehre der Reincarnation z. B., – sie ist längst da. Aber sie mußte eine Weile beiseite gelassen werden – die ganze europäische Zivilisation geht auf dies Beiseitelassen zurück. Jetzt hat dieser Zyklus das Seine erfüllt, jetzt darf sie, als eine unermeßliche Wohltat, in den Gang der westlichen Entwickelung wieder eintreten. In einem Sinne, der erst jetzt möglich ist, zweitausend Jahre nach der Erscheinung des Christus, in einem ganz andern Sinne als je vorher, wird sie jetzt von neuem die Menschheit befruchten, erleuchten, erlösen.

Im Grunde gibt es den einzelnen Menschen gar nicht. (Er bildet sich's bloß ein.)

Was reden wir von *den* alten Ägyptern, Persern, Indern. Reden wir doch von *uns* alten Ägyptern, Persern, Indern! Oder, wenn Jakob Böhme bei der Erschaffung der Welt dabei war, war er dann bei der Entstehung der Veden abwesend?

Die Menschen sind heute so weit gesunken, daß sie sich »genieren«, vom Wesentlichsten ihres und alles Lebens zu reden. Gott, Christus, Unsterblichkeit sind in gewissen

Kreisen so verpönt, wie in andern Hemd, Hose, Strümpfe; es gehört nicht zum guten Ton, nicht zum savoir vivre, sie nicht völlig zu ignorieren. Nur der »weiß« heute zu »leben«, der in der Tat nicht mehr weiß, was leben heißt.

Ahnten die Mütter, wie ganz anders eine Mutter ihr Kind anblickt, die sich den Lehren der Wissenden in rechter Weise erschlossen, – nicht Eine würde damit unbekannt bleiben wollen.

Mein Gott, mein Gott, in jeder Sekunde geschieht irgend etwas andres Unsägliches auf Erden – und die Menschen wollen es nicht anders und die Menschen wollen es nicht anders. Denn sonst würden sie ihr Leben anders einrichten, sonst würden diese Schmetterlinge endlich Ernst zu machen versuchen.
Auf welcher Stufe steht noch der Mensch! Wie noch viel furchtbarer wird er leiden müssen, damit er nicht als Mumie im Weltall bleibt, damit Gott in diesem gefährlichen Schöpfungsabenteuer nicht zu Schaden kommt.
Als ich noch jung war, da dachte ich, die Zeiten des Leidens lägen mehr hinter uns als vor uns. Jetzt sehe ich fast nicht ein Ende. Zu viele Seelen gibt es, zu viele. Der Fall in die Materie war zu tief –

Man glaubt heut, der Mensch stamme vom Tiere ab. Wie aber, wenn umgekehrt die Tiere Ableger der Menschheit wären, zurückgebliebene Menschheit, voreilige, vorwitzige, und deshalb in einem zu frühen Zustand festgehaltene Menschheit?

Jede Schöpfung ist ein Wagnis.

Ich hatte mich in »Gott« verloren. Aber Gott will nicht, daß wir uns in ihm verlieren, sondern daß wir uns in ihm *finden,* das aber heißt, daß wir Christus in uns und damit in ihm finden. Daß du den Christus in ihm, daß du dich als Christus in ihm findest.

1912

Wer in das, was von Göttlich-Geistigem heute erfahren werden kann, nur fühlend sich versenken, nicht erkennend eindringen will, gleicht dem Analphabeten, der ein Leben lang mit der Fibel unterm Kopfkissen schläft.

Der »Glaube« – und dem entsprechend der Unglaube – an Gott gehört einer gewissen Periode der Menschheit an: er ist – im tiefsten Ernst gesprochen und den Begriff Humor so geistig wie möglich gefaßt – ein Kapitel ihres unfreiwilligen Humors. Es handelt sich in Wirklichkeit allein um das von Gott mögliche Maß von Wissen. Nicht um Gottesglauben, sondern Gottesforschung, Gotteswissenschaft.

Man spricht gern von dem sinnlosen Tod eines Einzelnen, von den unschuldigen Opfern einer Katastrophe. Aber besser würden nur solche Anschauungen als sinnlos oder unschuldig empfunden. Man sollte sich des Wortes Sinnlosigkeit vor und in einem Kunstwerk, wie es das All ist, entschlagen und sich zwingen, das Verständnis einer jeden Erscheinung lieber vergeblich heranzuwarten, als sie als alogisch zu verleumden, innerlichst davon durchdrungen, daß am Ende doch mehr Weisheit im Kosmos herrschen dürfte, als dem eigenen Kopf just offenbar, ja, daß ein Kosmos sinnvoll nach dem Sinne solches Aburteilens und Besserwissens aufgebaut, sicherlich schon in seinem allerersten Anfange wie ein Kartenhaus zusammengestürzt wäre. Was, ebenso, die Unschuld der Opfer anbetrifft, so kann ein Mensch nicht deshalb kurzerhand unschuldig genannt werden, weil er einer Katastrophe zum Opfer fällt. Er hat freilich gemeinhin vorher nicht gestohlen, aber selbst das Durchschnittsbewußtsein glaubt – gesetzt es handelt sich nicht um Kinder – so leicht nicht an einen schlechtweg schuldlosen Menschen. Ein höheres Bewußtsein verwirft den Begriff der Schuldlosigkeit ganz, vorbehält jedoch noch die Unschuld des Kindes. Eine dritte Einsicht weiß, daß auch dem Kinde nicht Unschuld, im letzten Verstande, zugesprochen werden kann, da es als seelisch-geistiges Wesen keine Neugeburt, sondern eine Wiederverkörperung ist, also ein volles Maß von eigenem Menschlichen vom ersten Tag an in sich birgt und weiter auszuwirken hat. Für dies Bewußtsein gibt es keine unschuldigen Opfer, keinen sinnlosen Tod, ihm löst sich alles in von allertiefstem Sinn durch- und überwaltete – wenn auch deshalb nicht weniger tragische – Entwikkelung auf.

Von wie vielen geistigen Überwindungen und Siegen hat mancher Mensch schon gelesen und gehört, wie viele Dichter und Weise und Religionsstifter und – Götter haben für ihn gelebt und sind von ihm kennen gelernt und wohl auch erlebt worden! Und doch fällt in der Stunde eines schweren Schicksals alles von ihm ab und nur sein eigen Los und Leid steht vor ihm, und nichts gilt dann mehr, nicht einmal Gott. Was half ihm nun sein ganzes geistiges Leben während langer Jahre, ja vielleicht Jahrzehnte? Nichts: denn er hat es nicht mit seinem Innenleben verknüpft, verbunden, vermählt, er war zu wenig re-ligiös. Er wuchs nicht zusammen mit jenem Höheren. Und so hat er jetzt auch keinen Halt an ihm und bekommt keine Kraft von ihm – und steht jetzt so arm wie am Anfang, ja ärmer als zuvor.

Die Geschichte der Menschheit ist ein Ringen der Konsequenz gegen die Inkonsequenz (resp. Dumpfheit) und die

Konsequenzlosen. Alle Konsequenz führt zu Gott, alles, was darunter, in Maja.

1913

So wie der winzige Same in die Erde fällt, um die Urpflanze zu wiederholen und nicht nur zu wiederholen, so ist der Mensch ein Samenkorn Gottes. Die Sonne aber, die ihn reift, ist Christus.

»Und Sie glauben wirklich, daß dort oben im blauen Himmel Geister und Götter herumspuken?«
»Sie spuken dort nicht herum, sondern sie wirken und schaffen von dort und überall her an uns und der Welt und sie spuken so wenig herum, wie es hier in dieser Tanne oder dort in jenem Berge ›herumspukt‹. Weder Tanne noch Berg sind ohne geistige Erbauer, geistige Erhalter, geistige Weiterbildner denkbar, noch mehr, sie sind integrierende Bestandteile, Glieder, Leibesteile (wie Sie wollen) geistiger Wesenheiten.

Wenn man eine Geschichte der Weltliteratur aufschlägt, so scheint alles in schöner Einheitlichkeit vor einem zu liegen. Die älteste wie die neuste Dichtung sind ohne Weiteres auf die gleiche Quelle zurückbezogen, nämlich auf den Menschen, so wie man ihn heute versteht, einen Typus, den man nach dem Bilde der gegenwärtigen Menschheit geschaffen und als ungefähren Normaltypus für alle Zeiten und Länder festgesetzt hat.
Die Wirklichkeit jedoch kennt keinen solchen Generalnenner. Der Mensch verwandelt sich fortwährend und steht in den verschiedenen Zeitaltern in verschiedenem Zusammenhang mit der geistigen Welt. Er war seiner nicht immer

so bar wie heut, aber er ist dies selbst heute nicht in dem Maße, wie angenommen zu werden pflegt. Ja noch mehr, er ist im Begriff, ihn langsam wieder zu gewinnen, und behält damit, da es im Licht seiner vollen Vernunft geschieht, der Welt ein noch nie erlebtes Schauspiel vor: das Bewußtwerden seiner, des Menschen, des menschlichen Geschlechtes, selbst, als, um es so auszudrücken, einer für sich besonderen kosmischen Hierarchie.

Daß die Welt eine – richtig verstanden – Gedachtheit Gottes ist, erscheint uns nur darum so fremd, weil *unsere* Gedanken so blaß und schemenhaft sind. Wenn *wir* denken, so denken wir Schatten. Gott denkt Realität. In Ihm ist daher Denken und Welt eins.

Man muß Gott schon in Zwei teilen, wenn seine schönste Empfindung, die Liebe, nicht allerletzten Endes Selbst-Liebe sein soll.

Ist dies nicht alles Schöpfung, merkwürdige, wunderliche Schöpfung? Dieser Schrank, diese Bettstatt, dieses ganze Zimmer? Ist nicht dies alles aus Einem Grundgedanken heraus entstanden, aus Einem mathematischen Grundgedanken?
Stimmt darin nicht alles irgendwie zusammen?
Und von diesem Gedanken: daß dies alles Schöpfung aus dem Nichts ist! – ist es da noch weit zu dem Gedanken eines Schöpfers und ganzer Reiche und Stufenfolgen von Helfern desselben – noch weit zu dem Gedanken, daß hinter allem und jedem – Geist steckt und nicht bloß alleiner, unterschiedloser Geist, sondern differenzierter, tausendfältig gearteter, gestufter Geist? Ist vom Staunen über Mensch, Tier, Pflanze und Mineral mehr als ein Schritt zum Ahnen unsichtbarer Wesenheiten und davon mehr als ein Schritt zum Glauben, daß es Lehren und Lehrer geben könne, nein, zur

Überzeugung, daß es Lehren und Lehrer geben – müsse, in jene Geisterwelt offenen Sinnes hineinzudringen ...

Es ist eine oft zu machende Wahrnehmung, daß wir uns in der Beurteilung irgendeiner großen Idee weniger durch ihre Gegner als durch den Schwarm ihrer sogenannten Freunde und Verteidiger beirren lassen. Wir müßten uns daher stets klar vor Augen halten, daß eine große Wahrheit ganz und gar unabhängig von allem Menschenwerk ist, daß weder Lob noch Tadel ihren Wert irgendwie verändern kann, daß sie vielmehr ewig gleich, ewig erhaben und ewig gültig ist. Nur, wie sie sich in den Seelen der Menschen widerspiegelt, ist verschieden und zugleich ein untrüglicher Maßstab für die Reinheit und Tiefe unseres sittlichen Bewußtseins. Ist nicht die Religion das beste Beispiel dafür?
Oder gibt es keine Sonne, weil sie uns oft von Wolken verdeckt ist?

Für sich befreiende Geister

Nietzsche

1896

Es gibt kaum eine größere Gefahr für einen Menschen wie mich, als Nietzsche zu lesen. Es ist wie ein Wühlen im Schmerz meines eigenen Unwerts.

Nietzsche's herrliche Natur, die in einer wahrhaft ehrwürdigen *Bescheidenheit* und einer Frömmigkeit zur Kultur anfänglich immer sagt: Möchten andere es besser machen als ich.

Ein ganzes Leben in Denken aufgelöst, im Wort sichtbar geworden, strömt vor unsern Augen, aus geheimnisvollen Gründen hervorbrechend, in undurchdringliches Dunkel sich verlierend.

»Also sprach Zarathustra!« – wie? wenn dieser Kehrreim mit einem gewissen Auguren-Lächeln gelesen und geschmeckt werden müßte. Wenn er eine feine Parodie auf jene Schlußphrasen wäre, womit noch jeder ethische Neuerer bisher seine Sätze gesiegelt, ein anderes »Amen! Amen!«, eine Schluß- und Banngebärde, feierlicher Schauer voll für den Gläubigen, für den Auguren aber nur ein Lächeln mehr... Wie beginnt doch die fröhliche Wissenschaft? ...

Wer mit Nietzsche denkt, »widerspricht« sich auch mit Nietzsche. Wer sich an seinen »Widersprüchen« stößt, hat nie *mit* ihm *gedacht* (noch mehr: *gefühlt*) – ist nie mit ihm geflogen.

Ein philosophisches System zu verstehen, erfordert schließlich ein Maß von Intellekt, nichts weiter. Einen leidenschaftlichen Wegsucher aber wie Nietzsche begreift man nicht bloß als kluger Kopf; man muß ihm noch obendrein ein bißchen – verwandt sein.

Gewiß, es gibt Züge, die ich Nietzsche, dem Menschen, verarge – aus Liebe. Nur kleine Züge, aber ich verstehe sie nicht an ihm – oder vielmehr: ich würdige nicht genug die Tiefe des Leids, in welche dieser Geist getaucht wurde, als er unter der Last seiner Gedanken, seiner Einsamkeit und seiner Krankheit zugleich, ein ebenso furchtbares wie großes Menschenopfer, zusammenbrach.

Ad Zarathustra – Vorrede.
1. Wo gäbe es einen größeren tieferen Prolog eines Schicksals! Wo ist das Gleichnis und die Anrufung, diesem Bilde und diesem Gebet an Würde, Heiterkeit und Tiefe gleich?
2. Ein Waldidyll voll milder Abendsonne, als Weg zur Wendepunkt-Wahrheit aller irdischen Kultur. Man kann hundertmal über diese Schlußworte hinweggesprungen zu sein meinen, bis man eines Tages erkennt, daß sie ein Berg sind, den man vielleicht nie ganz erklettern wird und von dem aus Zarathustra die Wasser gen Osten und gen Westen hat fließen sehn.

Es wird mir immer gewisser, daß Nietzsche überall da versagt, wo er sich bewußt oder unbewußt der Eitelkeit seines Geistes hingegeben hat. Hätte er diesen polnisch-romanischen Zug nicht gehabt, er stände oft noch viel größer da. Es gibt keinen schlimmeren Fluch für einen Denker, als sich seinem Volk gegenüber als Schriftsteller verpflichtet zu fühlen. Wenn einer Denker geworden ist, d. h. ein Mensch, dem das Nachdenken über menschliche Probleme zur inneren Leidenschaft und Lebensaufgabe geworden ist, so ist er auch ganz von selbst genug Schriftsteller, seine Gedanken mitzuteilen.

Aber freilich, Nietzsche war vor allem ein *Kämpfer.* Er war ein Weiser aus der Kriegerkaste, nicht aus der der Priester. Vielleicht hätte er im zweiten Teile seines Lebens auch noch die Milde der Weisheit ausgeströmt, nach ihren Blitzen auch ihre Wärme.

Der Zarathustra ist bei allen Einzelheiten unbestreitbarer Größe eines der schlechtesten Bücher, die es gibt. Er ist weder ein Volksbuch noch ein Buch für Verwöhnte und Einsame, es ist ein Mischmasch von Grandiosem und Banalem, inhaltlich wie im Vortrag. Ein Vordrängen, ein Aufdrängen persönlicher Stimmungen, ein kategorisches Erledigen von Dingen, deren »kategorische Erledigung« immer nur eine »niaiserie« bleibt, ein Spiel mit dichterischen Bildern und Gleichnissen, das oft groß und tragisch, öfter noch fast unbeherrscht und geschwätzig wirkt. Ein Buch, das nur durch Reduktion seiner Reden auf etwa 12–20 zu dem klassischen zu machen wäre, was es zu sein wünscht.

Unglückselige kleine Zeit, du hast auch auf ihm, deinem Größten, gelastet.

Oh, diese Ewigkeit *hinter* uns, das ist das Trostlose. In die Ewigkeit zu schreiten, von Stufe zu Stufe sich höher entwickelnd, von Gestirn zu Gestirn fliegend, in immer vollkommeneren Gestaltungen sich ausleben und betätigen – Fortschritt zu unendlichen Zielen, ewig gesteigerte Fähigkeit des Fassens und Empfindens, immer höhere Lust, immer tieferer Schmerz, immer fortwachsen ins qualitativ Große, ein grenzenloses Ringen des Individual- (als Teil des Gesamt-)Willens mit Hilfe des Denkens, als eines stofflichen Prozesses über sich selbst, Herr und Erkennender seiner selbst zu werden ... welch ein Prospekt, welch eine Herausforderung zu nie erschlaffender Lebensbejahung, welch ein *Ideal* im höchsten Sinne!
Aber ach! Aus all dem, was wir so brennend wünschen – kommen wir ja her! Was könnte uns Neues überraschen, das wir nicht schon in der Ewigkeit *vor* unserer Geburt (als Menschen) durchgekostet hätten?
Eine Linie ohne *Anfangspunkt* kann weder an- noch absteigen, sie ist eine Kreislinie. Der Mensch ist ein Punkt auf dieser Kreisperipherie – *vor* ihm, *hinter* ihm (wenn wir so sprechen wollen) die *gleiche* Strecke; er selbst: Ausgangs- und Endpunkt zweier i. e. einer Ewigkeit. Dies Bild mag Nietzsche auf den Gedanken einer Wiederkehr aller Dinge gebracht haben. Vergewaltige ich aber die unendlichen Dinge nicht, wenn ich sie mit menschlichen Begriffen messe, wenn ich den Gedanken »Ewigkeit« in dem endlichen Begriff des Kreises fixieren will? Der Mensch kann sich – als redlich – keinen Begriff von »Ewigkeit« und »Unendlichkeit« machen. Und doch will er sie unter dem Bilde des Kreises *begreifen.* Er preßt das Unendliche in seinen Raum- und Zeitbegriff, nach dem allerdings die Kugel (der potenzierte Kreis) das Ausgedehnteste, Vollkommenste ist.
Sollte darum nicht eine gerade Linie an sich möglich sein? Eine Linie, die nicht aus sich ausgeht, noch in sich wiederkehrt? Ist nicht der *Kreis* noch eine Vermummung des ein-

stigen Glaubens an einen Anfang und Ursprung der Dinge? Indem im Kreise der Anfangspunkt gleichsam in der Möglichkeit unzähliger Anfangspunkte verschwindet und dem Auge verloren geht?
Denn auch ein Kreis muß schließlich an irgendeinem bestimmten (wenn auch nicht bestimmbaren) Punkte zu ziehen *begonnen* worden sein.
Die »Wiederkunft aller Dinge« ist ein abgeschmackter und unerträglicher Gedanke. Nachdem man sich einmal blutend emporgerungen hat, den ganzen Prozeß noch einmal durchmachen zu müssen mit seinen ganzen Scheußlichkeiten und Abgründigkeiten (man denke an die Kranken, die Müden usw.) und nicht *ein*mal – sondern ruhelos dacapo – das Leben würde faul und stinkend werden in diesem ertötenden Kreislauf.
Ich schaudere vor einer Gefangenschaft, die mich zwänge, immer wieder das zu sein, was ich nicht mehr sein will, was ich in mir zu Boden gerungen habe.
Ich schaudere überhaupt vor dem Gedanken an irgendeine Gefangenschaft des Willens in mir, vor einem Über-Willen, dem ich machtlos preisgegeben bin ...
Die Ewigkeit soll mir kein Gespenst sein, das mich immer im Kreise herumtreibt. Ich *will* ein *Vorwärts*, also *gibt* es für mich ein Vorwärts.

Der Moderne hört nur, daß ›Gott tot ist‹. Daß Gott im selben Moment neu auferstand, als neues ›Wort‹ – davon spürt er noch wenig. Und doch ist es so. Der Wille zum Übermenschen ist eine neue Religion, wie *jeder* riesenhafte Wille über sich hinaus Religion ist. – Unsere Zukunft liegt nach wie vor im Geiste.

Nietzsches Lehre von der ewigen Wiederkunft: Man halte ihren biologisch-ethischen Grundgedanken sowie die Lehre vom Übermenschen gegen Kants kategorischen Imperativ, und sie werden ihm an ideeller Großartigkeit nichts nachgeben und als leidenschaftlicher Appell an die menschliche Armee in demselben Verhältnis zu ihm stehen, wie zum einfachen »ich erwarte, daß heute jeder seine Pflicht tut« das grandiose »Soldaten, vierzig Jahrhunderte blicken auf Euch herab!«.

Nietzsche war nur ganz, wenn er ganz er selbst war (soweit man sich so ausdrücken darf). Sobald er sich ins Schlepptau nehmen ließ, wurde er ein Schriftsteller unter Schriftstellern und nicht einmal immer ihr erster. Und er wurde manchmal nicht nur an- sondern noch mehr mitgeregt.

Ich kann damit nichts anfangen, – Nietzsche sei vor allem ein großer Künstler, ein großer Stilist, Artist gewesen. Was heißt das, vor allem. Was macht denn den großen Stil, wenn nicht der Mensch von überragendem Rang, der geborene Führer und Schöpfer? Und wo Nietzsche das nicht war – und er vergaß manchmal seinen Rang und führte weder noch schuf – da taugte auch sein Stil nichts, da war er auch nur ein Manierist seiner selbst.

Nietzsche, die große Antithese seiner Zeit.

Beim Vorlesen einiger Nietzschescher Aphorismen: – Geistige Austern.

Man kann Nietzsche aus zehn Zeilen erkennen lernen und aus zehn Büchern – verkennen.

Welch ein unnützes Geschwätz, Nietzsche habe die napoleonische Natur deshalb vor allem geliebt, weil er selbst keine gewesen sei. Herr Müller also ist ein Napoleon, weil er die Napoleons – nicht liebt.

1910

Nietzsche konnte mit den bisherigen fünfsinnlichen Erkenntnismitteln den Menschen nicht verstehen. Drum erfand er sich seinen Über-Menschen. Er ward damit der letzte große deutsche Philosoph – ante Christum natum. Er war, um in seiner Manier zu reden, der letzte – Ante-Christ.

1911

Nietzsches Schicksal war, über den Trümmern des komischen Bildungsphilisters als tragischer zu sterben. Nietzsche starb an der »Bildung«. Und mit ihm werden alle sterben, die mit seiner Seele nicht zu zittern wissen, die nur an seinen Geist glauben.

1912

Daß Künstlerschaft und Könnerschaft untrennbar sind, das versteht sich von selbst. Aber das, worauf es heute, wie immer, ankommt, ist, wer da spricht und was – nicht nur wie – gesprochen wird. Ist Nietzsche nicht einer unserer ersten Stilisten? Und dennoch blieb er in höherem Sinne unfruchtbar. Ich wäge meine Worte, denn wenn je einer, habe ich Nietzsche *erlebt*. Und nicht in mir war er unfruchtbar. Aber ich weiß auch, worin er lange Zeit mein Höchstes war: in seiner Größe als Mensch; nicht in der, ach nur allzu zeitgemäßen, Art seiner Philosophie. Die war Abendröte, nicht Morgenröte und wer von ihr aus weiter schreitet, der wandelt in die – Nacht.

Politisches Soziales / Kritik der Zeit / Ethisches / Erziehung

1905

Ich möchte am liebsten auf einem Turm wohnen. Täglich im Leben drunten ein Bad nehmen, untertauchen, und dann wieder hinaufsteigen auf sein Luginsland, sein au dessus de la vie.

So oft ich unter neue Menschen gehe, so oft komme ich mit Wunden bedeckt von ihnen zurück. Es sind freilich nur leichte oberflächliche Schrammen, die bald wieder verheilen, aber sie haben, da sie entstanden, wie zehrendes Feuer gebrannt und besser vielleicht als eine tiefe Verwundung ihr Werk an meiner Seele getan.

Und das Verhaßteste von allem wird einst geschehen: Man wird mir »Milderungsgründe zubilligen«. (»Er war ein guter Mensch, er wollte das Beste usw.«)

Vom höchsten Ordnungssinn ist nur ein Schritt zur Pedanterie.

Disziplin ist Abkürzung. Deshalb kommt der Norddeutsche schneller mit seiner Arbeit vorwärts als der Süddeutsche, wobei er durchaus nicht der Produktivere zu sein braucht.

Der Mensch en masse wird erst dann wieder achtbar werden, wenn er sich entschließt, neuen Adel aus sich zu züchten. Die schönsten Dinge auf Erden sind nur durch Adel möglich. Noch mehr: Der wahre Adel ist selbst das schönste Ding der Erde.

Unsere Art zu richten und zu strafen erscheint mir immer kindlicher. Ein einziger wirklicher Mensch würde das alles über den Haufen werfen. Wieviel ließe sich da *individualisieren*!

Es müßte Anekdotenerzähler geben, die durch die Krankenhäuser gingen. Eine gute Anekdote ist ein wahres Lebenselixier. Ich glaube, ein Sterbender müßte noch lächeln, wenn er von dem französischen Landedelmann hörte, der sich nicht genug wundern konnte, als er erfuhr, daß er sein Leben lang Prosa gesprochen hätte.

Der Russe hat mehr die Liebe zum Leben, wie es ist, der Deutsche (auch Ibsen, der ja aber deutsch) mehr die zum Leben, wie es sein sollte, könnte, müßte. Der ganze russische Idealismus liegt in dieser ergreifenden Versenkung ins Nächste, der ganze deutsche in diesem unausrottbaren Trachten über den »Tag« und sein Leben hinaus. Ich möchte sagen, der Drang ist hier wie dort derselbe, nur die Richtung ist verschieden.

Das macht den Deutschen von heute so unbeliebt: Er beruft sich bei jeder Gelegenheit auf seine »Geistesheroen«, die doch fast immer nur im Gegensatz zu ihm gelebt haben, und ist dabei genau so auf seinen Vorteil bedacht wie der Nachbar.

Die sozialistische Lehre – das Brot der Armen.

Im Staat der Sozialisten wird einer auf den andern aufpassen. Und Faulenzer werden nicht geduldet, dulden sich selber nicht. Wer aber will vorher wissen, wer ein Faulenzer und wer ein – Schwangerer ist? Man würde den Schwangeren samt dem Faulenzer verurteilen und damit das Beste der Erde: das stille, langsame Reifen neuer Gedanken.

Muß nicht der Tod etwas sein, ohne das der Mensch nicht leben möchte? Ohne das er es nicht aushielte zu leben? Nein, ich will nicht unwillig sterben, ich will freudig und dankbar sterben, dankbar für die Möglichkeit, mich denen anreihen zu dürfen, welche als Opfer gefallen sind, um mit ihnen und für sie gegen die Lebendigen zu protestieren, welche die Erde zu einem schlechteren und unanständigeren Aufenthalt machen als das Grab.

Der ganze Wahnwitz unseres modernen Wohnens (ja Lebens) steigt mir aus dem Bild meines eigenen Umzugs auf: Wäre es nicht würdiger, sein bißchen Hab und Gut in einer Erdhöhle, die einem aber für immer gehört, wenn sie nicht ein Naturereignis vernichtet, zu bergen, als mit seinen Bündeln und Kisten durch prahlende Burgen zu irren, alle zwei, drei Jahre durchschnittlich den in festgemauerten Gelassen Seßhaften zu spielen, allen Ernst und alle Liebe zu einem eigenen Heim an teuer gemietete Wände zu verschwenden, die einem nie gehören können, die uns ewigen Nomaden Verhältnisse vortäuschen, die für uns eben nur erlogen, nur uneingestandene Kulisse sind. Mein Wohnungsideal ist das Zelt. Nur so weit möchte ich es noch bringen.

Das Bild vom Sündenfall bedeutet eigentlich nichts anderes als die – moralisch gesehene – Sichselbstbewußtwerdung des Tieres. Den Eintritt des »Geistes« in die Naturgeschichte.

Was wir aus der Geschichte des Geistes lernen können, das ist, meine ich, vor allem eine immer tiefere Bescheidenheit, uns zu äußern.

Es gibt kein widerwärtigeres Schauspiel, als wenn aus einem Menschen ein Berufspfaffe wird.

Es ist leicht möglich, daß die moralischen Vorstellungen allmählich eine nicht nur moralische, sondern direkt dynamische (magnetische) Atmosphäre über der Erdoberfläche geworden sind, eine Welt, die sich in gewissem Sinne selbst regelt, selbst ihre Ausgleiche schafft, ihre eigene Gerechtigkeit hat und übt. Daher dann jene oft beobachtete Justiz der Geschichte, jene vielen »gerechten Vergeltungen«, jene moralischen Ausbrüche und Gegenströme.

Auf Föhr:
Ich höre Anreden von Fremden an Eingeborene wie die folgenden: »Sie tragen noch die alte Tracht; bleiben Sie ja dabei; ich sehe das zu gern; lassen Sie auch Ihre Kinder in dieser Tracht gehn!« Oder: »Nein, was ist Ihre Tochter für ein schöngewachsenes Mädchen! Sehn Sie nur, meine Herren, dieses schmale Gesicht und dabei dieses kleidsame Mieder...« Als ob diese Halligbewohner, diese Nachkömmlinge der alten Friesen, Schaustücke eines Panoptikums wären; als ob sie nicht mit Fug herabsehen könnten auf diese

zusammengewürfelte Gesellschaft halbkranker Groß- und Kleinstädter, die mit all ihrer »Bildung« nicht einmal wissen, wie ein Mensch einem Menschen gegenüberzutreten hat.

Meine Liebe sind allein die großen Unbedingten, die Glück oder Tod bringen, die *sich* vor allem bringen mit ihrem Geschmack, ihrer Wertsetzung und ihrem ethischen Pathos, die den unbeirrbaren Sinn für Größe besitzen, eine tiefe unauslöschliche Liebe zu dem, für welches sie geboren sind. Und mein Haß: Die Geschmackler, die Renaissanceler, die »Töpfegucker jeder Stimmung« – die qualligen Ästheten, die stupenden Magister ... all dieses unproduktive und anmaßende Volk, das die *Mode* von heute ist, wo unser innerstes Leben nach *Stil* dürstet, nach Kultur, nach Ernst, nach Kraft, nach Männern, nach Willen und noch einmal nach dem ethischen Pathos eines Nietzsche, eines Dostojewski, eines Lagarde, eines Tolstoi.

Niemand ist zu gut für diese Welt. Menschen, von denen dies gesagt wird, sind vielmehr in irgendeinem Betrachte nicht gut genug.

Die Mutter der Tiefe heißt: Schuld.

Wenn man zum Leben ja sagt und das Leben selber sagt zu einem nein, so muß man auch zu diesem Nein ja sagen.

Man kann nur als Totschläger leben.

Höher als alles Vielwissen stelle ich die stete Selbstkontrolle, die absolute Skepsis gegen sich selbst.

Jeden Tag seines Lebens eine feine, kleine Bemerkung einfangen – wäre schon genug für ein Leben.

Ich habe eine furchtbare Vision: Wenn die Sozialisten zur Herrschaft gekommen sein werden, dann fängt das Blut überhaupt erst *an,* zu fließen.

Eure Todesstrafe, noch mehr Euer Kriegführen, Ihr Menschen, ist nicht mehr und nicht weniger als – Selbstmord.

Ein Volk würde ein anderes Bild bieten, wenn es wirklich ein Volk, eine einzige große Familie wäre. In einer Familie fühlt sich jedes Mitglied für das andere verantwortlich ...

Vordem konnte ich den Anblick der Menschen in ihrem Wahnsinn der Kriege, in der Torheit ihrer Einrichtungen und Ziele kaum mehr ertragen. Ich wünschte tot zu sein, um ihre Gesellschaft nicht mehr teilen zu müssen, – um nichts Gemeinsames mehr mit ihnen zu haben. Vielmehr mit den Opfern der Gesellschaft, mit den Toten der Schlachten wollte ich mich durch den Tod verbrüdern, mit ihnen Schulter an Schulter liegen, da mir die Lebenden bis auf den Grund verleidet waren. Heute denke ich anders. Ich weiß, daß ich nicht mehr zu gefallenen Soldaten hinzufallen brauche, da ich ja schon in ihnen gestorben bin und alles erlitten habe, was sie erlitten haben ... Ich bin der, welcher schoß, welcher fiel und der, welcher über beide nachdenkt.

Der Tag ist abgegriffen, laßt uns in den Morgen zurücksteigen.

Das Resignieren der heutigen Menschen ist bereits eine Gewohnheit geworden wie Essen, Trinken und Schlafen; und deshalb ist es so gemein. Was für ein träges, ungeistiges

Tier ist doch noch der Mensch und wie sehr bedarf es großer und größter Schrecken und Trübsale, damit er nicht immer wieder in Schlaf versinke!

Man könnte Kulturperioden von ungeheurer Größe träumen: Aber, so wie die Masse der Menschen bewillt und begabt ist, wird sie zur Weisheit wohl erst durch Müdigkeit kommen, erst dann, wenn es sich der Weisheit nicht mehr verlohnt.
Oder sollte sie jemals (wieder) einsehen, daß Größe nicht so nebenbei im Weiterabwickeln täglicher Geschäfte und Notdürfte erreicht werden kann? Frage doch herum, wer sich heut noch für solche Riesenorganisationen, bei deren Heraufführung ganze Generationen keine Rolle spielen dürften, erwärmen möchte? Der eine wird dich verständnislos anblicken, der andere seine Geschäfte, den täglichen Zwang seines Lebens vorschützen, der dritte wird gerade verliebt sein, der vierte ist Künstler und hat keine Zeit, der sechste glaubt nicht an deinen Traum, der siebente sagt: er interessiere sich lediglich für sich selbst und seine eigene Vervollkommenung, in ihm könne Gott allein verwirklicht werden, es gäbe kein Ziel für »die Menschheit«, nur *sein* Ziel und darum sei er für keine Utopie, als welche den Menschen nur von sich und seiner innersten eigentlichsten Aufgabe, sich in sich selbst zu vollenden, weglocken könne. Und dieser siebente hat vielleicht Recht. Jedenfalls solange Recht, bis ihm ein höheres Recht, d. h. eine höhere Macht das Heft aus der Hand nimmt. Nämlich der Despot, der zugleich Genie, das Genie, das zugleich Despot ist. Der König Platons. Der einzige Baumeister, den es noch geben kann. Wo ist er? Wo kann er kommen? Der letzte Ort, wo er noch möglich gewesen wäre, war Rußland. Aber mit der Unfähigkeit der dort Regierenden hat der Mensch eine seiner außerordentlichsten Möglichkeiten verloren. Denn *freiwillig* wird kein Volk mehr zur Kastenbildung zurückkehren; da-

für ist es das Ungetüm mit Millionen Köpfen, das nur Sinn für sich und seine nahen Interessen, das keinen Ehrgeiz und keine Schöpfersehnsucht hat. Das Wirtschaftliche tritt mit ihm in sein Recht. Das Ideal eines bequemen Erdenlebens anstelle jeder Ambition, etwas Höheres aus ihm zu machen, aus ihm, das als solches doch nur Stoff ist, Material, aber kein Ziel. Der Mensch sinkt damit auf die Stufe der Tierheit *zurück*, während er sich zum Bürger eines irdischen Himmelreichs zu *erheben* glaubt. Das Volk will endlich nur noch sich selbst allein. Eine Herde, kein Hirt. Damit dankt der Mensch als Schöpfer ab. Der Geist wird über diese endlose Horde noch ein letztes Abendrot ergießen, dann wird auch er dumpf und verstört die Höhlen der Einzelseele aufsuchen und eine Gemeinde von Mystikern und Sektierern erwecken. Eine Anzahl wunderbarer Individuen werden dann vielleicht noch über die Erde wandeln: Die großen Verzichter und Durchschauer des Traumes Mensch, einsame Halbgötter, inmitten des Fiaskos des Versuchs der Erde, im Menschen zum Kunstwerk zu werden. Ja, vielleicht werden diese Menschen, die wie riesenhafte Heilige dann das Fazit aller irdischen Historie in sich tragen, die größten und erschütterndsten Menschen sein, die je gelebt haben. Aber kein Tempel ist um sie – auf unendlichen Trümmern schlagen sie ihre Harfen der auch sie einst verschlingenden Nacht entgegen.

Tugend – im gemeinen Sinne, nicht als virtû – ist sehr oft nur ein Hindernis, tief zu werden, indem sie vor allzu gewaltsamen Leiden bewahrt, weshalb sie für Menschen, für die kein Grund vorliegt, ein außergewöhnliches Los auf sich zu nehmen, die edelste Art bildet, mit einiger Schönheit durchs Leben zu kommen.

Wer sich die Unsumme von Geduld vergegenwärtigt, mit der die Masse der Menschen ihr tägliches Arbeitslos trägt, der wird sie namenlos achten müssen, diese »Menge«, trotz alledem und alledem. Und wenn wir Geistigen uns nur zu oft über sie erheben: sie kann doch nie brüderlich genug geliebt werden. Und jedenfalls soll sie beständig in unseren Gedanken wohnen, auch in denen, die ihr etwa zürnen.

Der Mensch mag tun und leiden, was es auch sei, er besitzt immer und unveräußerlich die göttliche Würde.

Nur im Fluß bleiben, nur nicht zur Spinne eines Gedankens werden.

Sei mit dir nie zufrieden, außer etwa episodisch, so daß deine Zufriedenheit nur dazu dient, dich zu neuer Unzufriedenheit zu stärken.

1907

Alles Jüdische ist vorwiegend destruktiv. Jesus, der größte Jude, ist auch der größte Destruktor der »Welt«. Spinoza ist nichts andres und wird darum auch von dem jüngsten jüdischen Destruktor Mauthner in seiner Eigenschaft als Antiteleologe über alle andern Denker erhoben. Mit Mauthner selbst kommt vielleicht die tollste Zerstörung in Gang, die die Geschichte des Geistes bisher erlebt hat. Man halte wider diese dämonischen Revolutionäre den Moralkritiker Nietzsche und man hat den ganzen Gegensatz zweier wie Feuer und Wasser verschiedener Welten. In Nietzsche ist alles ein Schaffen, Bauen, Konstruieren, Befehlen, Bestimmen; der Zweck heiligt ihm alle Mittel, er lebt und stirbt für selbstgeschaffene, irdische, hiesige Ideale. Er will das Furchtbare der menschlichen Existenz durch den Willen adeln, formen, überwinden. Alles in ihm ist Zuchtgedanke.

Die Juden sind die Opponenten der Schaffenden, ihre Korrektoren, ihre bösen Gewissen.
Es ist wundervoll, in dieses wahrhaft weltgeschichtliche Dissonieren hineinzuhorchen.
Eine interessante Mischung von beiden ist der Mystiker, ist für mich vor allem Meister Ekkehart. Spinoza war so nahe an der Mystik, wie nur ein jüdischer Denker sein kann, aber er betrat ihr Reich nicht. Er war zu klug dazu, oder, anders ausgedrückt: die Leidenschaft des Schaffenden war nicht so sehr in ihm, wie die Leidenschaft des Erkennenwollenden. Daher auch seine Heiterkeit. Willenspassion und Heiterkeit vertragen sich nur sehr zeitweilig, das wußte auch Schopenhauer. Spinoza sah wie Christus über die »Welt« hinweg. Den Germanen aber ist diese »Welt« doch zu sehr selbst Gegenstand, Kunstmaterial, Entwickelungsstoff, sie wollen nicht so sehr über die Welt hinaus, als in sie hinein. Goethe nahm sich von Spinoza die Freiheit, das gute Gewissen. Spinoza mußte ihm eine Bürgschaft mehr sein, daß dieser verhaßte Wahn von einem außerweltlichen Gott eben nur ein Wahn sei. Und nun mit dieser bestärkten Souveränität in sich ging er hin und wirkte sein Leben mit jedem Atemzuge in das Leben hinein, das er um sich vorfand, befruchtete sich aus ihm und es mit sich und wurde so »in der Beschränkung« der »Meister«, als den wir ihn immer wieder erleben.

Alles öffentliche Leben ist wenig mehr, als ein Schauspiel, das der Geist von vorgestern gibt, mit dem Anspruch, der Geist von heute zu sein.

Für mich begehre ich nicht viel, wenn ich aber Talente sehe, die ein großes Volk in seiner Unwissenheit, Gleichgültigkeit und Kleinlichkeit verkümmern läßt, dann steigt mir der Zorn auf.

Ich kann an Polen nicht ohne ein tiefes Unbehagen, ja nicht ohne Grauen denken. Ich möchte lieber selbst ein Pole sein, um glühend an der inneren Wiedergeburt dieses Volkes mitzuarbeiten, als so von außen dem Schauspiel seiner Schmach und Schwäche beiwohnen zu müssen.

Das russische Volk! Kein Mustervolk im Ganzen. Aber welcher geisterhaften überirdischen Schönheit Strahl brach doch immer wieder von seiner Söhne und Töchter Stirnen, ihnen ewigen Ruhm und ewige Liebe werbend, solange Menschen das Mond- vom Sonnenlicht und das Sonnenlicht vom Milchstraßenlicht unterscheiden werden. Ja, diese Jugend. Sie warf sich in die Speichen der Zeit, ihr Herz ertrug nicht, abseits zu schlagen und gehen zu lassen, was gehen wollte. Sie irrte gewiß viele Male in der Wahl ihrer Mittel ... aber über allem Irren hat sie doch ›das Größte‹, die ›Stunde der großen Verachtung‹ erlebt, in der ihr ihr Glück zum Ekel wurde wie ihre Vernunft und ihre Tugend ...

In der Gesellschaft läuft alles darauf hinaus, daß einer vor dem andern den Hut abnimmt. »Ich nehme den Hut vor dir ab, damit du den Hut vor mir abnimmst.« Ein stillschweigendes Übereinkommen, das den, der klug und »liebenswürdig« in seinem Sinne handelt, in der »allgemeinen Achtung« außerordentliche Grade erreichen läßt.

Du erklärst, du fühlst nicht sozial, du verachtest deine Mitmenschen fast mehr als daß du sie liebst. Gut. Ich verlange weder soziales Gefühl von dir, noch Verehrung des »Nächsten«. Aber wenn du neben dir einen Hund verhungern siehst, so wirst du ihm von deinem Essen mitteilen, das versteht sich von selbst. Nun, ich verlange nur, daß du mit einem Mitmenschen fühlst wie mit einem Hunde, nämlich: Im Fall der äußersten Not: solidarisch.

Es ist ganz gewiß, daß die Menschen erst *anfangen* werden, im Geist zu leben. Hat erst die demokratische Bewegung das Ihre getan und neue Intelligenzen und Energien heraufgebracht, so wird es nicht bei der Langweiligkeit und Mittelmäßigkeit der heutigen Geschäfte bleiben. Die Phantasie wird ihr großes Zeitalter antreten, Organisationen werden entstehen, an die heut auch die Reichsten nur zu denken wagen, und werden sich halten: weil die Lust des Gehorchens um wichtiger Ziele willen dann stärker geworden sein wird, als die Lust, die heute regiert, die Lust zur größtmöglichen Behaglichkeit, im sozialistischen, wie im bourgeoisen Sinne. Weil man dann wieder jene höhere Art des Genießens, des Lebensgenusses verstehen wird, die unter Napoleon zuletzt halb Europa erfüllte, und in deren Bann unzähliges Volk allen Schlages und Ranges wieder einmal bewies, daß es noch ein ganz anderes Glück bedeuten kann, mit einem »vive l'empereur« auf den Lippen zu sterben, als mit einem »ni Dieu ni Maître« zu leben.

Man kann ein halbes Leben lang den Krieg verwerfen – bis man eines Tages erkennt: nein, der Krieg gehört vielleicht noch immer unter die tragischen Selbstzuchtmittel der Menschheit. Und furchtbarer als der Krieg bleibt, daß selbst dieses schreckliche Mittel dem Menschen nicht mehr nützt, als es geschieht; daß es ihn wohl tüchtig erhalten mag, im gegebenen Augenblick in den Tod zu gehen, aber daß es ihn nicht tüchtiger dazu macht, in *sich* zu gehen und damit in den Tod seines bisherigen Lebens.

Lehrer-Komödie: Die Armut der Lehrer, während die Staaten Unsummen für die Wehrmacht hinauswerfen. Da sie nur Lehrer für 600 Mark sich leisten können, bleiben die Völker so dumm, daß sie sich Kriege für 60 Milliarden leisten müssen.

Ich glaube, wir haben alle als Erbe unserer Zeit eine schlimme Laxheit mitbekommen. Das Verständnis für unerbittliche Forderungen ist mehr und minder gesunken. Beweist das nicht, daß der Mensch die Vorstellung eines gerechten Gerichts nach dem Tode (vollstrecke sich das nun selbst mit Naturnotwendigkeit oder werde es vollstreckt) – braucht? Braucht – und sei es nur: um nicht unter seiner eigenen Möglichkeit zu bleiben? Wird man wirklich seine Persönlichkeit mit solcher Inbrunst ausbilden, wenn man sie nicht – für eine unbekannte Zukunft ausbilden zu müssen meint? Was sind alle Appelle der Erde gegen jenen einen schauerlichen Appell der Ewigkeit?
Also Furcht, wird mancher sagen. Nun ja, *auch* das. Wie wäre Großes entstanden, ohne dies Ingrediens? Und wäre es etwas Schimpfliches, sich vor dem Fürchterlichen – und ist das Geheimnis der Welt, des Lebens nicht fürchterlich? – zu fürchten? Man führt heute die »Entstehung der Religion« (welch ein Ausdruck!) vielfach auf Furcht zurück. Nun, ihr armseligen Psychologen: nicht diese Furcht war das Trübselige, sondern Euer Mangel an Furcht ist es, Euer Mangel an Gefühl, Phantasie, Überlegenheit. Jawohl, Überlegenheit. Ich kenne nichts Untergeordneteres als den Menschen, dem Wissenschaft irgend etwas *erklärt.* Der Wissenschaft nicht bloß als eine gewaltige und fruchtbare Übung des Menschengeistes betrachtet, nein: als etwas, das ihm wirkliche Wesensaufschlüsse über Welt und Leben gibt. Denn dies etwa, daß alles nach denselben gleichen Gesetzen vor sich gehe, ist doch kein Wesensaufschluß! Oder den Bau des Menschen etwa bis auf seinen letzten Zellenbaustein beschrieben haben, ist doch noch kein Wesensaufschluß! Das ist Handwerkerei, eine Sache mit goldenem Boden, ganz gewiß; aber *Joseph* war Tischler, nicht Jesus. Was weiß Joseph, der Handwerker, vom Geist und Wesen der Dinge?

Je freier ein Geist wird, desto gebundener wird er sich fühlen und nennen. Und am Ende wird er sagen: Wer weiß sich mit hunderttausend Stricken gefesselter als ich?

Es können nur einigermaßen gleiche Naturen in ihrem ganzen Umfang einander erklären und abschätzen. Heut aber will jedermann interpretieren, wenn er nur schreiben gelernt hat.

Man soll über einen wahrhaft großen Menschen nicht reden. Denn worüber man bei ihm reden kann, darauf kommt es nicht an. Es kommt allein darauf an, wie er dir innerhalb und in deinen tiefsten Stunden erscheint. Von diesen unionibus mysticis aber kann man nur – schweigen oder doch nur in Momenten großer innerer Kraft zeugen.

Glaube mir, es gibt nichts Großes ohne Einfalt. Der Mensch, das Individuum ist Gottes Einfalt, ist ein-fältig gewordene Gottheit. In der Beschränkung zeigt sich erst der Meister.

Man soll nie auf irgendwen hinabsehen, der auf irgendeinem Wege – und sei es zehnmal ein wider Sitte und Gesetz verstoßender – zur Freiheit strebt.

»Geist« ist heute Marktware, wer redet noch davon? Ein wirklich eigener Gedanke aber ist immer noch so selten wie ein Goldstück im Rinnstein.

Beim Menschen ist kein Ding unmöglich im Schlimmen wie im Guten.

Wer nicht auch böse sein kann – kann der wirklich tief sein?

Bedenke, daß der sogenannte gemeingefährliche Mensch nur um deines Behagens willen im Gefängnis sitzt, und daß auf deiner Seite viel dazu gehört, das Freiheitsopfer so vieler Mitmenschen sittlich aufzuwiegen.

Das ist es, was ich immer wieder gelehrt finde: die Zaghaftigkeit – wo Gutes gewollt wird – ist zu nichts nütze. Umgekehrt, sie ist nur eine Quelle immer weiterer Schwäche und damit immer weiterer Mißerfolge.

Wir haben heute Ehrfurcht vor den Bewohnern eines Wassertropfens, aber vor dem Menschen haben wir immer noch keine Ehrfurcht.

Finsternis würde mich in kürzester Frist um alles Glück und um allen Verstand bringen. Gebt allen Menschen vor allem Licht und vorzüglich den Unglücklichsten unter uns, unsern Gefangenen.

Ich lese von einer Spielzeugausstellung in Berlin. Und zwar einer Ausstellung von Dilettanten verfertigter Dinge, als da sind Dörfer aus Streichholzschachteln, rollendes Material aus Garnspulen, ein Haus aus einer Eierkiste und Zigarrenbrettchen usw. Mir lacht das Herz. Seit manchem Jahre schmähe ich das luxuriöse moderne Spielzeug, diese echte Aus- und Nachgeburt einer materialistischen Periode, – und nun erhebt endlich wieder das Spielzeug unserer Kindheit das bescheidene und phantasievolle Köpfchen. Man sieht den Geist wieder bei der Arbeit, nach und unter so viel ödem Bildungsphilistertum wieder den Geist und die Liebe.

Alle Erziehung, ja alle geistige Beeinflussung beruht vornehmlich auf Bestärken und Schwächen. Man kann niemanden zu etwas bringen, der nicht schon dunkel auf dem Wege dahin ist, und niemanden von etwas abbringen, der nicht schon geneigt ist, sich ihm zu entfremden. Der bedeutende Mensch ist ein Mensch, an dem viele andre sich klar werden. Er greift in ihr Unbewußtes und Unterbewußtes und stärkt dort das ihm Verwandte. Wenn Lichtenberg von seinem Aberglauben redet, so schwächt er damit die Mannhaftigkeit vieler; denn ihre heimliche Neigung zum Unkontrollierbaren fühlt sich durch einen solchen Mann ein wenig gerechtfertigt, die strenge Zucht scheint ein wenig im Werte sinken zu dürfen. Wenn er aber von einem geläuterten Spinozismus als der Religion der Zukunft spricht, wie fällt da sein Wort bei manchem wie ein Frühlingsregen auf Saatfelder. Wie stärkt er da unser Feinstes, Tiefstes, Geistigstes.

Es gibt keinen strengeren Erzieher als den Ehrgeiz. Wobei freilich außer Betracht bleibt: wozu?

Wer möchte die Furcht in seiner Erziehung entbehren?

Jeder muß seinen Mann haben, der ihm über die Schulter sieht, und dieser wieder seinen und so fort. Das ist nur gut und billig; so allein kommt der Mensch vorwärts.

Wir freien Geister von heute sind nicht mehr der Gefahr ausgesetzt, gekreuzigt oder verbrannt zu werden. Um so mehr will es der Anstand und die Solidarität, aufs neue Gefahren zu suchen und zu schaffen, und sollten es die der Selbstkreuzigung, der Selbstverbrennung sein.

Übung ist alles, und insofern ist Genie Charakter.

Zu einem anderen Ende kommen wir nicht als zu dem: im Begonnenen unermüdlich weiter zu arbeiten, aber nicht in Verzweiflung und Selbstbetäubung, sondern indem wir jede Sekunde dieser Arbeit immer mehr durchseelen, immer innerlicher bejahen, immer entschiedener vergeistigen.

Wenn wir bedenken, wieviel hunderttausend Jahre wir wohl

alt sein mögen, werden wir geduldiger gegen das Tempo unserer heutigen Entwickelung werden. Die von uns heute so ungestüm begehrte edlere Zukunft unseres Geschlechtes wird sich vielleicht schon noch einmal verwirklichen, aber statt in Jahrhunderten erst in Jahrtausenden. Das ist freilich kein Trost für den Lebenden; aber der Lebende hat einen andern Trost: daß ihm für seine Person schon heute die Möglichkeit gegeben ist, sich selbst so edel zu verwirklichen, wie er nur kann. Die Insichvollendung des Menschen ist jederzeit und überall möglich; zuletzt bleibt doch diese Erkenntnis, und was sie fruchtet, der einzige wahre Fortschritt.

Es ist hart, aber es gibt nur einen Weg, als Kämpfer für das Echte zuletzt den Erfolg an sich zu fesseln: So lange zu schweigen, Geduld zu haben, Menschen und Dinge gehen zu lassen, bis man durch die Treue gegen sich selbst und die äußeren Umstände eines Tages ein Faktor geworden ist, mit dem gerechnet werden muß. Dann endlich mag man dem Zorn und der Liebe in sich nachgeben, wann und wo es auch sei. Dann erst hat es, sie rückhaltlos zu äußern, Sinn und Wert: Für einen selbst, für den Getroffenen, für den Verteidigten, für alle andern.

1908

Der moderne Jude – als Denker – wird selten glauben d. h. ahnend ergreifen können. Aller Gottesgedanke könnte nämlich, so fürchtet er, doch am Ende nur die feinste Blüte einer großen – Dummheit sein. Sich dem Hineinfall auf eine Dummheit aber auch nur auszusetzen, dünkt seiner mißtrauisch gewordenen Seele unerträglich. Er hat, wie Peer Gynt, nicht den Mut durch das Anonyme *hindurch* zu stürmen, er ist eben überall kein Krieger, er möchte gern um es herum. Aber man muß mitten in den Nebel hinein, das ist es. Und: Gott läßt sich (so wenig wie Goethe) – Brillen gefallen. Und: ohne ein gewisses Maß von Blindheit ward noch nie ein Seher.

Unsere Zeit, welche die interessanten »Aberglauben« früherer Zeitalter selbstbewußt entwertet, ist selbst nur weniger interessant, keineswegs weniger abergläubisch, und wird einst ungleich anderer Nachsicht der Betrachtung bedürfen, wenn spätere Geschlechter eingesehen haben werden, daß dem Menschen, unbeschadet aller begreiflichen und jeweils sogar notwendigen Vordergrundsoptiken, als letzte Hintergrundstimmung doch nur eines ziemt: Bei Gott kein Ding für unmöglich zu halten.

Wer sich groß verfehlt, der hat auch große Quellen der Reinigung in sich.

Von sich zurückzutreten wie ein Maler von seinem Bilde – wer das vermöchte!

Jeder von uns hat etwas Unbehauenes, Unerlöstes in sich, daran unaufhörlich zu arbeiten seine heimlichste Lebensaufgabe bleibt.

Darin kann man Tolstoi unbedingt Recht geben: Was man Taugliches wird, wird man in der Regel trotz der Schule, nicht durch die Schule.

Gute Erziehung – ein zweischneidig Schwert. Mancher wird nie ein wirklicher Mensch, ein Mensch von *Umfang,* infolge seiner guten Erziehung.

Ich glaube nicht, daß ein andrer Mensch meiner Zeit so am Juden gelitten hat wie ich, und zugleich so viel von ihm hält. Dies mag mir ein Recht geben, an sein Problem zu rühren.

Die »bessere« Gesellschaft ist die eigentlich und im tiefsten Sinne unwissende und ungebildete.

Hüte dich, heute zu sterben! Sonst wirst du unvermeidlich Gegenstand einer – Trauerfeier. Du bist vielleicht dein ganzes Leben dem feiernden Volke aus dem Wege gegangen; stirbst du zur Unzeit d. h. heute, so hilft dir kein Todesgott vor dem endlichen »Theater über Dir«, an dem der Philister sich sättigen muß, soll er von dir überhaupt etwas haben.

Man findet deshalb so wenig Menschenliebe, weil dem Äußeren meist zu viel Wichtigkeit beigelegt wird. Aber es ist damit wie mit der Kleidung. So mannigfaltig sich der Mensch auch tragen mag, in der Hülle steckt allemal Adam und Eva, der homo sapiens-insipiens, dasselbe allerletzten Endes unablehnbare Geschwister.

Was ist der Mensch, daß er nicht alles hingeben sollte – um des Menschen willen!

In dem Maße, wie der Wille und die Fähigkeit zur Selbstkritik steigen, hebt sich auch das Niveau der Kritik am andern.

Wer den Einzelnen als einen Wanderer betrachtet, der immer wiederkehrt, wird aufhören, ihm entgegenzuarbeiten. Er sieht sich Schulter an Schulter mit ihm gehn und erkennt die Sinnlosigkeit jeglicher Feindschaft zwischen ihm und sich. Mag der andre noch sein Feind sein wollen, er selber empfindet ihn nicht mehr als Feind; für ihn fällt er, wenn er sich und ihn sub specie aeterni anschaut, mit ihm selber beinahe zusammen. Mag der andre ihn noch hassen, ja verachten, er selber wird nichts begehren, als ihm zu helfen, zu nützen, zu dienen. Er weiß, wie alles zusammenhängt. Nicht fabelt er unbestimmt von Zusammenhang, sondern der Zusammenhang liegt klar vor ihm.

Frage und Prüfung: Was kannst du? Kannst du dich verkennen, beschimpfen, beschuldigen lassen, ohne auch nur einen Schatten von Zorn wider den Bruder zu fühlen? Noch mehr: Kannst du Unrecht leiden ohne Groll? Man kerkert dich ein, man foltert dich, man hängt dich auf – gesetzt, du fielest unter Wilde oder gerietest vor ein russisches Gericht oder unter eine aufgeregte amerikanische Volksmenge. Könntest du dann leiden und sterben – ohne Verwünschung?

Das von selbst Verständliche wird gemeinhin am gründlichsten vergessen und am seltensten getan.

Lieblose Kritik ist ein Schwert, das scheinbar den andern, in Wirklichkeit aber den eigenen Herrn verstümmelt.

Siehe eine Sanduhr: Da läßt sich nichts durch Rütteln und Schütteln erreichen, du mußt geduldig warten, bis der Sand, Körnlein um Körnlein, aus dem einen Trichter in den andern gelaufen ist.

1910

Der Deutsche ist imstande, um eines Hiatus willen eine Wahrheit nicht zu sagen oder sie minder schlagend zu sagen.

Wir Deutsche leiden alle an der Hypochondrie der »Verpflichtungen«. Sie macht unsere Stärke und unsere Schwäche.

Jede Zeit schweigt zunächst das Größte tot, das in ihrem Schoße ruht; geht dies nicht länger an, so verleumdet sie es, verzerrt es und sucht es auf alle Weise zu vernichten.

Was das Fazit der europäischen Rüstungen sein wird? Der möglichst vollkommene déluge après nous.

Es gibt nur einen Fortschritt, nämlich den in der Liebe; aber er führt in die Seligkeit Gottes selber hinein.

Der Geist baut das Luftschiff, die Liebe aber macht gen Himmel fahren.

1911

Wenn jemand gegen etwas vorgeht, so geht er nicht gegen das ganze Etwas vor: denn das sieht er dann gar nicht mehr. Sondern er sieht dann nur noch das »rote Tuch« in dem Etwas. Nie wird gegen »etwas« vorgegangen, immer nur gegen rotes Tuch. Und wenn zwei Völker gegen einander ziehen, so stürzt ein jedes bloß gegen rotes Tuch: denn wie könnte ein Volk wider ein andres Volk sein, wenn nicht die Helden vom roten Tuch wären, wenn nicht unaufhörlich von hüben und drüben auf rotes Tuch aufmerksam gemacht würde, so daß die Völker, die armen Stiere, zuletzt wild werden und einander anrennen.

Es gibt wenig Groteskeres als diese Ehe von: Ich weiß, daß ich nichts bin und Ich befinde über alles – in der Riesen-

Zwerg-Brust des aufgeklärten, des »guten« Europäers. »Ein Irrtum« wird erwidert. »Wir befinden über keine letzten Dinge, wir lassen sie einfach auf sich beruhen, als etwas menschlicher Erkenntnis nicht Zugängliches. Was ich nicht weiß, macht mich nicht heiß! – sollte das nicht ein männlicher, ja ein heldischer Wahlspruch sein? Genug, er ist unser Wahlspruch, und er deckt sich mit dem des Peer Gynt: Jeg er mig selv nok«. (Ich bin mir selbst genug.)

Es wäre außerordentlich merkwürdig, daß so viele selbst der Geistigsten weit unter dem Niveau leben, das der Geist auf Erden schon einmal erreicht und aufgestellt hat – wenn nicht jede Zeit ihre eigene Aufgabe hätte und die heute verkörperten Seelen eben durch die Entwickelung dazu bestimmt wären, sich gewissen Erkenntnissen ebenso entschieden zu verschließen wie andern vorbehaltlos Tür und Tor offen zu halten.

Es gibt ein Wort aus der Stimmung des Jahrhundert-Anfangs: »Man darf jetzt schon wieder – nun z. B. von – Gott sprechen.«
»Man darf jetzt schon wieder« – das Siegel einer »großen«, »freien« Zeit.

Für jeden Menschen, sagt Goethe, kommt der Zeitpunkt, von dem an er wieder »ruiniert« werden muß. So auch: für jede Kulturperiode. Die unsrige hat diesen Zeitpunkt bereits überschritten. Sie kann trotz allem, was dagegen einzuwenden ist, in einem gewissen sehr hohen Sinne nicht mehr ein ausschließliches Interesse beanspruchen. Das Hauptaugenmerk richtet sich über ihren mehr oder minder glänzenden Abklang hinweg auf den folgenden Abschnitt, dessen Aufbau, dessen Aufgaben. Ihr bleibt noch vieles zu tun; freilich aber auch dies: sich möglichst unmißverständlich und allseitig ad absurdum zu führen.

Ganze Weltalter voll Liebe werden notwendig sein, um den Tieren ihre Dienste und Verdienste an uns zu vergelten.

A sagte zu B, der sich mit seinem persönlichen Schicksal herumschlug und des Jammers kein Ende fand: Wie erbarmungslos bist du!
Wie erbarmungslos? gab B befremdet zurück und fügte, da er A nicht durchdrang, nach einer Weile hinzu: Wenn nur du nicht erbarmungslos bist! (indem er meinte, dieser habe für sein Unglück kein Verständnis). Und *wenn* ich es gegen dich wäre, erwiderte A, so wäre ich es gegen einen Einzigen. Du aber bist es gegen Millionen. Denn du siehst nur dein eignes Leid, nicht auch das ihre. Du wärst aus ganzer Seele zufrieden, wenn nur du allein getröstet würdest, wenn nur dir allein unter allen Millionen geholfen würde. Prüfe dich selbst, ob ein solcher Sinn nicht noch strengster Zucht bedarf und ob es weit gefehlt ist, ihn selbstsüchtig, hart und erbarmungslos zu nennen.

Viele Menschen fühlen sich in ihrer Ruhe und Sicherheit gestört und fordern laut nach strengen strafrechtlichen Maßnahmen gegen den Verbrecher.
Das ist verständlich, aber es zeigt auch, woran es noch viel mehr als an gesetzgeberischen Bestimmungen fehlt: An dem Bewußtsein, an der Ahnung wenigstens, was man selbst und was der sog. Verbrecher ist. Der Verbrecher und ich sind nichts wesentlich Getrenntes, wir stehen im engsten menschlichen Zusammenhang; er kann uns nichts tun, was er nicht auch sich selber täte, und wir können ihm nichts tun, was wir nicht auch uns selber täten. Er ist nicht anders von uns verschieden, als unser Arm, unser Bein, unser Auge. Nun heißt es zwar: So dich deine Hand ärgert, so haue sie ab. Aber wenn ich die Hand abhaue, so füge ich mir damit einen Schmerz zu, den ich mein Leben lang nicht vergessen werde, und sollte ich ihn doch vergessen, so bleibt

immer noch ihr Fehlen etwas, was sich nicht vergessen läßt. Anders, wenn sich eine Gesellschaft einen Verbrecher vom Leibe schafft. Dann schafft sie sich ihn eben vom Leibe und damit punktum. Es fehlt der entsprechende Schmerz auf ihrer Seite, der Stachel, den sie nicht wieder los wird.

Die Bestimmung des Menschen ist nicht nur, daß er als ruhiger Bürger seinem Tagewerk nachgehe, sie ist noch etwas darüber: daß er sich mehr und mehr verinnerliche, sich, und soviel an ihm liegt, seine Umwelt mehr und mehr verchristliche.

Alle, die beispielsweise für die Todesstrafe stimmen, wollen nicht die Gewissensnot, in die sie die Schreckenstat eines Bruders bringen und die dann Frucht über Frucht aus ihm zeitigen müßte, sondern sie wollen ihre Ruhe, ihre Behaglichkeit, ihr ungestörtes Weiterwirtschaftenkönnen im einmal Überkommenen. Wie gesagt, es kann ihnen nicht verdacht werden, wenn sie einer gewissen Sicherheit genießen wollen, aber sie müßten dafür, daß sie mit der einen Hand nehmen, nämlich Freiheit oder gar Leben vom Mitmenschen, mit der andern Hand geben: nämlich doppelte, dreifache Liebe.

Sie müßten nicht nur den andern sich, sondern sich zugleich dem andern opfern, sich, d. h. ihren Eigennutz, ihren Hochmut, ihre Gleichgültigkeit, ihre Trägheit. Aber dem wird ausgewichen und darum ist in unseren Strafen so viel – Rache; was man auch von Erziehungs- und Abschreckungstheorien redet. Erziehen soll man zuerst sich selbst und dann erst den, der mitten im Schoße von uns Tugendhaften als Lasterhafter emporblühen konnte. Wahrlich, es kann mit der allgemeinen Tugend nicht soweit her sein, wenn der Räuber und Mörder so üppig gedeiht, wahrlich, es ist nicht gut, wenn solch ein Unkrautboden wie unsere Gesellschaft auch noch nach Schutz und besonderer Fürsorge verlangt. Sie möge erst die sieben Todsünden in *sich* bekämpfen und im Verbrechertum zunächst vor allem das vergrößerte Spiegelbild ihrer selbst sehen, den immerwährenden Vorwurf ihrer selbst. Sie möge im Verbrechertum zunächst erst einmal ihr – *Schuld*-Konto erblicken. Wenn sie aber meint, daß, sagen wir, der Bauer Adam in Vaduz unmöglich Schuld haben könne, wenn in den Südstaaten ein Neger sich an einer Weißen vergreift, so ist zu erwidern, daß weder der Bauer noch der Neger für sich nur als Bauer und Neger verbindlich sind, daß sie vielmehr vom Anfang bis zur Vollendung unserer Welt als schöpferische Faktoren rechnen, die nach der einen Seite unendliches Schulden-Karma abzutragen, nach der andern Seite die Geisterreiche der Zukunft mit aufzurichten haben, wozu sie nicht nur als Bauer und Neger, sondern in hinreichenden menschlichen Manifestationen ab aeterno in aeternum wiederkehren.

Man möchte sich wie Bruder Bernardo auf irgend einem Marktplatz dem Gespött der Welt aussetzen, um gleich ihm ein jegliches um Christi Liebe willen geduldig und heiter zu ertragen – und leidet vielleicht schon darunter, wenn die Schaffnerin, die das Zimmer aufräumt, vergißt, guten Morgen zu wünschen oder wenn der Türhüter des Hauses schlecht geschlafen hat.

Du sollst nicht zu sein begehren, was du nicht bist, sondern nur einfach etwas von deiner Pflicht zu tun versuchen, Tag um Tag.
Denn es ist viel schwerer, einen Tag in wahrhafter Aufmerksamkeit und Wachsamkeit von Anfang bis Ende zu verleben, als ein Jahr in großen Absichten und hochfliegenden Plänen.

Jedem Menschen sein Recht lassen und wenn es uns noch so sehr als Unrecht erscheint. Den Kampf gegen dies sein Unrecht deshalb nicht aufgeben, aber ihn nicht außer sich führen, gegen jenen, sondern in sich, gegen sich, gegen das in sich, was, wenn auch noch so verborgen, jenem Unrecht entspricht. Oder könnten wir leugnen, daß wir innerlich an allem noch irgendwie teilhaben, was an Bösem außer uns geschieht? Daß in uns von dem z. B., was Millionen in Kriegsbegeisterung versetzt und zu unverantwortlichen Handlungen verführt, noch genug lebt, um unsere ganze Wachsamkeit und Tapferkeit gegen uns selbst aufzurufen, und sei es nur ein gewisses Sichfreuen bei dem »Sieg« des schwächeren Gegners oder eine »gerechte Empörung« über dies und das, was das blutige Handwerk nach sich zieht? Wir möchten allzugern wahrhaben, es sei menschlich schöner, mit dem Schwächeren sich zu freuen, als die gleichmäßige Trauer über Siegende wie Besiegte eine Quelle neuer Gelöbnisse vermehrter Anstrengung in uns selber werden zu lassen; es sei nicht leichter, empört über Grausamkeiten zu sein, als die Blitze der Entrüstung auf und in uns selbst abzuleiten, auf das Triebwesen, dessen feinere Wildheiten auch in uns noch nicht völlig gebändigt, noch nicht genug in rein dem vergeistigten Ich dienenden Kräften leben.

A. Sie sollten gerade da, wo Sie besondere Antipathie empfinden, doppelt streng gegen sich selbst vorgehen, nicht aber Ihrer Antipathie nachlaufen, wie der Student seiner Flamme.
B. Wie? Ich sollte mich auf meine Instinkte nicht mehr verlassen dürfen?
A. Ja und nein. Schauen Sie Ihren Instinkten zu wie Ihren Hunden, mit denen Sie über Land gehen. Aber behalten Sie sich stets vor, sie zurückzupfeifen, und pfeifen Sie gelegentlich auch einmal ohne Grund, einfach weil Sie der Herr sind und die Instinkte Ihre Diener.

»Daß du dann niemals mehr Wein anrührtest!« rief ein Knabe seinem Vater zu, der mit ihm die Wendeltreppe eines

Turms emporstieg. »Welche Selbstüberwindung! welche – Entsagung!«
Der Vater nickte lächelnd und wies dem Sohne die Aussicht, die das eben erreichte Treppenfenster erlaubte. Nachdem sie diese eine Weile bewundernd genossen, stiegen sie weiter und gelangten zum nächsten.
Welche Entsagung! rief da der Vater verstellt. Hier haben wir nicht mehr den Blick von vorhin. Wie schön war es, auf all die nahen Dächer hinabzuschaun; da störte noch keine Landschaft wie jetzt...
»– Störte«?« fragte der Sohn –
... und sind wir erst droben, so werden wir auch *diesem* Rundbild entsagen müssen; denn droben, du weißt ja, schaut man bei hellen Tagen das Meer...
Des Jungen Augen leuchteten auf und dann, der Schelmerei gewahr, maßen sie lange und nachdenklich den Sprecher... bis – hoch, ein Silberstreif – das Meer am Horizont erschien und sie mit Tränen füllte. (Denn wie liebte schon dieser Knabe das *Meer*!)

Wir sind allzumal träge; daraus entspringen die meisten Übel. In jedem schlägt das Gewissen und regt sich das Wissen, wie es im Kleinen und Großen sein müßte und wie es nicht ist. Aber die Faulheit, die Vergeßlichkeit, die Gewohnheit lassen es nicht dazu kommen, daß wir aus Gedanken zu Taten hervorschreiten. Wir kennen manches große innerliche Mittel, aber man sollte auch kleinere, mehr äußerliche schaffen. Alle die gut sein möchten, aber es nicht so sein können, wie sie möchten, weil sie sich zu schwach dazu fühlen, sollten sich zusammentun und eine Hilfsbrüderschaft über sich setzen, die ihr lebendiges Gewissen darstellt. Eine Gruppe, der sie selbst das Recht einräumten, ja die Pflicht auferlegten, sie immer wieder wachzurütteln und mit dem problematischen Willensmaterial, das in ihnen ist, zu arbeiten – so wie ein treuer Diener, der uns zum

Sonnenaufgang aus dem Bett rüttelt, so wie ein Staat, der mit unseren Steuern »arbeitet«. Eine Brockensammlung guter Willensregungen, sozusagen, das gälte es für diese Gruppe Tag für Tag. Des Menschen Wesen ist Schwäche; kann er nicht allein in die Höhe wachsen, so soll er sich an Stangen und Spaliere binden oder binden lassen. Ehre jedem, der statt auf dem Stroh zu verkümmern, zur Krücke greift, Ehre jedem *tapferen* Invaliden.

Wer am Menschen nicht scheitern will, trage den unerschütterlichen Entschluß des Durch-ihn-lernen-Wollens wie einen Schild vor sich her.

1912

An der Vergeistigung, an der Verchristlichung seines Vaterlandes arbeiten, das heißt es lieben, das allein heißt mehr und anderes, als seinen unaufhaltsamen – Verfall wollen und mitbewirken.

Eine Artisten-Elegantine und ein aristokratischer Spätling ereiferten sich unter anderem über die »Extravaganzen« der Heilsarmee. Sie hatten noch immer nicht begriffen, daß mit Fug nur verurteilen darf, wer selbst etwas zu schaffen vermag und gewillt ist, und daß es unter Umständen mehr bedeuten kann, der »dumme August« in der Manege als der Baron in der Loge zu sein.

Unsere Dienstboten sind nicht Seelen, mit denen wir uns vorübergehend vereinigen, um es bequemer zu haben, sondern solche, denen wir, wenn irgend möglich, noch mehr und besser dienen sollen, als sie uns. Nicht umsonst und ohne Sinn muß die eine Seele noch äußerlich dienen, während die andere schon mehr innerlich dienen kann und darf. Sie muß noch grobe Arbeit verrichten und hat noch wenig Einsicht in den Sinn der Verschiedenheit aller Lebensverhältnisse; wir aber sind zu Feinarbeit – auch an ihnen – verpflichtet, wir wissen schon mehr vom Sinn des Lebens und müssen sie darum mit soviel Weisheit und Liebe behandeln, wie uns nur immer möglich ist. Auf sichtbare Erfolge müssen wir dabei ebenso verzichten lernen, wie wir uns davor zu hüten haben, sie unseren Erziehungswillen allzusehr merken oder gar spüren zu lassen. Wenn wir nur nie die Achtung vor der unsterblichen Individualität, die in ihnen verborgen, verlieren und nie die Liebe zu ihnen als ewigen Geschwisterwesen, wird vieles Mögliche an ihnen vermieden und getan sein.

Kann man einen Menschen deshalb aus der Atmosphäre des tiefen, ungeheuren Geheimnisses, das uns alle umfängt, das wir alle sind, und vor dem es keine andere Grundstimmung als die unbegrenzter Ehrfurcht gibt, herauslösen, herausgelöst empfinden, weil er ein »Mörder« geworden ist?

Der Selbstlose, der aus ganzer Seele den Menschen dienen will, übersieht zu leicht, daß sein Selbst in ein niedrigeres und in ein höheres Selbst zerfällt und daß er daher nicht nur selbstlos im andern Sinne werden sollte. Sein Selbst verlieren, heißt sich läutern, seine Seele bereiten, wie einen Akker, welcher der Saat wartet. Sein Selbst gewinnen aber heißt, Frucht tragen wollen, Saat herbeisehnen, aufnehmen, hegen, reifen.

Alles ernsthaft Angefangene muß die Menschheit auch entschlossen weitertreiben und weiterentwickeln. Täte sie's nicht, so wäre sie ebenso unreif und leichtfertig wie die Individualität, die anfängt und liegen läßt, statt, wenn auch vielleicht erst in vielen Lebensläufen, allem in sich eine Folge und Ausbildung zu geben. Einziglich schon von diesem Gesichtspunkt aus sollte man die Mystik z. B. nicht so verdrossen ablehnen, als ob es ein Verdienst wäre, ein so wundertief begonnenes Geisteswerk in die Rumpelkammer zu verweisen und nicht vielmehr sich dessen Weiterausbau anzunehmen, zum mindesten dankbar gewärtig zu sein.

Mancher will dem Kinde keine *Märchen* geben, weil die Märchen »lügen«, weil sie mit der »Wirklichkeit nicht zusammengehen«. Aber ist nicht die nackte nützliche Wirklichkeit, der Sinn für den lebendigen Menschen Lüge und Schein? Was ist wahrer: diese so vorgestellte Wirklichkeit oder das Wunder? Die Naturwissenschaft könnte alle sinnlich erfaßbaren Zusammenhänge kennen und doch würde ihr erst dann das volle Gewicht der Tatsache bewußt werden, daß alles Sinnliche wie ein Zauber aus einem Unsinnlichen herausblüht.
Und inmitten dieser Wunder- und Zauberwelt – der Mensch, nicht wie eins der tausend Geschöpfe einfach ein angeborenes Leben darlebend, sondern *sich besinnend,* sich wundernd: *Was soll ich*? *

* Vielleicht schon 1907

Wider den literarischen Jargon

Träume

1898

Ich möchte hier eines Traum-Zustandes Erwähnung tun, den ich gestern Nacht (29. 30. III. 98) zum viertenmale an mir beobachtet habe. Die Vorbedingung scheint zu sein, daß mein Gehirn noch nicht erschöpft genug sein darf, um sogleich völlig einzuschlafen; denn dreimal habe ich des Abends Tee – wenn auch nur drei Tassen eines normalen Aufgusses – getrunken, und das viertemal ging ich gegen meine sonstige Gewohnheit bereits um zwölf Uhr, also noch ohne besondere Müdigkeit, zu Bett. Der betreffende Zustand besteht nun also darin, daß ich, kaum daß ich eingeschlafen bin, in einen Traum verfalle, der eine einzige mich quälende Vorstellung solange festhält und logisch kontinuiert, bis ich – soviel ich weiß, immer nach einigen Minuten – noch einmal aufwache, mich mehr oder minder vollkommen besinne, um dann ruhig oder wenigstens unter gewöhnlichen Träumen ununterbrochen bis zum Morgen weiterzuschlafen. Ich erinnere mich augenblicklich an den letzten und einen früheren – ich glaube: den vorletzten – dieser vier Träume.

Im letzten also glaubte ich irgendwo – vielleicht an meinem Schreibtisch zu stehen und, wenn ich nicht irre, nur mit dem Nachthemd bekleidet. Die Zwangsvorstellung bestand nun darin, daß ich meine Augen durchaus nicht zu öffnen vermochte, so heftige Mühe ich mir auch gab. Ich hatte das Bewußtsein: es ist nur eine Zwangsvorstellung, nur eine Traumbefangenheit! Und deshalb biß ich mich in die Hand und kniff mir den Schenkel, daß ich den Schmerz zu fühlen meinte. Dieses feste Wissen darum, daß man selber nur das Opfer einer Traumbefangenheit ist, unterscheidet, glaube ich, diese Art von jener andern, in die die Fallerscheinungen und das Festwurzeln am Boden schlechthin fallen. Der frühere Traum war noch komplizierter. Ich wachte – im Traume – auf und glaubte jemanden im Zimmer zu bemerken, fühlte und hörte ihn aber bloß, da es dunkel war. In mich schnürender Angst stieg ich aus dem Bett und versuchte aus einer auf dem Tische liegenden Streichholzschachtel Licht zu machen. Aber ein Streichholz versagte nach dem andern; ich hatte nachher das Gefühl, an die hundert angestrichen und weggeworfen zu haben. Ich schaudere jetzt noch, wenn ich daran denke. Dabei kam mir bei meinem erfolglosen Bemühen ebenfalls langsam zum Bewußtsein: du stehst in einem Bann, unter einer zwingenden Gewalt. Ich fand es nur bei den ersten Hölzern natürlich, daß sie versagten, und zuletzt, glaube ich, überkam mich eine Art von verzweifelter Resignation. Es ist das – wenn ich nicht im Augenblick alles mögliche andere vergessen haben sollte – das Pathologischste, was ich noch an mir beobachtet habe. Mein Traumleben hat sich allerdings in den letzten Jahren sehr gesteigert, so daß ich wohl selten traumlos schlafe. Besonders heftig war es im Winter 1896/97, wo ich häufig zu Hause mein Abendbrot einnahm und dazu und hinterher Tee – selten mehr als drei normal gebraute Tassen – trank. Aus diesem Winter (2. Hälfte) erinnere ich mich, einer längeren Serie von Träumen, deren Hauptgegenstand mein Vater und unser früheres oder späteres Verhältnis (d. h. immer in willkürlich veränderten Umgebungen) war und die zum Teil eminent logisch und lebhaft waren. Die Träume dieses Charakters kehren übrigens immer wieder, es scheint, als wollte sich hier die Natur für etwas entschädigen, was ihr im Wachen versagt bleibt. Seltsamerweise hängen diese Träume fast nie mit besonders starken Gedanken des Wachenden nach dieser Richtung zusammen. Sie führen ein eigenes, souveränes Leben. – Gedichte habe ich manchmal geträumt, d. h. immer nur ihre Themata, so z. B. Das Äpfelchen, Der Besuch, und – wenn ich nicht irre – Kinderglaube.* – Etwas eigentümliches ist auch, daß, wenn ich mich nach Tisch auf das Sofa lege, um etwa eine halbe Stunde zu schlafen, mein Gehirn willenlos in der Art der Lektüre weiterarbeitet, die ich etwa vorher noch in die Hand nehme. Lese ich Aphorismen, so ist jene halbe Stunde von Aphorismen erfüllt, lese ich eine Novelle, so geht es in einem fort weiter: »Der Inspektor erhob sich und sagte zu Frau X.: wir wollten doch heute nach N. fahren! Frau X. neigte den Kopf ein wenig, als wollte sie sagen ...« usw. usw. oder wie gerade der Stoff gewesen ist. Lese ich Gedichte, so produziere ich lauter Rhythmenfragmente, alles natürlich sofort vergessene Sachen. Nachts habe ich das fast niemals beobachtet. Nur einmal hat mir K. F. Meyers Richterin eine böse Nacht dieser Art gemacht. Seit der Zeit hüte ich mich, vor dem K. F. Meyer'schen Stil vor allen Schlafenszeiten. – Was ich in dem Gedicht »Malererbe«* sage, möchte ich insofern berichtigen, als der dort erwähnte Zustand »der nicht Träumen ist noch Wachen« doch immerhin noch viel mehr Wachen als Träumen ist, indem ich bei guter Disposition jene blitzschnell wechselnden Landschaften willkürlich hervorrufen kann. Ich schließe einfach die Augen und überlasse mich der Jagd solcher Vorstellungen; wodurch ich mich ja allerdings ein wenig dem Traumhaften nähere. Im allgemeinen wäre ich froh, wenn sich mein Hirn weniger in solchen unnützen Gespinsten verbrauchen wollte; denn mein wachender Mensch liebt diesen träumenden Menschen durchaus nicht. Und sicher würde mein Kopf schärfer

* »Das Äpfelchen«, »Der Besuch«, »Kinderglaube« und »Malererbe« sind Gedichte aus dem dritten Gedichtbuch »Auf vielen Wegen«, 1897 (in der Gruppe »Träume«).

und kräftiger arbeiten, wenn er nicht durch dieses fortwährende Spielen undirigierbarer Kräfte mit dem Gehirnmechanismus unnötig angestrengt würde.

Ich hatte heute Nacht (24./25. II. 05) ca. 3/42 Uhr nach dem ersten Einschlafen wieder einen jener schon beschriebenen Gehirnzustände (etwa der achte in der Reihe), dessen Hauptmerkmal mir zu sein scheint, daß ich – innerhalb des Traumzustandes – aus einem unangenehmen Traum mit aller Willenskraft ins wache Bewußtsein hinausstrebe. Es ist der Grenzzustand des Erwachens aus einem peinigenden oder doch beunruhigenden Traum das eigentliche Thema eines solchen Traumzustandes. So erinnere ich mich augenblicklich nicht mehr des Traumes im Traume selbst, sondern nur noch des Erwachenwollens, ja scheinbar wirklich Erwachtseins im Traume. Ich schien mich endlich mit aller Kraft aus dem Krampf des Traumes losgerissen zu haben, aber ich glaubte nicht an mein wirkliches Erwachtsein. Da fühlte ich ein Fünfpfennigstück zwischen den Zähnen. Ich biß darauf: jetzt war kein Zweifel mehr: es widerstand, es schmeckte metallig; ich schien wirklich wach. Währenddem wachte ich mehr und mehr auf. Im letzten Stadium vor dem wirklichen Erwachen verwandelte mein offenbar klarer werdender Intellekt das Geldstück in eine Emser Pastille, die sich zu lösen begann und den salzig-säuerlichen Geschmack auf meiner Zunge verstärkte. Hierauf wachte ich wirklich auf und war verwundert, nichts in meinem Munde zu finden. (Ich hatte nebenbei bemerkt den Tag – aber nicht den Abend zuvor – einige Emser Pastillen gegessen.)

Einem wirklichen Traume (28./29. Juli 05) folgend, möchte ich ein dramatisches Märchen orientalischen Charakters schreiben. Der Traum war etwa so: Eine Anzahl von uns, worunter mir noch M. Heimann, später auch Frisch (und seine Frau) erinnerlich, waren von andern eingeladen wor-

den, Schriften (Dramen, Lyrisches, Lehrhaftes) eines fremden, höchst merkwürdigen Kulturvolkes (Chinesen, Inder?) kennen zu lernen, um sie zu übersetzen. Es hieß, 12 Personen hätten genug auf Jahre zu tun, wenn sie einen Vorstoß in diese fremde wunderliche Literatur machen wollten. Zu dem Zweck wurden uns große Bücher vorgelegt, die mit schönen mönchischen Handschriften gefüllt waren, und uns Stellen vorgelesen, die uns außerordentlich bedeutsam erschienen. Zu gleicher Zeit glitten wir im Traum unmerklich mehr und mehr in dieses Land selbst, es wurde uns geraten, seine Tempel, Gärten, Theater, Schlösser kennen zu lernen. Ein Trupp von uns wurde herumgeführt. Ich erinnere mich eines ungeheuren Lesesaales, in den man uns blicken ließ und dessen uns entgegengesetzte Seite eine einzige gewaltige Glasscheibe abschloß, durch die man eine Schweizer Landschaft mit einer Stadt erblickte, – wie wir erfuhren: Bern und seine Alpen; augenscheinlich von jenen Leuten der Wirklichkeit nachgebildet und hinter jener Scheibe als Aussicht angebracht.
Nach einer Weile verlor ich meine Gefährten. Ich nahm einen eigenen Führer und ließ mich von ihm, ich glaube nach einem Tempel, tragen. Der Träger trug zwei Stangen, die oben Fußtritte wie die Stelzen hatten. Auf diese trat man, während man sich an ihrem obersten Teile mit den Händen und Armen festhielt. Der Träger trug dann das Ganze wie eine doppelte Fahnenstange.
Der Mann, den ich genommen, lachte auf meine Befürchtung, ich könne ihm zu schwer werden und versicherte, ich würde viel eher loslassen als er. Er trug mich durch reißende Kanäle und zuletzt begann ich sowohl müde zu werden, wie ihn zu fürchten. Hier schiebt sich irgendwo eine Vorstellung ein, die ich in einem der Theater gesehen haben muß und in der ein junges, süßes, zartes Geschöpf die Hauptrolle gespielt haben muß. Worte und Erscheinung überwältigten mich mit solcher Macht, daß ich in Tränen ausbrach. Und

ich weinte so mit meinem ganzen Wesen, aber ohne jede Bitterkeit, nur aus tiefster Erregung der Seele, daß ich meine, dies Gefühl nie vergessen zu können. Was das Stück enthielt, weiß ich nicht mehr. Das Wort Samaria blieb haften und als hinterher wieder davon als von einem Übersetzungsangebot gesprochen wurde, hörte ich, daß die Sonne darin einmal mit Amanda angeredet wurde, was ich durch Alliebende (!) zu übertragen vorschlug.

Chor (zu vorigem)

> Gebrochen von des Lebens vielen Strafen,
> hinwandl' ich meinen Pfad gebeugten Hauptes,
> schon nicht mehr hoffend auf des Himmels Gnade,
> die süßen Boten lächelnden Erbarmens.

Mein Traum 26./27. Nov. 08: Ich sehe etwas in der Luft wie etwa drei glänzende glasklare Äpfel an einem (unsichtbaren?) Zweige, sie bewegen sich leicht im Wind – und daran geht mir das Wesen alles Lebens auf. Ich denke an Böhme und seine Lampe. Nach jenem Vorgang – bewegtes All – erkläre ich mir, im Traum, das ganze Leben. Das Ende ist mir leider entschwunden, ich weiß nur, daß ich großer Klarheit genoß.

Natur / Kunst / Literatur / Theater

1904

Bild: Erinnerungen, in den Abgrund des Vergessens fliehend (gleitend, fliegend). Die am nächsten schwebenden Gestalten sind schon fast in Nebel zerflossen.

Von der Prahlsucht der Kinder: Wille zur Macht überall versteckt.

Tragikomödie:
Ein Mensch, der seine Gründe, mit denen er bejaht oder verneint, nicht mehr ernst nimmt, sondern unter sie hinab in sein triebhaftes Wesen taucht.

Ich definiere den Humor als die Betrachtungsweise des Endlichen vom Standpunkt des Unendlichen aus.
Oder: Humor ist das Bewußtwerden des Gegensatzes zwischen Ding an sich und Erscheinung und die hieraus entspringende souveräne Weltbetrachtung, welche die gesamte Erscheinungswelt vom Größten bis zum Kleinsten mit gleichem Mitgefühl umschließt, ohne ihr jedoch einen anderen als relativen Gehalt und Wert zugestehen zu können.
Der Humor ist sonach die höchste aber auch die schwerste aller Weltbetrachtungen; denn er lehrt uns das tiefste Leid und Elend nur als eine Phase aufzufassen, die, aus dem Zusammenhang des Weltlebens gerissen, für sich allein keine absolute Beurteilung gestattet.

Ich leide oft sehr an der Art meines Humors. Meine ewige Fragestellung, ob nicht jeder Humor ein Quantum Philistrosität einschließt.

Es ist etwas in mir, das jagt und jagt einem Ziele zu. Das läßt mich in keiner Trägheit ganz ruhn, in keinem Glück ganz vergessen.

1905

Die Natur kennt nur Farbenübergänge, keine Farben.

Da erwiderte mir gestern ein Herr aus Bremen: »Wie? Sie bedauern den Tod eines Seehunds? Ausrotten müßte man diese Tiere. Glauben Sie etwa, sie seien nützlich? Sie sind die ärgsten Fischräuber, die es gibt, ganz schädliche, unnütze Geschöpfe!« Ich dachte an die feuchten dunklen Augen der gutmütigen Tiere und sie erschienen mir weit liebenswerter als diese Anschauungen eines Pedanten, dem sich sein eigenes grenzenloses Räubertum als Mensch so ganz und gar von selbst verstand.

Mir genügt zur Zeit das Schwatzen der Seevögel, das leise Sich-Wiegen des stachligen Strandhafers, ein wenig durch die Finger rinnender Sand und die graublaugrüne Fläche vor mir mit ihrer seltsamen Unbedingtheit.

Die Verschwendung der Natur ist zu groß. Und das ist das Bitterste: Unsere anklagenden Gedanken, und seien sie noch so erhaben, sind nur wie namenlose gleichgültige Vögel, die gegen ein kristallumpanzertes Feuer prallen, um ohnmächtig und ruhmlos in die Nacht hinabzufallen, vertan, verschwendet wie das Wesen das sie gebar.

Wie ich das Bröckeln und Rinnen einer in den Sand gewühlten Mulde beobachte, kommen mir einige der tragischsten Eindrücke meines Lebens ins Gedächtnis. Den einen empfing ich in den Thermen des Caracalla, und was hier nur Bild und Gleichnis, war dort melancholische Wirklichkeit. Von den mächtigen Gewölberesten rieselte fast unaufhörlich Mörtel und verwittertes Mauerwerk, und ab und zu, wenn der leichte Wind sich stärker erhob, flog wohl auch ein größerer Stein polternd in die Tiefe. Es war ein unheimliches und erschütterndes Gespräch der Vergänglichkeit, dem der gefährdete Wanderer dort beiwohnte und zugleich das Totenraunen einer Kultur, das vielleicht noch währen wird, wenn der Petersdom das seinige anheben sollte. Den andern gaben mir die norwegischen Berge mit ihren ewigen Steinschlägen, in denen ihre Gipfel nach und nach herabzukommen scheinen.

Noch viel wunderbarer als der einfache Spiegel ist der durchsichtige Spiegel, z. B. ein Fenster, das auf eine Landschaft hinausgeht und in dem sich zugleich Gegenstände unseres Zimmers spiegeln.

Die Sitte des In-den-April-Schickens ist bei uns lange nicht genug verbreitet und geübt. Der erste April müßte ein wahrer Festtag für die Nation werden, ein Dies Saturnalius – in jedem Falle ein liebenswürdigerer Feiertag als mancher offizielle.

Ich liebe die italienischen Kirchen und das Leben in ihnen. Ihr Geheimnis ist, daß sie nicht nur selber Kunstwerke sind, sondern auch alles Leben, das sich mit ihnen vermählt, zum Kunstwerk machen, indem sie es zu einem Bilde abtönen und feierlich umrahmen. Betritt die schlimme römische Sinnenfängerin Gesù, wann immer du willst, oder die ehrwürdige Ara Coeli oder die stattliche Maria Maggiore; welche Gruppen, Gesten, Mienen, welche gehaltenen und tiefen Ausdrücke des Individuums, welche stets bedeutenden *Bilder*! Gewiß, alles, was die Menschen zu einem bestimmten Zwecke sammelt, vereinigt sie so mit sich zu einem Kunstwerk: die Markthalle, der Bahnhof, die Kaserne, das Schiff, eine Straße, ein Kornfeld im Herbst – aber wohl nichts bietet so die Gewähr eines künstlerisch abgeschlossenen und abgerundeten natürlichen Lebensgemäldes, wie die Kirche, nichts distanziert sich und seine Gemeinde mit soviel Glück vom kunstarmen Alltag wie sie.

Wer einen Menschen recht erfassen will, muß ihn sehen, wenn er vom Schlaf aufwacht, mit wirrem Haar, die Züge und Glieder noch halb gelöst, noch halb unbewacht. Da ist er noch der Mensch ohne Namen, ohne Beruf – wenn auch mit all dem Bedeutenden, wodurch ihn das Leben bereichert hat. Ich wäre als Maler gewiß in Menzels Spuren gegangen, so sehr interessiert mich jeder Gegenstand als rein malerisches Objekt.

Würde ich wohl mit eben solcher Leidenschaft sehen, wenn ich selbst – Maler wäre? Wer weiß es. Das eine nur weiß ich: ich würde die Natur fassen, wo ich sie fände, und ich weiß nicht, wo ich sie *nicht* – fände. Ich würde nicht erst vors Tor gehen, geschweige in andere Gegenden, ich würde gar nicht herauskommen aus meiner nächsten Umgebung, aus diesem von mir oft verwünschten und doch malerisch namenlos reizvollen, reichen, ja unerschöpflichen Berlin mit seiner immer wechselnden Stadtatmosphäre, seinen Stadtbahndämmen, seinen mächtigen Straßenzügen, seinem schmutzigen Gedränge bei Regenwetter, seinen lebenden Kinematographien, durch die Riesenscheiben der Cafés gesehen, seinen Abendstimmungen über Reichstag und Brandenburger Tor, seinen so mannigfach gemischten Lichteffekten im Wasser, im Dampf, im nassen Asphalt, im Straßendunst, vom Einbruch der Dämmerung bis zum Aufgang des Mondes. Dieses Irisieren der Flußoberfläche in den letzten Krisen des Lichts, diese zuckenden Schwerter im Strom, von roten oder gelben Brückenlaternen ins Wasser geschlängelt, diese bleichen Monde der Bogenlampen in schwarzglänzend spiegelnder Feuchte – es gibt kein Aufhören der Bewunderung für liebende Augen.

Mein nächstes Buch soll »Auferstehung« heißen, wenn mir noch eine Auferstehung beschieden sein sollte, im größten Sinne.

Was wir in unsern neueren Büchern von der bisherigen Entwickelung der menschlichen Gesellschaft vor uns haben, ist vor allem eins: *gewaschene* Geschichte. Der natürliche Duft und Brodem der Dinge dürfte uns schlechtweg erstikken.

Jedem, der seine Gedanken niederlegt, blickt schon im Augenblick des Schreibens ein Größerer über die Schulter, sei es ein Vergangener, Lebendiger, oder noch Ungeborener. Wohl dem, der diesen Blick fühlt: Er wird sich nie wichtiger nehmen, als ein geistiger Mensch sich nehmen darf.

Der eine lebt, der andere schreibt sich aus. Das erste Dokument der »Kultur« war – ein Tagebuch.

Der Sonderling:
Seit Friedrich Schillers hundertstem Todestag habe ich diesen Dichter für mich Max Zottuk getauft; so sehr haben mir Presse und Publikum jeden Buchstaben des einst teuren Namens verleidet.

1906

Ich habe heute ein paar Blumen für dich *nicht* gepflückt, um dir ihr – Leben mitzubringen.

Ich höre einen Vogel fortwährend »Chi-rur-gie« flöten.

Gebell eines »Achtung«-Hundes:
Nervosität durch Geschrei von Kindern
Argwohn, es könne auf ihn gemünzt sein (monoman)
Gefahr! (Furcht, Wut, Anspannung)
Beschimpfung (da nichts erfolgt)
Selbstgerechter Ärger (mehr monologisch)
Mitteilungsgefühl (Klatschbedürfnis)
(er teilt die Sache der Außenwelt mit)

Quittungen über vieles
Rivalität } mit andern Hunden
Solidarität } mit andern Hunden
Grundloser Unwille
Katzenjammer, der sich zu betäuben sucht.

Es ist mit Landschaften wie mit Menschen, man lernt sie nie aus. Jeder und jede vermögen unter Umständen alle Phasen von der ärmlichsten Häßlichkeit bis zur lebensvollsten Schönheit zu durchlaufen.

Die Natur ist die große Ruhe gegenüber unserer Beweglichkeit. Darum wird sie der Mensch immer mehr lieben, je feiner und beweglicher er werden wird. Sie gibt ihm die großen Züge, die weiten Perspektiven und zugleich das Bild einer bei aller unermüdlichen Entwickelung erhabenen Gelassenheit.

Keine Gegend setzt sich aus andern Elementen zusammen, als den uns bekannten. Das wissen wir und doch spielen wir damit, in einer Landschaft Geheimnisse zu vermuten, solange wir sie noch nicht genau kennen.

An unsere jungen Dichter: Geht ins Volk, mischt euch unter die gewöhnlichen Leute, sucht ihre Freundschaft zu gewinnen, sucht so reden zu lernen, daß sie euch verstehen wie ihresgleichen. Geht zu den verschiedensten Handwerkern, auf die Werften, in die Fabriken, in die Bergwerke; lernt vom Volk und für das Volk, seht zu, daß, was und wie ihr dann schreibt, jedem verständlich sein könne, der den guten Willen für euer Verständnis mitbringt. Laßt euch Jahre eures Lebens in einsamen Dörfern nieder, im deutschen Gebirge, an den Küsten, auf Inseln. Laßt euch vom glatten charakterlosen Großstädter nicht das Bild des Menschen fälschen, obwohl man auch bei ihm leicht unter die Schale dringen kann. Denkt an Luther, wie er herumging in allen Werkstätten, um sich die Sprache für seine Bibelübersetzung zu bilden, wandert, soviel ihr könnt, werdet lieber Handwerksburschen als hoffnungsvolle Literaten, die von Gesellschaft zu Gesellschaft eilen, die sich ihre Ziele aus Theatern und Zeitschriften holen, die sich ästhetisch anregen lassen, statt immer wieder auf den Grund des Lebens zu gehen.

Neue Dichter seh ich kommen, nach innen den Blick gerichtet …

Eine Karikatur ist bloß immer einen Augenblick wahr.

Es ist ein erheiternder Gedanke, daß es Schönes und Häßliches nur im Gehirn des Ästhetikers gibt. Von »der Darstellung des Schönen« zu reden – welch eine Einfalt! Es gibt nichts »Schönes« darzustellen, weil es nicht hier und dort etwa herumliegt, sondern in jedem Augenblick erst *erschaffen* werden muß. Und wenn Herr N. behauptet: aber diese Rose ist doch schön! so antworte ich ihm: Vielmehr *Sie* erschaffen die Schönheit der Rose im Moment ihres Schauens und das fällt Ihnen leicht, denn Milliarden haben sie vor Ihnen ebenfalls erschaffen. Gleichwohl wird die Schönheit, welche Sie der Rose erschaffen, sich nicht mit der messen können, die ein wahrhaft schöpferisches Auge, das von ihrem Bild getroffen wie trunken wird, weil es sich ewige Jugend bewahrt hat, ihr erschafft.
Wenn Sie daher von der von Ihnen erschaffenen – nachgeschaffenen – Schönheit als von Schönheit überhaupt reden, so drängen Sie damit Ihren sehr mittelmäßigen schöpferischen Geist der Welt und vor allem den Künstlern wie ein Joch auf, unter das man sich beugen müsse: als dürfe nur ebensoviel Schönheit erschaffen werden, als Ihnen zu schaffen möglich ist. (Ihr Wille zur Macht.) Aber, mein Werter, Sie wissen von *der* Schönheit nichts, so wenig wie irgendein andrer. Sie wissen nur von der von *Ihnen* geschaffenen

(meist nachgeschaffenen) Schönheit. Auch wir Künstler wissen nicht, was »die Schönheit« ist, aber wir vermehren sie als von Natur aus stärker empfindende, zeugende, als die am weitesten vorgestreckten Fühler des Menschen.

Es gibt zwei große Gruppen produktiver Naturen: die mehr lehrhaften und die mehr unmittelbaren. Man soll sie, man muß sie beide gelten lassen und ihnen das »und« nicht rauben. Erst aus Goethe und Schiller, Shakespeare und Ibsen, Monet und Böcklin, Rodin und Klinger ergibt sich das ganze Bild unserer Kunst.

Es wird eine Zeit kommen, da wird man Geschichten »von außen her« schreiben, ich meine Geschichten, in denen wohl Ähnliches erzählt wird wie heute, aber deren eigentlicher Reiz darin besteht, daß die geschilderten Menschen durchsichtig gemacht sind – gegen das Mysterium hin. Sie werden charakterisiert werden mit allem Glauben an ihre Wirklichkeit und doch zugleich wie Halluzinationen wirken, sie werden uns fesseln wie irgendwelche Gegenstände der bisherigen Poesie, aber der Schauder dessen, für den die alte Welt zusammengebrochen ist, wird auch ihrem Bilde mitgeteilt sein, sodaß sie im selben ergötzen und ein tiefes unheimliches Wundern erregen.

Etwas vom Übersetzen.
Nehmen wir Ibsen. Ibsen arbeitete an jedem seiner Stücke durchschnittlich zwei Jahre. Wenn nun ein Ausländer hergeht und eines jener Dramen in vier Wochen in seine Sprache übersetzt, so wird er schwerlich jede der redenden Personen so in sich lebendig fühlen können, wie der Dichter, der sie zuletzt gleichsam als seine beständige Gesellschaft empfand.
Es gibt eine Art, ich möchte sie die rationalistische Methode zu übersetzen nennen. Der Übersetzer möchte das Original

womöglich noch verdeutlichen. Ohne auch nur einen Schatten jener wirklichen Ehrfurcht, wie sie nur die Dichter selbst dem Dichter entgegenbringen.

Nach den Erinnerungen eines Egotisten.
Überall, wo Stendhal über fremde Dinge schreibt (Italien, Napoleon ...) fesselt er, wo er aber über sich selbst und seine Gesellschaft und Liebschaften schreibt, wird er sehr bald langweilig.

Zu Dostojewski.
Aus seinen Büchern findet man schwer wieder nach Westeuropa zurück.

Wenn ich Dostojewski lese, so ist es mir, als sähe ich einem Feuer zu – einem Steppenbrand –, das über die Ebene wandert. Und jetzt frißt und wühlt es sich schleichend durchs knisternde Gras – und jetzt fährt ein Sturmwind daher und erhebt es bis zu den Wolken, und jetzt kriecht und glimmt es wieder dahin und nur dicke Rauchmassen bezeichnen seinen Weg – und jetzt steigt es bei einem neuen plötzlichen Stoß gleich einer Säule zum Himmel und übergießt Himmel und Erde mit übergewaltigem, erschütterndem Glanz.

Mauthner tut Nietzsche Unrecht, auch da, wo er gegen ihn Recht hat. Ein Menschenleben gräbt sich sein Strombett und damit muß man zufrieden sein. Nietzsche ist gewiß nicht aus Eitelkeit den Weg zur Sprachkritik nicht weiter gegangen. Mauthner unterschätzt das Dynamische im Genie.

Ich habe nie einsehen mögen, warum mittelmäßige Menschen deshalb aufhören sollten, mittelmäßig zu sein, weil sie schreiben können.

Kein Dramatiker kann wissen, was ein Schauspieler aus seinen Worten machen wird. Er mag sie so einfach setzen, wie er will – dieser wird sie vielleicht ganz in Leidenschaft tauchen und so gerade ihren feinsten Gehalt verändern; er mag sie so leidenschaftlich gemeint haben, wie er mag, dieser wird vielleicht nie im Leben bis zur Schwelle wahrer innerlicher Hingerissenheit gelangt sein. Der Schauspieler ist der Räuberkünstler par excellence. Aber oft auch ist der Räuber größer als der Beraubte und der Schatz des Wanderers erst wundervoll, wenn, der ihn erschlug, damit zu abenteuern beginnt.

Wenn ich Schauspieler wäre, würde ich mir für mein Studierzimmer zunächst einen riesigen Spiegel anschaffen. Vor ihm würde ich täglich mindestens zwei Stunden verbringen und meinem Körper eine Geschmeidigkeit anzüchten, die mir später gestattet, auch die leiseste Gemütsbewegung in unwillkürliche Sichtbarkeit umzusetzen. Ich würde mich dabei nicht in malerische oder zeichnerische Ideen verlieren, o nein, ich würde die Seele ganz allein Herr sein lassen und ihr, ihr allein, meine Glieder dienstbar machen. Unmittelbare Übertragung dessen, was mich bewegt, wäre mein Ziel, so daß man nicht einen Körper und einen Geist zu sehen vermeinen sollte, sondern nur eins. Ich würde keinen andern Stil als den wahren Ausdruck meines Innenlebens haben wollen, aber freilich die Art meines Innenlebens wäre bereits der Stil, den ich will. Er wäre, meiner Natur entsprechend, zugleich lebhaft und maßvoll. Er wäre, wie ich hoffen dürfte eindringlich, nicht aufdringlich. (Ich rede hier fast lediglich von der Darstellung moderner Menschen.) Des weiteren würde ich folgendes tun: Ich würde mich nach Empfang meiner Rolle in die darzustellende Person zu verwandeln suchen. Ich würde wochenlang in allen Situationen als sie herumgehen, d. h. in ihrer Kleidung, mit ihrem vermutlichen Gehaben, mit ihrem Charakter, ihren Gewohnheiten. Dazu gehört allerdings eine eiserne Natur, aber des Schauspielers Kunst wird nicht genug bezahlt, daß er sich wie ein Krieger mit allem nur möglichen Raffinement wider das Zerstörende seines Berufes wappnen kann, gesetzt er braucht seine Mittel zum Kampf ums Ziel und nicht zum Behagen. Hätte ich pathologische oder Verbrechernaturen darzustellen, so würde ich, wie Hermann Müller es gelegentlich tut, Irrenhäuser, und wie's Richard Vallentin vor dem Nachtasyl machte, Kaschemmen aufsuchen. Die Moskauer sollen sich wochenlang in Dörfern aufgehalten haben, bevor sie ein Stück mit Bauern spielten. Das nenne ich, auf die Eroberung des Andern, das wir nicht sind, aber der Kunst halber einmal sein wollen, losgehen; das möchte ich vielleicht mit dem Namen praktischer Dualismus bezeichnen. Mag sein, daß ich nichts von alledem täte, wenn ich Schauspieler wäre, d. h. natürlich auch meiner ganzen Veranlagung nach, nicht nur nominatim, Schauspieler; aber nun, da ich bin, was ich bin, glaube ich, ich würde das tun, wenn ich das wäre.

1907

Der Stamm einer Bergfichte ist das Urbild ruhiger, in sich gefestigter Kraft; ein gewaltiger Lebenswille, den sobald nichts zu stören oder gar zu brechen vermag, offenbart sich in ihm. Ihre Äste, Zweige und Nadeln aber strahlen mit solch äußerster Zweckmäßigkeit rings von ihm aus, stellen im Verein mit dem Stamm und den Wurzeln einen so weise der Außen- und Umwelt eingepaßten Körper dar, daß man begreift: hier liegt *die Lösung eines Problems* vor, an der vielleicht unermeßliche Zeiten gearbeitet haben.

In der Katze hast du Mißtrauen, Wollust und Egoismus, die drei Tugenden des Renaissance-Menschen nach Stendhal und anderen. Damit ist sie, ich möchte sagen, das konzentrierteste Tier. Der Hund ist dagegen gläubig, selbstlos und erotisch kulturlos. Unsere heutige Zivilisation nähert sich mehr der Stufe des Hundes. Das Christentum ist vornehmlich gegen die Katze gerichtet. Man darf nach dem allen in einigen Jahrhunderten den Menschen erwarten.

Weshalb sollte man sich nicht damit abfinden, in einer gemäßigten, sehr gemäßigten Landschaft zu leben, da man doch nur den Blick zu erheben braucht, um ins völlig Ungemäßigte zu stürzen, und nur die Gedanken, um zu fühlen wie wenig es verschlägt, im wilden Ozean des ewig Ungewissen auf einem gehobelten Brett oder einem entwurzelten Baumstamm zu treiben.

Merkwürdig, zu fühlen, wie man auf diesem seinem Erdboden nicht viel anders festgehalten wird, als jene kleinen Saugnäpfchen aus Gummi, die man an die Wand preßt, um Uhren und Schlüssel dran aufzuhängen.

Ein dunkelblauer Lampion, innen von einer Kerze erleuchtet, gegen den Nachthimmel. Vision eines geisterhaften Planeten in nächtlicher Dämmerung.

Wie ein verzweifelndes Haupt Schutz, Ruhe und Wärme in seinen Händen, auf seinen Armen sucht, so sucht Gott, der Mensch, Schutz, Ruhe und Wärme in jenem andern dumpferen Teile seines Wesens, den wir Natur nennen.
Durch die Natur beruhigt sich Gott selbst immer wieder. Wehe, wenn er als Mensch in dem unseligen Fieber der Zivilisation sich selbst als Natur zerstört haben wird.

Wenn das Individuum – wie Hebbel sagt – letzten Endes komisch ist – und es ist komisch –, so ist die Tragödie die höchste Form der Komödie.

Alle Kunstform borniert.

Kunst ist nicht ein Stück Welt im Spiegel eines Temperaments sondern – ein (Stück) Temperament im Spiegel des Bewußtseins.

Über etwas schreiben heißt, sich mit etwas überschreiben.

Denke dir immer jemanden, auf den deine Sätze durchaus nicht so Eindruck machen, wie sie's dir selber bisweilen tun, der sie vielmehr trocken und gleichgültig prüft, ja beinahe feindselig, wie ein Mensch, den jede neue Behauptung zunächst – ärgert.

Ich denke nach, welchen Dichter man einem Adler vergleichen könnte. Ibsen war die Eule in Person. Goethe war vielleicht ein Adler. War Shakespeare einer? Ich glaube, die Adler unter den Dichtern werden erst kommen: Geister, die alles Dasein zugleich mit Falkenblick erkennen und über ihm in schier unerreichbarer Höhe kreisen. Geister mit einer »Freiheit« auch von sich selbst – ...
(Der Evangelist und Apokalyptiker Johannes war ein Adler.)

Lagarde ist das stolzeste aber auch schroffste Gebirge, das ich kenne. So oft man auf ihm wandert, stürzt man in den Abgrund.

Alles Große macht sterben und auferstehn. Wer an Nietzsche und Lagarde nicht immer wieder stirbt, um an ihnen auch immer wieder aufzuerstehen, dem sind sie nie geboren worden.

Wenn du Schriftsteller bist, so schreibe jeden Tag etwas nieder, und wenn du auch nur den zehnten Teil davon aufbewahrst. Kommt dann deine produktive Periode, so wirst du, was zu zu sagen hast, mit doppelter Leichtigkeit und Anmut sagen, du wirst dann wie der Klavierspieler sein, der eines Tages zu phantasieren beginnt und merkt, daß es auf den Tasten fortan kein Hindernis mehr für ihn gibt.

Drucke jede Woche nur *Ein* Wort, *Einen* Satz auf ein quadratmetergroßes Stück Papier und du wirst mehr ausrichten, wofern du *der* bist, als mit einer Million Buchstaben in der gleichen Zeit.

In Fritz Mauthner tut der Immoralismus Nietzsches (dieser im Grunde raffinierteste Moralismus) einen weiteren entscheidenden Schritt. Der Wille zur Sauberkeit, zur Redlichkeit feiert in ihm einen – und wie alles Große grausam ist – grausamen – Triumph.
Im Übrigen: wer hier den ungeheuren sittlichen Entwickelungsprozeß, der unser ganzes geistiges Leben ist, nicht ahnungsvoll erkennen zu dürfen meint, wird sich auch nicht sagen können: Hier vollzieht sich ja im Großen nichts andres wie im Einzelnen: Persönlichkeitsentwickelung. Hier will ja irgend ein dumpf Wollender ganz ersichtlich zu immer höherer Selbstschönheit...

Man mag das Wort »Schmiere« zu seiner Bildung zum Theaterkritiker brauchen, aber es wird von wahrer Urbanität zeugen, wenn man es später jemals wieder zu brauchen – ablehnt.

Wenn es einem Kritiker Freude macht, sich einen Schaffenden im Sinne eines Schöpfers zu nennen, so soll man ihm die Freude lassen. Der liebe Gott wird dann schon einmal zu ihm sagen: »Schaffe eine Maus.« – »O nein,« wird der Kritiker antworten, »so ist nicht die Gabe meines Schaffens. Gib mir ein Nashorn oder ein Känguruh, so will ich dir sagen, was ich daran falsch und was ich daran richtig finde, und auch sonst werde ich noch manches zum Thema sagen, was vielleicht interessanter ist als das ganze Känguruh oder das ganze Nashorn.« – »Ja, ja,« wird der liebe Gott sagen, »das mag wohl sein, aber wenn ich nun so klug gewesen wäre wie du – was hätte ich dann wohl anfangen sollen? Wie hätte ich die Welt wohl aus mir heraussetzen sollen, wenn ich erst etwas bereits Herausgesetztes hätte vorfinden müssen, um mich an ihm herauszusetzen, oder, anders ausgedrückt, um daran in deiner Weise schöpferisch zu werden?«

Wenn einer vorliest! was denkst, was fühlst du da alles! ... aber weil du (auch) zuhörst, so wirst du ein Zuhörer geheißen. Als ob dich das erschöpfen könnte: »der ›Zuhörer‹ war ganz ergriffen« – O gewiß, aber vielleicht nicht bloß als Zuhörer ... Ich möchte, daß du daraus ersiehst, wie armselig es ist, wenn man dich beispielsweise im Theater einfach als »Zuschauer« bezeichnet und behandelt. Jawohl, du schaust freilich (auch) zu, aber daneben – was ist alles daneben noch möglich – was begibt sich alles in dir noch daneben. Wir sollten uns alle wider den Bann solcher Wörter sträuben. Es ist, als bände uns einer eine starre Maske mit nur einem Gesichtsausdruck vor, aber die Maske ist nur suggeriert – erwachen wir doch und erkennen, daß wir auch im Theater nicht Zuschauer allein sondern unendlich viel mehr, nämlich durch keine Bezeichnung zu erschöpfende Wesen sind, und daß wir daher auch im Theater alles erleben dürfen, was ein Mensch nur immer geistig erleben kann, und nicht nur, was ein »Zuschauer« erleben darf. Aber wir sind so über und über im Bann von Bezeichnungen, daß wir aus lauter Pflichtgefühl ihnen zu entsprechen, keinen freien Gedanken mehr zu denken wagen, und nach einem innerlich noch so reichen Theaterabend dennoch von einem verlorenen Abend reden zu müssen glauben, weil wir als »Zuschauer« nicht ganz auf die Kosten gekommen sind. –

In jedem Kunstwerk ist der Künstler selbst gegenwärtig. Wir spielen und hören *in Wahrheit* Beethoven, sehen Lionardo, lesen Goethe.

Musik – gesanggewordener Mensch und somit seine für uns vielleicht höchste Erscheinungsform. – Ein altes Bild: Der Gesang der Engel vor Gott: umgedeutet: ... Beethoven, ein Gesang Gottes vor sich selbst.

Die moderne Landschaftsmalerei (und Liebe zur Landschaft, Natur) – ein weiterer Schritt der *Erde* zur Erkenntnis und Liebe ihrer selbst.

Ein rechter Künstler schildert nie, um zu gefallen, sondern um zu – *zeigen*.

Jeder Künstler tötet zehn folgende (Dilettanten).

Ich kann mir in etwa 200 Jahren ein Drama denken, dessen Vorwurf der Kampf zwischen der Newtonschen und der Goetheschen Farbenlehre bildet. Die Farben treten auf und suchen umsonst das weiße Tageslicht in gemeinsamer Aktion zusammen hervorzubringen. Schließlich erscheint das eine weiße ungeteilte und unteilbare Sonnenlicht in Gestalt eines weißgekleideten Weibes und entlarvt dieses ganz anmaßende Unterfangen als Betrug und Selbstbetrug.

Habt das Leben bis in seine unscheinbarsten Äußerungen hinab lieb und ihr werdet bis in eure unscheinbarsten Bewegungen hinab unbewußt von ihm zeugen.

Allzuviel Lyrik frißt die gesunde Natur des Dramas an und nimmt ihm, in einem ganz hohen Sinne, seine natürliche Sittlichkeit.

Ein Buch ist nicht etwas, was ein Mensch geschrieben hat, sondern dieses Menschenmysterium selbst, ebenso wie das Musikstück, das ich heut abend von dem Nachbarhause herüberklingen hörte, kein Musikstück von Beethoven war, sondern das Mysterium Beethoven selbst.

Jedes Buch hat zwei Wirkungen, die mittelbare und die unmittelbare. Die meisten Leser spüren nur die mittelbare. Darum bleiben auch so viele Bücher Druckerschwärze auf Papier. Und doch offenbart auch noch das schlechteste Buch seinen Vater nicht bloß mittelbar, sondern auch unmittelbar: ihn selbst, die Persönlichkeit, in der Chiffre dieser Sätze unverlierbar aufbewahrt und jeden Augenblick bereit, in ihrer ganzen ursprünglichen Kraft auf uns zu wirken.

Zum Gastspiel des Moskauer Künstlertheaters.
Nicht nur das Volk, auch die Kritiker haben dem Zauber der Russen – und nicht nur Stanislawskis – nicht widerstehen können, warum wohl? Weil von den Russen das ausging, was in den Deutschen heute höchstens als Privatsache, aber nicht als Unterton ihres ganzen nationalen Lebens lebt: Liebe. Liebe zu einander, zu uns, zu ihren Dichtern, wortlose, unausgesprochene, uneingestandene aber selbstverständliche Liebe. Es gibt kein anderes Wort, höchstens daß man noch sagte: innere Religiosität. Hieraus quoll die letzte Schönheit dieser Künstler. Und zu ihr könnten auch wir uns hinankämpfen und hinanleiden, wenn wir nicht mit kaltem Kritizismus, mit Theorien, Wunsch-Luftspiegeleien aufeinander loshackten, sondern verstehend und liebend einander zu fördern, einander zu steigern, einander zu vervollkommnen suchten.

Es ist nur sehr viel leichter zu wünschen und von Großem, wie es sein müßte, zu reden, als im Gegebenen sich zu bescheiden und *die* großen Faktoren sich nutzbar zu machen, die das lebendige Leben um einen herum enthält. Da muß man freilich etwas mehr guten Willen haben und nicht gleich ungeduldig in Bausch und Bogen verwerfen, wenn man nicht just in den Punkten, in denen man gern befriedigt sein möchte, auf seine Rechnung zu kommen scheint. Eines Schauspielers Wert erschöpft sich noch lange nicht im rein Darstellerischen. Ich habe hier in Tirol Gelegenheit, viel in kleine Theater zu kommen: nun, ich ziehe meinen Hut noch tief ab vor allen möglichen Leuten, die der kaltherzige, hochfahrende, einseitige und verbildete Großstadt-Kritiker, dem die Augen fürs innere Leben und Sichfortentwickeln unseres Volkes oft nur zu sehr verschlossen sein mögen, zumeist, weil die persönliche innere Beziehung einfach nicht da ist, nicht da sein kann, vermutlich mit irgend einem Clichéausdruck wie Schmierenkomödianten abtun würde; und ich bin weit entfernt davon, diesen braven, willigen und fröhlich-unermüdlichen Soldaten der Kultur, mögen sie im Leibregiment oder in der verrufensten Garnison dienen, anders als mit einer Hochachtung zu begegnen, die mir fast immer noch irgendwo Dankbarkeit und Freude verstattet. Aber ich vergesse wohl, daß ich ein Gottseidank unverpflichteter Außenseiter bin und daß der Berufsmensch wohl unwillkürlich dem Schicksal des Spezialisten, d. i. des Einäugigen, des Monophtalmoden, verfällt. Das Eine Auge starr auf die Bühne gerichtet, sieht er alles nur in der Kunstfläche, während es in Wahrheit bis in den Urgrund der Welt hineinreichende Plastik ist, auch dies, auch diese Bühnenmenschheit da droben.

Die Luftschiffahrt wird dem religiösen Genie der Menschheit neue Nahrung geben. Zu den großen Beförderern kosmischer Stimmungen: Wald, Meer und Wüste wird nun noch der Luftraum kommen.

Wir versuchen uns an dem äußeren Bilde andrer bewohnter Gestirne wohl selten über ein gewisses Maß von Kraft und Erfolg hinaus. Und doch – Landschaft, ins Unendliche variiert! Welch eine Vorstellung!

Bemerke, wie die Tiere das Gras abrupfen. So groß ihre Mäuler auch sein mögen, sie tun der Pflanze selbst nie etwas zuleide, entwurzeln sie niemals. So handle auch der starke Mensch gegen alles, was Natur heißt, sein eigenes Geschlecht voran. Er verstehe die Kunst vom Leben zu nehmen, ohne ihm zu schaden.

Wie das Licht von der Sonne herunterfließt und jeden Grashalm herauslockt, so wie man ohne dieses Licht nicht von einem Grün sprechen könnte und von einer Blume auf der Erde ..., so würde alles innere Leben der Welt, vor allem das fortschreitende, nicht sein können, wenn nicht ein inneres geistiges Licht unentwegt hineinsegnete in die Welt, in die innere Welt der Lebewesen hinein.
In diesem hinunterfließenden Tropfen des Hohen, des Großen, des Anregenden der Welt, da weben die Abgeschiedenen, die Verstorbenen mit. Da sind sie mit darinnen.

In der übertriebenen Abneigung gegen schlechte Übersetzungen, gegen Übersetzungen überhaupt, liegt eine gewisse

Verzärteltheit. Große Originale leuchten auch aus unbeholfenen Reproduktionen unzerstörbar hervor.

Tolstoi war ein Protest des höheren Menschen wider den Menschen, wie er gemeinhin heute noch ist. Tolstoi wollte nur ganz einfache, simple Dinge. Dinge, die sich eigentlich von selbst verstehen, – für jeden anständigen Menschen.

Man fordert von Tolstoi Märtyrertum. Man sagt: Lebe wie Franziskus, stirb wie Christus. Nun, er hat sich im Jahre 1907 den Henkern seines Staates dargeboten: – »nehmt mich und führt mich hin wie jene armen Opfer, legt den eingeseiften Strick um meinen alten Hals ...«

Der große Schriftsteller hat Stil, der kleine Manier, was nicht ausschließt, daß der große auch einmal klein und der kleine groß, d. h. ein Stilist sein kann.

Maeterlinck – oder ein versetzter Konditor.

Nichts kann mich mehr aufbringen, als wie allezeit hier und dort über den Eckermann geredet wird. Immer ist ein halb mitleidiges Lächeln dabei, gleich als handle es sich um eine durchaus subalterne Natur, der es jeder seiner gönnerhaften Bespötter unvergleichlich zuvorgetan haben würde. Man hängt sich an die Einfalt mancher seiner Fragen und bedenkt nicht, daß er oft nur frug, um Goethen zu locken und anzureizen, man wirft ihm eigene Unbedeutendheit vor und übersieht die Fülle feiner Beobachtungen und Bemerkungen, die anmutigen Berichte über seine Liebhabereien, den langen Brief aus Genf und überall den Sinn und Takt fürs Wesentliche, der uns niemals mit Tagesge-

schwätz langweilt, sondern ihn fortwährend bei der Würde seiner einzigartigen Aufgabe festhält.
Laß sie sich immer überheben, würde Goethe selbst sagen, soviel ist gewiß, daß ihrer keiner mich vermocht hätte, mein inneres Leben so munter und lebendig vor ihm zu entwickeln, wie dieser liebe Junge, der wohl nicht groß war im Sinne schöpferischer Kraft, aber in seinen Maßen ein ganzer Kerl, ein Vorbild, allen denen zu empfehlen, denen es um ihre Bildung wahrhaft ernst ist, und die, da ihnen Gott die zeugende Kraft nur unvollkommen gewährt hat, im produktiven Empfangen seiner Höhe zustreben müssen und ihm damit wohl ebenso nahe kommen mögen, wie unsereins mit seinen stärkeren Mitteln und glücklicheren Voraussetzungen.

Wie kann man einem Schauspieler »die Wahrheit sagen« und zugleich den Menschen in ihm respektieren? Einfach, indem man ihn liebt. Man liebt ja Blumen, Steine, Tiere – ist der Mensch der Liebe weniger würdig? Schließt denn Erkenntnis die Liebe aus? Oder ist es nicht vielmehr so: Je mehr Erkennen, desto mehr Liebe? So daß, je mehr einer einen Schauspieler durch und durch sieht, er auch weniger und weniger imstande sein wird, richterlich von ihm zu reden. Man braucht dabei nichts zu opfern, nichts als seine eigene Unschönheit. Man kann von derselben Leistung fast wie ein Weiser reden und fast wie ein Wilder.

1910

Darum ist die Natur so tieftröstlich, weil sie schlafende Welt, traumlos schlafende Welt ist. Sie fühlt nicht Freude, nicht Schmerz, und doch lebt sie vor uns und für uns ein Leben voll Weisheit, Schönheit und Güte. So schliefen auch wir einst und zu solchem Zustand kehren auch wir einst wieder zurück, nur mit dem Unterschiede, daß dann dies ganze Über-Glück, Über-Leid uns bewußt sein wird und daß wir dann auch keine Träume mehr brauchen, weil wir die Himmel selbst offen sehen.

Schönheit »an sich«? Nein, Schönheit, die über sich hinausweist.

Die neue – die christliche – Tragödie wird überall erst möglich sein, wenn der Mensch mehr und mehr aus der Materie erwacht. Ihr Stoff wird die Tragik seiner dann endlich überschauten und klar gewordenen Entwickelung sein und ihre Größe das dann noch ganz anders, weil aus einem ungleich höheren Bewußtseins- und Verantwortungsgrund gesagte, gesungene: Trotzdem! und Ja! und O Ewigkeit! O, unsere Gottesewigkeit! ...
Ihr Geist wird aus der endlichen Erkenntnis dessen geboren werden, was der Mensch verbrochen und was er gutzumachen hat, sie wird den schauerlichen Fall des Menschen ins Ungeistige spiegeln und seine übermenschlichen Anstrengungen, Unsühnbar-Scheinendes zu sühnen, Unbezähmbar-Widerstrebendes zu überwinden, Unwiederbringlich-Verlorenes wiederzugewinnen. Erheben wird sich nach langen Geburtswehen endlich der Heerbann des Verständnisses und der Liebe, und seine Siege und Niederlagen werden fortan wie ein Ringen erwachter Götter erschüttern, wo heute der Tiefschlaf des Sondermenschlichen erst vereinzelte Ahnungen zuläßt.
Laßt uns darauf demütig warten und dazu das Unsere tun, Körnlein um Körnlein. Laßt uns dessen vertrösten in vielem Kleinkram und Wirrwarr noch unserer Tage.

In aller Literatur von heute muß man dem Seelischen nachspüren. Was der Geist heute hinzutut, hat nicht allzu viel

Wert; denn der Geist stand wohl selten auf einer bescheideneren Stufe.

Manchen Menschen würden Weihnachtskataloge, Zeitungsannoncen, und zu Mundwassern, Seife, Thermosflaschen, Petroleumöfen usw. beigepackte Erklärungen und Referate für lebenslängliche Lektüre völlig genügen.

1911

Überall, überall liegen Keime des Lebens – darum – und nun kann man auf zweierlei Weise fortfahren: – tue ja nirgends Lebendigem Abbruch! oder: sorge nicht allzusehr des Einzelnen in einem Haushalt, der so auf Schritt und Tritt Verschwendung predigt und herausfordert.

Demut ist Wärme. Alle Dinge »reden« und erschließen sich gleich ganz anders, wo ihr milder Himmel aufglänzt. Vor dem Demütigen wird die Welt sicher und vertrauend, den Demütigen empfangen, lieben und beschenken alle Dinge.

Man werfe aus der philosophischen Literatur der neueren Zeit den literarischen Jargon hinaus und man wird viel gewonnen haben.

An »Geist« fehlt es heute so wenig, daß man ihm aus dem Wege gehen muß, um nicht vom Überdruß erfaßt zu werden. Jede Zeitung, jede Zeitschrift hat etwas von einem Variété, darin Athleten, Jongleure, Akrobaten auftreten. Eine Zeit, die den intellektuellen Biceps so eifrig und coram publico übt und spielen läßt, erfüllt damit gewiß eine bestimmte bedeutende Aufgabe, aber auf die Dauer wirkt solch im Grunde von niemandem gewünschtes Massenangebot bloßer Kunstfertigkeit destruktiv.

Man kann das Theater (beispielsweise) nicht reformieren, wenn man nicht zugleich den ganzen Geist der Zeit reformiert. Es ist der Irrtum unserer Zeit, daß sie meint, man könne wesentliche Probleme aus dem Zusammenhang herauspflücken und für sich allein lösen.

1912

Dir sind die Alpen nicht hoch, nicht geheimnisvoll genug, du träumst von den Anden, vom Kaukasus, vom Himalaya. Und doch gilt es eben hier die Seele ganz zu weiten und schon hier letzte Erhabenheit zu empfinden. Sind nicht alle diese Berge gleiche Klippen der großen blauen, strahlenden Geister- und Gottes-See, auf die immer wieder hinzublikken, ja, die früher oder später mannhaft zu befahren unsere edelste Bestimmung und Freiheit ist?

Entwurf für ein Vorwort zu: »Wir fanden einen Pfad«. Man glaubt, es komme in neuen Dichtungen vor allem darauf an, daß sie gewissen vertrauten Empfindungen und Vorstellungen genügen, ja schmeicheln. Nun ist ja z. B. das, was wir Deutsche unter einem Liede verstehen, etwas ungemein Liebliches und Erfreuliches, und dieselben Menschen, die der reinen Musik, sagen wir, Mozart zuliebe, den Fortschritt, den Wagner bedeutet, Rückschritt nennen, werden für ein wirklich gelungenes Lied ...
Aber diese so sehr verständlichen und sympathischen Menschen sind in diesem Punkte Träumer und Liebhaber, an denen die Entwickelung sacht aber entschieden vorbeigehen muß. Es geht nicht an, bei einmal gewonnenen schönen

Dingen versunken stehen zu bleiben und, weil sie dem viel angefochtenen Herzen so gar wohl tun, nur immer mehr ihrer Art zu fordern; als wollte einer bloß von Blüten wissen und das weitere Werden der Frucht nur so mit in den Kauf nehmen. Gewiß, ein ewiger Frühling wäre ein holder Traum, aber zugleich das Ende unserer Welt, als welche ganz anderen Zielen denn unschuldigem Lebensgenusse zustrebt. Wir brauchen keine Kunst, deren Wesen Wiederholung ist, sondern eine, die sich weiter tastet, die dem wahrhaft Neuen, das in unsere Zeit hereinfließt (nicht *dem* Neuen freilich, das in Flugfahrzeugen oder wissenschaftlichem Aberglauben besteht), sich zu öffnen ringt, eine Kunst, die weder von den »Neutönern« akklamiert, noch auch zu guter alter Kunst gerechnet werden will, ja auch nicht zu »guter Kunst«, – denn in diesem »gut« verbirgt sich hier nichts weiter als »das, was wir lieben«, und eben das liebt diese Kunst nicht mehr.

Der Bekämpfung der Schundliteratur sollte die von fratzenhaften Reklamebildern zur Seite treten. Nur die große Trägheit in solchen Dingen nimmt hin, was hier täglich auf Plakaten und in der Presse vor Augen zu rücken gewagt wird, und achtet nicht der unausbleiblichen, schädlichen Wirkung solcher Zerrbilder auf jede, besonders aber auf jede jugendliche Seele.

Man weiß, wie wichtig es ist, Schwangeren harmonische Verhältnisse zu schaffen. Sollte es anders sein mit der Menschheit, die sich fortwährend im Zustande der Mutterschaft befindet?

Über jedem guten Buche muß das Gesicht des Lesers von Zeit zu Zeit hell werden. Die Sonne innerer Heiterkeit muß sich zuweilen von Seele zu Seele grüßen, dann ist auch im schwierigsten Falle vieles in Ordnung.

Voltaire: »Si Dieu n'existait pas, il faudrait l'inventer.« »Wenn der Gedanke an Gott die Titus, Trajane, die Antonius, die Marc Aurele hervorgebracht hat, so sind diese Beispiele zur Verteidigung meiner Sache vollkommen ausreichend und meine Sache ist die Sache der ganzen Menschheit.« Oh, ihr Wahrheits-Sucher!

Wer so wie Goethe alles Irdische überschaut, dem kann man es kaum verargen, wenn er über dem Blick auf das Ganze die Scholle, die er gerade bewohnt, manchmal vergißt, wenn ihm das Treiben der Epoche, in der er gerade lebt, gegenüber der unabsehbaren Entwickelung des Menschengeschlechts ein Eintagstreiben, ein Kinderspiel erscheint.

Wieviel wird um Brot und wie wenig als Brot geschrieben.

Beim Lesen einer Biographie Matkowskys.
Ich hoffte vergebens etwas vom Menschen Matkowsky und seiner innersten Stellung zur Welt zu finden.
Glaubt man wirklich, daß von einem Menschen irgend etwas gegeben sei, wenn nur Außenseite gezeigt wird? Oder hätte es keinen Sinn bei Persönlichkeiten wie Kainz, Mittwanger, Matkowsky und anderen nachzuforschen und aufzuspüren, wie sie zu allen ewigen Dingen standen? Wie ist es in einem biographisierenden Buche möglich, über diese Hauptsache auch nicht ein Sterbenswörtchen zu verlieren?

1913

Auch der Baum, auch die Blume warten nicht bloß auf unsere Erkenntnis. Sie werben mit ihrer Schönheit und Weisheit aller Enden um unser Verständnis.

Hast du noch nie empfunden: es muß anders werden! Wenn du z. B. im Wald saßest und die lieben Bäume und Gräser um dich herum sahest, von denen dich doch so ein Weltabgrund der Nichterkenntnis schied! Was waren sie eigentlich, wo war ihre Seele, wo war der Punkt, in dem ihr euch brüderlich treffen konntet, nicht nur in dumpfer Liebe von deiner Seite, sondern euch gleichsam ins gottgeschwisterliche Auge schauend? Wäre es nicht unsinnig, wenn es in einer Welt, so weit und verschwenderisch angelegt, immer so bliebe, nie anders würde? Muß es nicht anders werden? Und löst diese Not und Notwendigkeit nicht etwas in dir, das sagt: Ja, es muß besser werden, und ich will Tag um Tag dem Geist und den Geistern der Dinge entgegengehen, sind sie doch gewiß auch schon längst auf dem Wege zu mir.

Alle Liebe zu Tolstoi wird doch nur eine andere Liebe noch steigern: die zu – Dostojewski.

Schriftstellerei ist heute vielfach nicht wichtiger zu nehmen, als daß, sagen wir, heute jedermann Kakao trinken kann, während es früher nur die Reichen konnten.

Im Spiegelkerker

Lebensweisheiten

Der Schmerz über das, was wir an der Welt verfehlen und von dem sie gemeiniglich nichts weiß, kommt ihr wieder aus der Reife unseres Charakters.

Man kann wohl sagen, daß das Geschlecht zwei Drittel aller möglichen Geistigkeit auffrißt.

Das ist meine allerschlimmste Erfahrung: Der Schmerz macht die meisten Menschen nicht groß, sondern klein.

Wer Dinge verspottet, an die ein guter Geschmack längst nicht mehr rührt, wird selbst Gegenstand des Spottes, ja der Verachtung.

Wahrheit ist eine Sache des Temperamentes, darum kann man Wahrheit nicht lehren, nur zeugen.

Spannung ist alles und Entladung. Und höchste Lebensweisheit, seine Spannung immer richtig zu entladen.

Wie sollte man wohl leben, wenn man nicht fortwährend bei sich wie bei den andern hunderterlei Krumm gerade sein ließe.

Jede gründliche Erfahrung muß mit eignem Leben bezahlt werden – und fremdem.

Es gibt in Wahrheit kein letztes Verständnis ohne Liebe.

Das sind die zwei Blumen des Lebens: Das Schaffen und die Liebe. Und nie wird wohl jemand ergründen, ob Gott sich als Welt schafft um der Liebe willen oder ob er liebt um des Schaffens willen.

Es gibt keine »toten« Gegenstände. Jeder Gegenstand ist eine Lebensäußerung, die weiterwirkt und ihre Ansprüche geltend macht wie ein gegenwärtig Lebendiges.

Geben und Nehmen, ein Gesetz aller Entwickelung.

Der Weise verzichtet auf alles, worauf sich irgend verzichten läßt; denn er weiß, daß jedes Ding eine Wolke von Unfrieden um sich hat.

Lesen-Können, – darauf läuft schließlich alles hinaus.

Überall dem Selbstverständlichen zum Wort verhelfen – das ist ein großes Geheimnis.

Jeder muß sich selbst austrinken wie einen Kelch.

Der geschäftige Clown im Zirkus, der den Teppich »mit aufrollen hilft« – ein Bild, das einem tausendfach aus dem Leben wiederkommt.

In vielen Fällen wäre der gerade Weg der kürzeste – zum Verderben.

Lachen und Lächeln sind Tor und Pforte, durch die viel Gutes in den Menschen hineinhuschen kann.

Was wäre wohl aus der Welt geworden, wenn alle zum Mitschaffen Aufgerufenen immer gleich »schnurstracks« auf ihr Ziel losgegangen wären. Alle Weisheit ist langsam, alles Schaffen ist umständlich.

Nur in Versuchungen immer wieder fallend, erheben wir uns.

Psychologisches / Sprache / Erkennen

1905

Meine Natur hat sich von früh auf mit Apathie beholfen. Diese Langsamkeit zu reagieren hat alles, was auf mich einbrach, auf eine breitere Fläche verteilt, und was mir in einer Stunde unzweifelhaft den Atem abgeschnürt hätte, wurde mir so in Tagen und Wochen zu einem dumpfen Druck, der mein Leben nicht eben zerstörte, aber langsam und sicher ermattete.

Zur Ehe: Ein Ballon captif kann den Himmel nicht erfliegen.

Es gibt Menschen, die sich immer angegriffen wähnen, wenn jemand eine Meinung ausspricht.

Über den Wassern deiner Seele schwebt unaufhörlich ein dunkler Vogel: Unruhe.

Es gibt keine Seele, die nicht ihr Wattenmeer hätte, in dem zu Zeiten der Ebbe jedermann spazierengehen kann.

Mir macht es oft Mühe, deine Gedanken zu denken, aber du wirst niemals meine Empfindungen haben.

Das schwer Übersichtliche, das nicht recht Durchdringliche – damit lockt uns das Leben selbst immer weiter und damit lockt auch der platteste Betrüger noch – und gewinnt.

Das Geheimnisvolle ist schlechtweg der sicherste Reiz an den Dingen. Z. B. ein altes Haus, eine Landschaft, die mehr noch verbirgt als zeigt. Ibsen hat darum von jeher gewußt. (Vielleicht zu sehr *gewußt.*) Es ist eine Art Dämmerluft um die Dinge. Wie mystisch wirken z. B. nachts die Häuser einer Stadt. Solch ein Haus mag noch so häßlich sein, nachts wirkt es mit dem ganzen Zauber eines unbegreiflichen Behältnisses unbegreiflicher Wesen, die namenlos und unerklärlich geworden sind, wie es selbst.

Möglichst viel Glück sagt man. Aber wie, wenn die höchste Glücksempfindung einen Menschen voraussetzte, der auch Allertiefstes *gelitten* haben muß? Wenn Glücksgefühl überhaupt erst möglich wäre in einem durch Lust *und* Unlust gereiften Herzen? Wer möglichst viel Glücksmöglichkeiten fordert, muß auch möglichst viel Unglück fordern oder er negiert ihre Grundbedingungen.

Man sieht oft etwas hundert Mal, tausend Mal, ehe man es zum allerersten Mal wirklich *sieht.*

Ich trage keine Schätze in mir, ich habe nur die Kraft, vieles, was ich berühre, in etwas von Wert zu verwandeln. Ich habe keine Tiefe, als meinen unaufhörlichen Trieb zur Tiefe.

Ein jeder sollte erst seine Grenzen anzugeben suchen, soweit er sie selbst erkennen kann, um darauf umso freier und unbefangener seine Beobachtungen und Meinungen niederzulegen.

Die Menschen haben sich daran gewöhnt, von hinten nach vorn, statt von vorn nach hinten zu denken.

1906

Das ist das Ärgste, was einem Menschen geschehen kann, aus einem Fließenden ein Starrer (ja auch nur ein Stockender) zu werden. Das erkennt mancher und nährt Friedlosigkeit in sich oder unaufhörlichen Zweifel (so tat ich es), oder er ergibt sich einem Streben nach fast Unmöglichem, Ungeheurem. Manche aber überlassen sich ihrer natürlichen Liebe zu Welt und Mensch und damit geraten sie denn bald in die Strömung unendlichen Lebens, werden hineingerissen in den ewigen Zusammenhang aller Dinge, in dem es keinen Stillstand gibt.

Es ist das Unglück, daß Würde und Feinheit von Gedanken oft von den Raumverhältnissen eines Zimmers, einer beglückenden Fensteraussicht, einem gewissen Maß von Licht und Farbe abhängig sind, so daß einer, der sein Leben lang in einer Art von länglichen Schachteln gehaust hat und eines Tages ein edel proportioniertes Gemach betritt, sich zu glauben geneigt findet, wieviel er vielleicht allein durch den Charakter seiner Wohnräume geistig verloren haben könnte.

Es ist ein wahres Glück, daß der liebe Gott die Fliegen nicht so groß wie die Elefanten gemacht hat, sonst würde uns, sie zu töten, viel mehr Mühe machen und auch weit mehr Gewissensbisse.

Tiefstes Problem des modernen – also wesentlich häßlichen, irgendwie verbogenen, schlecht weggekommenen –

Menschen: Wie kann Schönes aus Unschönem kommen? Wie Vollkommenheit aus Unvollkommenem? – Alles ist Ausdruck. Kein Mensch kann Schöneres, Vollkommeneres geben, als er selbst ist. Unser ganzes geistiges Leben ist kein Weg von uns anders wohin, sondern einfach wir selbst.

Es gibt nichts Degoutableres, als fortwährend von sich als Person zu reden (außer zu bestimmten Zwecken), oder über sich reden hören zu müssen. Daher ist es so kläglich, krank zu sein; ein Zustand, in dem dieses Reden und Beredetwerden fast unvermeidlich ist.

Einander kennenlernen, heißt lernen, wie fremd man einander ist.

Es ist gut, daß wir Spiegel haben. Daß wir für gewöhnlich unsere eigene Miene nicht sehen, ist eines der unheimlichsten Dinge, die es gibt.

Wir spielen unsere Gedanken gegeneinander aus, in Wirklichkeit unsere Temperamente.

Alles Sagen ist ein dem andern in sich Sagen, und der sagt's.

Man verliebt sich oft nur in einen Zustand des andern, in seine Heiterkeit oder in seine Schwermut. Schwindet dieser Zustand dann, so ist damit auch der feine besondere Reiz jenes Menschen geschwunden. Daher die vielen Enttäuschungen.

Wir sind alle Besessene, man muß das Wort nur wörtlich genug verstehen. Aber zugleich können wir auch Mehrer dieses uralten Besitzstandes sein, den wir »unsern Geist« nennen, zugleich auch Besitzergreifende.

Die Forderung möglichster Klarheit in allen Dingen, die wir andern gegenüber so gern geltend machen, entspringt vornehmlich dem Unbehagen, das uns alles nicht völlig Verstandene als etwas von uns nicht völlig Beherrschtes einflößt. Es ist der ewige Kummer der Durchschnittsintelligenz, daß es auch außerhalb ihres Begriffsvermögens noch Geistigkeit gibt.

Der Geist legt den Charakter des Menschen auseinander in seine Teile, aber diese Teile gibt es in Wirklichkeit nicht.

Die Ruhe vor dem Tode, das Entsetzen vor dem Tode – wie erklärlich von der Seele, die ihre – zum mindesten nächste – Zukunft voraussieht.

Man müßte neue Interpunktionen erfinden, die gewissen Willensrichtungen entsprächen: z. B. Die Fortsetzung davon <: (in dem Sinne von: Die Fortsetzung davon *müßte sein*), als Optativzeichen = (man) müßte, sollte haben, sein usw. Die Umkehrung: > = dürfte *nicht* sein, sollte *nicht* sein.

Erst das Wort reißt Klüfte auf, die es in Wirklichkeit nicht gibt. Sprache ist in unsere termini zerklüftete Wirklichkeit.

Der Ausdruck »Lieber Gott«, über den schon Nietzsche spottete, mußte in der Tat dem Deutschen zu erfinden aufgespart bleiben. Es sollte ihm nur einmal aufgehen, wie er sich selbst damit den Blick für die unaussprechliche Gewaltigkeit und Fürchterlichkeit des Weltganzen verdirbt, wenn er dessen höchster Personifikation das vertrauliche Wörtchen »lieb« voransetzt.

Unter bürgerlich verstehe ich das, worin sich der Mensch bisher geborgen gefühlt hat. Bürgerlich ist vor allem unsere Sprache: Sie zu entbürgerlichen die vornehmste Aufgabe der Zukunft.

Es gibt gewisse Ausdrucksweisen von seltener distanzierter Schönheit und Vornehmheit, die nur zwischen dem fremden Sie und dem vertrauten Du möglich sind: in jenen köstlichsten Zwischenstadien der aufblühenden Liebe, wo das Herz schon Du sagt und der Mund noch Sie.

Bedeutet es schließlich etwas, seine Kniee und Füße anblikken zu können? Und doch kannst du es nur solange, als du in dir lebst.

Es gibt einen Gedanken, der unsere ganze Lebensführung und Betrachtung verändern würde: die Gewißheit unserer Unzerstörbarkeit durch den Tod.

Nur der Erkennende lebt.

Ich darf wohl sagen: Ich liebe die Wissenschaft von Grund aus und hasse alle Schwarmgeisterei. Eine Wissenschaft aber, die vergißt, daß sie eine seltene, wunderbare Blume auf dem Boden des Mysteriums ist, ja, die vergißt, daß sie selbst Mysterium ist, sie fällt mit der übelsten Schwarmgeisterei in eins zusammen, sie ist im Tiefsten inferior, allein schon rein intellektuell genommen.

Die Wissenschaft ist nur eine Episode der Religion. Und nicht einmal eine wesentliche.

Jedesmal wieder, wenn man so recht in die »Welt« hineindenkt, kommen einem alle menschlichen Gedanken darüber vor wie Kinderstammeln, was sage ich, wie Bewegungen von Insekten, die von der Spitze ihres Grashalms in die Luft hinaustasten. Und das gilt nicht nur von gewöhnlichen Gedanken, das gilt ebenso von den tiefsten Gedanken unserer fähigsten Köpfe. Nur daß wir durch unsere Sinne die Welt so vereinfacht – besser vielleicht von einem Unendlichfachen auf ein Fünffaches gebracht – haben, ermöglicht uns, in ihr mit so festen Schritten zu wandeln; nur daß wir meinen, »die Welt« in Wahrheit vor uns zu haben, wie ein gewaltiges Gemälde, das – wenn auch nur im Großen – so sei, wie wir es sehen, ermöglicht den ganzen Schatz menschlich-bürgerlichen Hochgefühls, die Freudigkeit des Tatmenschen, den tragischen Stolz des Philosophen, die königlichen Empfindungen des Künstlers. Unsere Armut ist es, die uns reich macht, unsere Beschränktheit, der wir das Gefühl unbeschränkter Entwickelungsfähigkeit verdanken. Aber umsonst. Irgend einmal und dann immer wieder wird – wenn auch nur blitzartig – die Armut als Armut, die Beschränktheit als Beschränktheit erkannt, die großartige Illusion zerreißt und die Geschichte der Erde und seines Bewohners entpuppt sich in der Riesensaison des »Universums« als – bürgerliches Schauspiel, eines unter unzähligen, Verfasser unbekannt, Wert indifferent.

Das Urbuch der Welt wird mit sympathetischer Tinte geschrieben.

Nur im vorbereiteten Herzen kann ein neuer Gedanke Wurzel fassen und groß werden. Sich vorbereiten, sich zubereiten, den Acker lockern für das beste Korn, ist alles.

Es gibt kein größeres Hindernis, zur Wahrheit zu gelangen, als – schreiben zu können. Vergiß deinen Stil, vergiß allen Stil, überlaß dich ganz dem Rhythmus der inneren Stimme, überlaß alle »Kunst« denen, die mehr Künstler sind als Wahrheitssucher.

»Totentanz« ist gar kein Thema. Man sollte zeichnen und malen, wie das Weib den Mann in den großen Mischmasch hineinzieht. Unten sollte man die breite Bettelsuppe des heutigen Lebens hinmalen, und in diese Suppe hineinführend eine unabsehbare Kette von Weib und Mann, immer das Weib voraus, mit tausend Gebärden, von der unschuldigsten bis zur lasterhaftesten. Die Männer, auf die es ankommt, wollen schaffen, sie wollen die Welt vorwärtsbewegen; das Weib aber will vor allem wohnen. Ihm genügt das Gegenwärtige vollkommen, und es glaubt sich völlig gerechtfertigt, wenn es der Zukunft in Form von Kindern dient. Es ist die, trotz der bekannten Unbilden bequemste Art, den Fortschritt der Menschheit zu fördern: man stellt ein Kind, d. h. man beschränkt sich darauf, die Aufgabe weiterzugeben, einen Dritten vorzuschieben. Solange die Frauen das nicht begriffen haben, nämlich, daß es neben ihrem üblichen häuslichen Ideal auch noch andere größere Kulturideale geben könnte, wird die Menschheit nicht entscheidend vorwärtsrücken. Und deshalb liebe ich die Russen und Skandinavier so sehr, denn dort findet man heute noch am ersten Frauen, die nicht nur Sinn für sich, sondern auch Sinn für den Mann haben, die ihn wirklich wie Kameraden unterstützen, und nicht nur als gesetzliche Konkubinen zum obersten Haussklaven machen wollen.

In der Bewunderung manch eines Menschen liegt etwas Schamloses. Sein »Wie schön ist das! Wie schön ist das« ist nichts andres als ein »Wie wohl fühle ich mich, wie wohl fühle ich mich!« Das aber brauchte er nicht fortwährend in die Welt hinauszuempfindeln. (Im »nil admirari« liegt doch immerhin ein ganzes Teil Selbstzucht und Takt.)

Es ist eines der merkwürdigsten Dinge der Welt, daß man eine Seite und mehr lesen kann und dabei an ganz etwas anderes denken.

Im Grunde spricht sich wohl in allen Forderungen, die der Mensch an seine Gattung stellt, nur der Wunsch des Menschen nach größerer und feinerer Behaglichkeit des persönlichen wie sozialen Lebens aus: Der Mensch will wohl endlich soweit kommen wie die Blumen und die Bäume: ruhig leben und sterben zu dürfen. Zweifellos wünschen sich die meisten Menschen nichts Besseres.

Ironisches Gebot:
Wenn du gereizt bist, so wirf die Tür hinter dir zu, das erweckt allgemein Furcht.

Je tiefer einer wird, desto einsamer wird er; aber nicht nur das; desto mehr lassen ihn selbst seine treusten Freunde allein – aus Zartgefühl, Schamgefühl, Liebe, Ehrfurcht, Verlegenheit, Hochachtung, Scheu, kurz, aus den allerbesten Gründen und mit dem unanfechtbarsten Takt des Herzens.

Viele der Feinsten gehen in sich gekehrt durchs Leben, weil sie es nicht ertrügen, von andern überlegen betrachtet zu werden. Sie fürchten die Verwundung ihres Stolzes, den Verlust ihres Machtgefühls, sie ziehen es vor, in ihren vier Wänden die Ersten zu sein, statt auf dem Markte die Zweiten. Aber manch einen macht solch heimliches Schatzhütertum auch bitter und hochfahrend. Immer lauter muß er bei sich Stolz nennen, was im Grunde vor allem Furcht ist, um schließlich, statt der Verschwender, der giftige Drache seines Horts zu werden, der alle Welt ob ihrer Armut verachtet.

Vorsehung – Ich kann mir wohl denken, daß in einem genialen Menschen auch ein geniales oder un- oder unterbewußtes Sich-Vorsehen waltet, so wie einer im Traumwandeln dem überall drohenden Tode instinktiv ausweicht. Napoleon im Kugelregen.

Phantasie ist ein Göttergeschenk, aber Mangel an Phantasie auch. Ich behaupte, ohne diesen Mangel würde die Menschheit den Mut zum Weiterexistieren längst verloren haben.

»Ewiger« Schnee, welch ein gütiges, liebenswertes Wort! Lassen wir es *ja* stehen, der Wissenschaft zum Trotz, der guten alten Zeit zur Ehre.

Gestorbenes Wort: Zufall.

Prüfe gelegentlich deine Adjektiva nach.

Statt sehr geehrter Herr! könnte man doch viel einfacher schreiben: 5 e! Und statt hochachtungsvoll: 2 o.

Das tränensäcksische a.

Gewöhnen wir uns den Superlativismus ab. Schreiben wir nicht mehr geehrtest, ergebenst, achtungsvollst, herzlichst und schönst. Schließen wir nicht mit tausend Grüßen, sondern mit gar keinem; denn ein Brief, der den Namen verdient, ist doch an sich schon der Gruß. Umarmen wir uns auch nicht mehr brieflich – ich rede natürlich hier stets nur vom Briefwechsel unter Männern –; wenn ich schreibe: ich umarme Dich, so male ich damit ein Bild, so wird durch die Niederschrift aus einer im Leben spontanen Handlung eine starre Pose. Seien wir nicht so gedankenlos gerade in Herzenssachen.

Beim Dialekt fängt die gesprochene Sprache erst an.

Der österreichische Dialekt ist darum so hübsch, weil die Rede beständig zwischen Sichgehenlassen und Sichzusammennehmen hin und her spielt. Er gestattet damit einen durch nichts andres ersetzbaren Reichtum der Stimmungswiedergabe.

Die meisten Menschen sprechen nicht, zitieren nur. Man könnte ruhig fast alles, was sie sagen, in Anführungsstriche setzen; denn es ist überkommen, nicht im Augenblick des Entstehens geboren.

Man mag sagen, was man will, die Menschen tun so und so oft auch nichts anderes als – bellen, gackern, krähen, mekkern usw. Verfolge nur einmal die Tischgespräche einer Kneipe, die Ausrufe eines Wirts, der Kellner, der Kartenspieler, kurz, all das Geschwätz, was nichts weiter ist noch sein will als Essen, Trinken, Schlafen oder irgend eine sonstige einfache Lebensäußerung.

Ich mag Worte wie gleichwohl oder immerhin gern leiden; denn sie erlauben, nach etwas Abfälligem noch eine Menge Anerkennendes zu sagen.

Welche und derselbe sind durch unsere besten Prosaiker hundertmal geheiligte Wörter, welche die modische Abneigung der »Jetztzeit« ertragen können. *Derselbe,* dagegen sich heute der überlegene Spott noch des armseligsten Skribenten richtet, ist nicht schlechter und nicht besser als eine Unmenge anderer deutscher Wörter. Dem Stilisten bedeutet jedes Wort solcher Art eine Möglichkeit mehr, und dem papierdeutschfeindlichen Sprachreiniger kann nicht entgehen, daß just dieses derselbe in Mundarten – man denke an z. B. selch, sell, dersöll – ein höchst lebendiges Dasein führt.

Gott ist nur ein Wort für »sich«. Das Tier hat keines dieser beiden Worte. Es ist wortlos sowohl Ich wie Gott, das Wort erst spaltet das Leben in Ich und Gott.

Kritik der Sprache ist zuletzt auch nur ein Gesellschaftsspiel. Es gibt kein Wort, das außerhalb der Sprache noch irgendwelchen Sinn ergäbe. Wer sich außerhalb der Sprache setzen möchte, findet keinen Stuhl mehr. Er kann nicht einmal mehr sagen: nun weiß ich wenigstens, daß Wissen Unmöglichkeit ist. »Wissen« ist so gut eine Spielmünze, wie »sein«, wie »Unmöglichkeit«, wie »Sprache«, wie »außerhalb«. Es ist dafür gesorgt, daß wir die »Welt« nicht in die Luft sprengen. Ich nenne diese widerspruchslose Ohnmacht in Dingen wirklicher, nicht nur scheinbarer Erkenntnis manchmal bei mir: die Selbstversicherung Gottes. Sie ist eines Gottes würdig.

»Er gibt Frieden« (schreibt Amiel) »und das Gefühl des Unendlichen«. Welche Zusammenstellung, nur daraus erklärlich, daß der Begriff des Unendlichen noch nie erlebt wurde. So können Menschen Jahrhunderte lang ein Wort voller Pathos brauchen, ohne je von seiner ganzen Bedeutung ergriffen worden zu sein, ja, ich behaupte, manche Worte können nur solange gebraucht werden, als ihr möglicher Sinn nicht völlig zu Ende gedacht wird. Wer »Gott« siehet, stirbt.

Philosophien sind Schwimmgürtel, gefügt aus dem Kork der Sprache.

Große geschriebene Worte sind vergeistigter Zeugungsakt in perpetuum.

Die schlimmste Folge demokratischer Anschauungsweise ist, daß nun auch die Worte alle »gleich« gewertet werden. Und doch ist jedes Wort in dem Augenblick, wo es gedacht, gesprochen, geschrieben wird, ein Individuum für sich und nicht einmal demselben – vor oder nachher geborenen – Wort desselben Mundes, desselben Gehirns je irgendwie gleich. Wenn einer sagt: ich glaube dies und das, und sein Nachbar hört das, so kann das sein, als ob der eine sagte: Himalaya, und der andre hörte: Schneehaufen.

Wunder ist ein Orientierungsbegriff wie tausend andre. Wird dieser Begriff mehr und mehr aus der Welt geschafft, so heißt das nichts weiter als: wir brauchen diesen Orientierungsbegriff nicht mehr, er ist für uns aufgegangen in den Begriff Entwickelung.
Wunder nannte man einst alles Übernatürliche. Da man heute übereingekommen ist, alles überhaupt Mögliche dem Begriffe Natur unterzuordnen, gibt es nichts Übernatürliches, also auch kein Wunder mehr. Aber Natur ist auch nur ein heuristischer Begriff und wer sich in der Zwangsjacke eben dieser Begriffe nicht wohl fühlt, wird ihn abermals entthronen und das alte Wort Wunder – vielleicht auf lateinisch als »Mysterium« – in einem neuen größeren Sinne über ihn setzen. Worte, Worte! Wird man nie begreifen, daß Worte nur Entscheidungen sind, nicht Erkenntnisse?

Es ist eine sehr geistreiche (!) Forderung, die »Natur« auf »natürliche« Weise erklärt sehen zu wollen.

In Spinoza ist ein Maß von Geistigkeit Erscheinung geworden, das geöffnete Naturen mit erhabenem Glück erfüllt... Heißt nicht am Ende höchste Wahrheit soviel wie auf anderen Gebieten feinste Glückbefriedigung? Und wäre auch der Gang aller Philosophie vielleicht nur ein Gang zu immer höherer geistiger Schönheit – da sich alles Geistige fortwährend umsetzt, zu immer höherer allgemein-menschlicher Entwickelung?

A. Wenn jemand von einer Philosophie der Ameisen reden würde, so möchte er wohl fröhlichem Lachen begegnen. Aber ist die Philosophie der Menschen wirklich etwas so sehr, sehr anderes, als es eine Philosophie der Ameisen wäre? Stelle dir nur an einem schönen Sommerabend den Erdball und das Leben auf seiner Oberfläche vor!
B. Ja ja, mein Lieber, wenn es die Menschen nur nicht zu dem einen Gedanken gebracht hätte: alles ist mir nur insoweit bekannt, als es meine Vorstellung ist. Dieser Gedanke, der ihm alles zu nehmen scheint, gibt ihm zugleich das Recht, sich selbst dem Sternenhimmel gegenüber zu behaupten, denn das Bewußtsein, daß alles, was er da erkennt, nur ein Bild in ihm ist, ja, noch mehr, daß dies »er selbst« nur ein Bild – soll er sagen sein Bild? – ist, erlaubt ihm, deinem Ameisengleichnis den Stachel zu nehmen, so gut, wie dem Eindruck gestirnter Ewigkeit. Die Rechnung steht nun für ihn so: Auf der einen Seite »alles Seiende« als Bild. Auf der andern das, welches »all dies Seiende zusamt sich selbst« – als Bild empfindet. –
Wir sind wieder da, wo jeder zuletzt hinkommt, und was ich beim Lesen Meister Ekkeharts einmal so formulierte: Gott ist ein Subtraktionsexempel.

Betrachte den Fühler dieses feingliedrigen Käfers. Was ist der Mensch anderes als solch ein Fühler, von unbekannter Urkraft ausgestreckt, tastend sich über die Dinge zu unterrichten suchend, zuletzt forschend zurückgekrümmt auf sich selbst –? Der Mensch, ein Taster Gottes nach Sich selbst.

Wenn der alte Atlas unser Wissen um die Welt, die er auf seinen Schultern trug, gehabt hätte, er wäre ebenso unter ihrer Last zusammengebrochen wie dieser moderne Atlas, der die Welt über die Brücke von Mensch zu Übermensch tragen wollte.

Ich lese mit Erschütterung in Hegel, an dem ich immer vorbeigegangen war. Zwei Dinge hielten einst schon den Studenten ab, Hegeln eine unbestimmte geheime Neigung zu entziehen: Seine überlebensgroße Büste, die ihm am Kastanienwäldchen hinter der Berliner Universität manchen bedeutenden Augenblick schuf, und das über ihn umlaufende Wort: niemand habe Hegeln zuletzt mehr verstanden, nicht einmal er selbst. Ich halte den nämlich nicht für den Träger und Offenbarer höchster Erkenntnisse, der diese Erkenntnis ein für alle Mal »versteht«. Das Höchste vermag der menschliche Geist auch nur in höchsten Momenten zu leisten, und manchmal ist es nur ein Blitz, der die Tiefe der Welt sekundenlang aufreißt.

Wogegen ich mich vor allem richte, das ist die Bürgerlichkeit so vieler bisheriger Philosophie. Es fehlt mir darin zu sehr an jener Überwältigung des menschlichen Geistes durch das, was ihn wohl überwältigen darf: die nicht nur rechnerisch gebrauchten, sondern innerlich erlebten Vorstellungen von Ewigkeit und Unendlichkeit. Für mich beginnt Philosophie hart vor dem Wahnsinn, sonst ist sie ein Handwerk wie andre auch. Und sie muß immer wieder bis hart an den Wahnsinn führen, das ist beinahe eine Forderung der Sittlichkeit philosophischen Denkens, da es sonst einen Mangel an Leidenschaft zu bedenklich verrät. Ohne Leidenschaft aber ist jede Tätigkeit großen Stiles, so erhaben sie sich auch geben mag, gemein.

Sei nur Skeptiker, es gibt keinen besseren Weg als den fortwährenden Zweifelns. Denn nur, wer die Relativität jeder Meinung eingesehen hat, sieht zuletzt auch die Relativität dieser Einsicht ein – und schwingt sich endlich vom letzten Erdenwort in – Sich selbst zurück.

Wenn ich wüßte, welches Wort der Erde keine Vorstellung enthielte, so würde ich es dazu gebrauchen, das Wort Vorstellung zu überwinden. Aber dieses Wort Vorstellung bleibt zuletzt als einziges auf dem obersten Siebe liegen, das alle andern passiert haben.
Nur glaube man nicht, damit etwas anfangen zu können. Denn wenn ich sage: Die Welt ist meine Vorstellung, so sage ich damit nichts andres als: eine Vorstellung ist meine Vorstellung. Es gibt keinen Weg hinaus, es gibt nur einen Weg hinein.

Das menschliche Denken ist wie eine trübe Flüssigkeit, die sich im Lauf der Jahrhunderte langsam klärt. Nach immer mehr Erklärung trachtet der Geist, aber das Ergebnis ist nur immer mehr – Klärung. Und zuletzt wird das Denken schön geworden sein, wie klarer Honig, klares Wasser, klare Luft.

Lichtenberg's Bemerkung, die docta ignorantia mache weniger Schande als die indocta, scheint mir das Erschöpfendste, was über das Problem der Wissenschaften gesagt werden kann.

Nicht nur der Weg nach der Wahrheit scheint mehr wert als die Wahrheit selbst, um Lessingsch zu reden; noch wertvoller als der Weg selbst scheint der Wille zu solch einem Wege.

Wer sich an Kant hält, dem muß alle Metaphysik erscheinen wie das hartnäckige Surren einer großen Fliege an einem festgeschlossenen Fenster. Überall wird das Tier einen Durchlaß vermuten und nirgends gewährt die unerbittliche Scheibe etwas anderes als – Durchsicht.

Der Optimist erwartet alles von sich und seinen »Bestrebungen«; der Pessimist oder, um ein Wort von Kierkegaard zu gebrauchen, der Mensch, der verzweifelt, erwartet nichts. Er weiß, er mag tun, was er will, er wird niemals zureichen. Weder wird er sich je selbst, noch wird die übrige Menschenwelt ihm je genügen können. Denn eben dadurch, daß alles *vor*wärts strebt, unterschlägt es, *ein*wärts zu streben. Alles Vorwärts der Menschheit geht auf Kosten ihres Einwärts. »Größtmögliche Glückseligkeit der größtmöglichen Anzahl« heißt nichts anderes, als möglichst viele Menschen um den eigentlichen Sinn ihres Lebens betrügen zu wollen, als welcher ist: daß ein Mensch im Gegebenen sich selbst zu vollenden trachte. Der Optimismus mag dazu nützlich sein, immer wieder veränderte Bedingungen zu schaffen, den Menschen und immer wieder neuen Menschen Gelegenheit zu bieten, sich als ihre Hauptaufgabe zu betrachten (sich – und nicht irgendeinen allgemeinen Fortschritt zu irgendeiner allgemeinen Glückseligkeit). Aber sein Schaden ist größer als sein Nutzen; denn er verschiebt damit nur die Lösung der menschlichen Aufgabe von einer Generation auf die andere.

1908

Manche Menschen machen sich vor andern so klein wie möglich, um – größer als diese zu bleiben.

Mein Satz: Dummheit als absolut notwendiges Retardivum.

Wie wohl kann das Geräusch einer Säge oder einer arbeitenden Lokomotive tun, ein Hämmern, ein Türenschlagen, ja selbst ein Wagenrasseln, wenn man wund und weh daliegt und nach einfachen kräftigen Grüßen des Lebens hungert.

Wahrlich eine verderbliche Lehre: es sei die Bestimmung

des Weibes, Gattin oder Mutter zu werden. Damit wird das Weib als Mensch, als Individuum völlig ausgeschaltet, als hätte es an sich überhaupt keinen Wert, keinen Sinn, keine Entwickelungsmöglichkeiten, habe überhaupt nur in Beziehung auf Gatten und Kind Existenzberechtigung. Möchten sich doch alle darüber klarwerden, daß wir außer Männchen und Weibchen auch noch *Menschen* sind.

Die gleichen Worte sind einander *nicht* gleich. Es gibt keine Tautologie. Sondern alles ist pro – cessus.

Es gibt gar keine Worte, die bloß Worte wären. Sondern jedes Wort ist von vornherein ein – höchst individuelles – *Urteil.* Man glaubt, a sei gleich a. Eine vollkommene Ungeheuerlichkeit.

Wer konversiert, der *spricht* nicht.

Gingganz ist einfach ein deutsches Wort für Ideologie.

1909

Ein gewisses Maß von Schelten gehört wohl zum Leben. Schelten in seiner sublimiertesten Gestalt, als philosophischer, ja als religiöser Pessimismus, dürfte ebenso nur eine Art von Ventilierung sein, wie der mehr oder minder gerechtfertigte Ärger des Eintags. Alles in Allem möchte hier ein Zuchtproblem vorliegen, das nur selten gelöst werden wird; wenn nämlich dies ganz große Zucht (also ganz großer Stil) ist: ein leidenschaftlich empfindsamer Geist und doch zugleich ein *Weiser* zu sein.

Darum können Zeitungen so sehr schaden, weil sie den Geist so unsäglich dezentrieren, recht eigentlich zer-streuen.

Wer sich überhebt, verrät, daß er noch nicht genug nachgedacht hat.

Vielen ist Reisen ein Ersatz für Leben. Es gibt oft nichts Schmerzlicheres, als solches zu erkennen.

Wenn die Mehrzahl der Menschen das Kleine nicht so viel wichtiger nähmen als das Große, würde das Große nie auf seine Rechnung kommen. Wenn der Mensch sich mehr um den Himmel als um die Erde kümmerte, würde nicht nur die Erde, sondern auch der Himmel verkümmern. Der Geist ist nicht umsonst in die Materie herabgestiegen.

Wie ist jede – aber auch jede Sprache schön, wenn in ihr nicht nur geschwätzt, sondern gesagt wird.

Es gibt nichts Hemmenderes als Gemeinplätze und Redensarten. Jede Redensart ist die Fratze eigener Gedanken, ein »Mitesser« im Zellengewebe des Denkers.

Was du denkst und sagst, ist vor allem Ausdruck. Der sog. eigentliche Sinn des Gesagten ist nicht sein einziger Sinn.

Es gibt keine Wahrheit an sich. An sich ist einer der größten Materialismen der Epoche.

Man fragt sich oft: wie ist es möglich, daß dieser große Intellekt dies und jenes nicht gesehen oder seines Blicks nicht gewürdigt haben sollte. Aber ebenso übersehen vielleicht unsere Zeitgenossen Dinge, von denen wieder spätere nicht begreifen werden, daß sie für uns offenbar völlig im Schatten lagen. Man darf wohl sagen: jeder Blick vorwärts ist zugleich ein Nichtbeachten dessen, was zur Seite liegt. Der Geist gleicht einer Granate, deren Gebiet das vertikale Segment zwischen dem Punkt ihres Ausflugs und dem ihres endlichen Aufschlags ist.

Alle Geheimnisse liegen in vollkommener Offenheit vor uns. Nur wir stufen uns gegen sie ab, vom Stein bis zum Seher. Es gibt kein Geheimnis an sich, es gibt nur Uneingeweihte aller Grade.

Ein vorläufiger kritischer Gedankenstrich: daß man über ein gewisses Maß hinaus nicht wissen könne, verwandelt sich unvermerkt in das Postulat, niemand habe außer den »nun einmal festgestellten« Grenzen etwas zu suchen. Man fühlt sich vor solchem Doktrinarismus an das Gebaren kleiner Kaufleute erinnert, die von einer Ware, die sie nicht führen, erklären, es gäbe diese Ware überhaupt nicht.

1910

Wie schön ist es, das Auge von einem schönen Buch, in das man versunken war, zu einer schönen Landschaft aufzuschlagen. Dieser kurze Übergang von chiffrierter Geisteswelt in symbolische, dieser jungfräuliche Anblick unbewußten Staunens ist einzig.

Solange das Tier noch gegessen wird, solange wird es seinen Esser auch besitzen. Auge um Auge, Zahn um Zahn. Oder glaubt man wirklich, es sei keine Beziehung zwischen der Dummheit des Kalbes, der Kuh, des Ochsen und der ihrer Verzehrer, es übertrage der Hammel, das Schwein, der Fisch usw. nicht ganz besondere psychische Hemmungen oder Reize?

Es gibt nichts Schwereres, als einen Menschen, den man liebt, einen Weg gehen lassen zu müssen, der zur nächsten Stadt führt, statt auf den nächsten Gipfel.

A.
Ich halte es für unrichtig, ja schädigend, die Orthographie in Hinblick auf die Bequemlichkeit der Vielen zu modernisieren. Die Bedeutung der in den Sprachen aufgespeicherten Erinnerungen ist nicht zu unterschätzen. Wenn ich Tier schreibe und mir das griechische ϑηϱ dabei als reiner Unterton mitklingt, wenn ein ganzes Volk, eine ganze Kultur bei diesem Worte mich an sich mahnen darf (nicht muß), so ist das etwas Seltenes und wunderlich Fruchtbares, dessen wir uns nicht mutwillig berauben sollten. Daß jenen, die von der Antike nie berührt wurden, damit unnötiger Buchstabenballast aufgeladen wird, kann meiner Ansicht nach solange kein Gegengrund sein, als in geistigen Dingen den geistigen Menschen einer Nation und nicht den andern zunächst ihr Recht zu wahren ist.
B.
Vielleicht doch nicht. Der Klügere gibt nach. Dem Geistigeren ist es eine Ehre und Freude, zu verzichten, wenn dadurch Unzähligen wohlgetan und genützt wird. Du läufst Gefahr, in einer Welt, die viel zu groß und tief dazu ist, den Liebhaber zu spielen, als Liebhaber zu erstarren. Du verstehst, wie das Wort Liebhaber hier gemeint ist. Möchten wir doch alle mehr dienen, mehr helfen, statt immer so sehr auf unsere eigene Geschmacksbefriedigung auszugehn, möchten wir doch endlich diese pseudoaristokratischen Allüren überwinden und durch reifere, reichere Gesichtspunkte ersetzen.

Der Rückschritt im Alphabet der Buchstaben von R zu K kann einen Fortschritt im Alphabet der Moral bedeuten: Starr – stark.

Weder »ich« bin, noch jener »Baum« ist, sondern Drittes, nur *unsere Vermählung,* ist.

Eine Wahrheit kann erst wirken, wenn der Empfänger für sie

reif ist. Nicht an der Wahrheit liegt es daher, wenn die Menschen noch so voller Unweisheit sind.

1911

Wie sich in der Wortzusammensetzung »Heilsarmee« für den Deutschen eines seiner tiefsten Eigenworte mit einem seiner weltlichsten Fremdwörter verbindet, erscheint in der Heilsarmee selbst etwas Göttliches mit etwas sehr Irdischem gepaart, das vor dem Ur-Wort ebenso als Fremd-Wort empfunden werden kann (obzwar nicht muß), wie das Wort Armee vor dem Geist unserer Sprache.

Über jedem Gedanken, jeder Vorstellung liegen hundert Gedanken und Vorstellungen, die uns das jeweils Gedachte, jeweils Vorgestellte verhüllt.

1912

Was gegen die höchsten, reinsten Empfindungen ausgespielt wird, sind nichts als die gleichen Empfindungen, nur noch mehr oder minder vor ihrer Katharsis. Wie kann man den Satz nachsprechen: Gott ist die Liebe, und an anderer Stelle der Meinung sein, eine vom Tierischen ganz losgelöste seelisch-geistige Liebe sei – wohl vielleicht eine reinere, aber auch eine kühlere, blassere, ohnmächtigere Liebe!

Es gibt Seelen, zu schamhaft, Wege der tieferen Erkenntnis beschreiten zu wollen. Sollten sie als »von Gottes Stamme« nicht noch zu wenig stolz sein und als Arbeiter an Gottes Reiche nicht noch zu wenig demütig?

Welcher Erfahrene kennt nicht im Geistes- und Empfindungsleben den Zustand des Fedesträubens der Vögel.

Ich machte die Beobachtung, daß Menschen, die beim Beifallklatschen die Arme weit von sich, ja fast über Kopfeshöhe ausstrecken, in einer zugleich wunderlichen und schmerzlichen Weise den Anblick ungeduldig Bittender, ungeduldig – Betender gewähren, eine Vorstellung, von der sie selbst nicht das Geringste ahnen und die doch nichts weniger als ihre ganze dürstende Seele – in einem doppelgängerischen Bilde gleichsam – enthüllt.

Die Anzahl der geistigen Foltermittel, die wir heute noch unter- wie gegeneinander bewußt oder unbewußt anwenden, ist groß. Eines davon ist das Fragen. Es gibt Menschen, die so wenig wie möglich gefragt sein wollen; wohlverstanden: nach Unwesentlichem. Und Gegenstücke dazu: Menschen, die fast keine andre Interpunktion kennen, als das Fragezeichen.

Wie mancher muß sich auf Kosten seiner Vergangenheit lieben lassen. Diese Vergangenheit hat ihm vielleicht ein gutartiges Gesicht gegeben. Älter werdend aber erkennt er mehr und mehr auch das Böse in sich. Nun aber hängt ihm seine Miene wie ein Schild vor, das nur die eine Seite seines Wesens anzeigt.

Gewiß hat der Mann die moderne Kultur geschaffen, aber sie ist denn auch nur für ihn ein so ungeheurer Ruhmestitel. Er selbst würde vermutlich nie an dieser kompakten Errungenschaft vorbeikommen, wenn es nicht Frauen gäbe, die, ohne seinen »Geist der Schwere« himmlisch unbefangen daran vorüber und dem entgegenschritten, was ihrer Seele – denn für sie gibt es in der Tat und horribile dictu noch eine Seele – not und wohl tut.

Mit keinem Köder fischt Mephisto so glücklich, als mit allem, was im Engeren und Weiteren unter den Begriff des Schlagworts fällt.

Man findet bei manchem Ernsthaften unserer Tage gegen gewisse Worte wie sittlich, vollkommen, edle, die Animosität dessen, dem sie irgend einmal gründlich verleidet worden sind. Das sollte nicht sein. Königliche Begriffe können nie von ihrem Glanze verlieren. Wenn es aber doch zuweilen so scheint, wen trifft die Schuld? Die Masse, die sich ihrer bemächtigt hat oder die Paladine, welche ihnen nicht genug treue Diener, Berater und Leiter gewesen sind?

Was wird einem geistigen Wanderer nicht alles angesonnen, über Kopf, Hals und Schulter gesonnen! Wieviel Mühe gibt man sich nicht, ihn und das Seinige abzuleiten! Als ob ein geistiger Weg nicht aus sich selbst verstanden werden könnte, müßte.

In aller Wahrheit steckt heute notwendigerweise bereits ein Teil Binsenwahrheit, aus dem einfachen Grunde, weil der Mensch schon lange denkt, während die Menschen erst zu denken anfangen, also das ganze Pensum des Menschen noch einmal zu rekapitulieren und, noch mehr, zu popularisieren ist. Der Mensch ist nicht so von Gott verlassen, wie die Menschen glauben, aber auch nicht immer in dem ausnehmenden Grade von Gott erfüllt, wie sie annehmen, wenn einer einmal etwas Unerwartetes sagt.

Die Mission der Wahrheit ist, den Menschen in Geist aufzulösen, wie, materialistisch gesprochen, die Mission der Zeit, den Erdball in Luft.

Abstrakte Gedanken sind zuletzt auch nichts als – konkrete Wesenheiten; es ist ganz umsonst, das Leben aus dem Leben heraustreiben zu wollen.

Zu Ende denken ist alles ... Da wäre das erste, diesen Satz zu Ende zu denken. Will man ihn zu Ende denken, so darf man ihn nicht »zu Ende« denken wollen. Denn alles Ende endet alles, also auch das Denken. Alles, also auch alles Denken, endet in Gott. Gott ist, wie der Anfang, so das Ende von allem. Etwas zu Ende denken wollen heißt also, es bis zu Gott hinaus denken wollen; Gott aber hat mit Denken nichts mehr zu schaffen.

1913

Takt erfordert vor allem Phantasie. Man muß viele Möglichkeiten der fremden Seele überschauen, viele Empfangsmöglichkeiten und danach, was man geben kann, einrichten.

Es gibt Naturen, die für sich allein Stunden lang mit ihren Freunden und Bekannten reden, während ihnen in deren Gegenwart jeder Gesprächsstoff entfallen ist.

Du wohnst in einem Hause, das viele Menschen mit dir zugleich bewohnen. Einer dieser Hausgenossen ist ein auf den Tod Kranker, von dem du weißt, und viele der andern wissen es mit dir, daß ihm jeder Lärm, vor allem jede irgendwie laute und grelle Musik zur vollkommenen Folter und Marter wird. Da erscheint ein Mann mit einer Ziehharmonika vor dem Hause und fängt an, seine Operetten zu spielen. Dein erster Gedanke ist: Dem Mann muß sofort ein Geldstück gegeben werden, das ihn veranlaßt, sein Spiel einzustellen und weiterzugehen. Aber du kannst es nicht, denn du liegst selbst zu Bett und deine Bedienung ist ausgegangen. Aber das ganze übrige Haus! Einer wird doch gleich dir auf den Gedanken kommen, wenigstens einer aus der nächsten

Umgebung des Kranken. Niemand rührt sich. Der Musikant spielt eine Viertelstunde lang, er überbietet sich.
Wie dieses Haus, so ist das Haus der Welt. Einer darinnen vielleicht hat jeweilig den rechten ursprünglichen Gedanken – den Gedanken, der sich im Grunde von selbst versteht – aber er ist an seiner Ausführung gehindert. Vielen andern geht auch noch so etwas Ähnliches durch den Sinn – aber sie lassen es beim Gedanken von vornherein bewenden. Ermiß daraus die Kraft der *Originalität* des Menschen, berechne daraus die Möglichkeit, die Wahrscheinlichkeit einer wahrhaft originellen Handlung.

Wer die Welt zu sehr liebt, kommt nicht dazu, über sie nachzudenken; wer sie zu wenig liebt, kann nicht gründlich genug über sie denken.

FRÜHE AUFZEICHNUNGEN UND APHORISMEN

Wer Gott aufgibt, der löscht die Sonne aus, um mit einer Laterne weiter zu wandeln.

Es ist wohl gerade in unserer aufgeregten Epoche mehr denn je nötig, den Blick aus den Tagesaffären emporzuheben und ihn von der Tageszeitung weg auf jene ewige Zeitung zu richten, deren Buchstaben die Sterne sind, deren Inhalt die Liebe und deren Verfasser Gott ist.

Weltuntergang. Alles Leben kehrt sich um und kehrt wieder zurück, aufwärts, in das Ehedem. Vergangenheit wird Zukunft. Die Knoten lösen sich wieder. Die ganze Welt lebt sich so selbst …

Tod einer Welt: ihre *Geburt*.

Nur die Formen wechseln. Der Toten Seele wird vielleicht schon wieder im Keim einer neuen vollkommeneren Form schlummern.

Es gibt keine Grenzen der Dinge.

Sich die Menschheit als die Blätter des Erd-Baums zu denken!

Hängt malus böse mit malus Apfel zusammen? Annahme eines Christen.

Der beste Beweis für die Gotteskindschaft Christi ist der, daß es Zeiten gab, wo jeder Teufel vor einem Kreuz die Flucht ergriff.

Wesen der antiken Götter: Bewußtsein des Fatums.

So gut Kirchen innerhalb unseres Gemeinwesens möglich waren und teilweise noch sind, so gut dürfen wir es von den Tempeln in einer neuen Kultur hoffen. Weihe ist alles. Ist erst Wille zu solchen Heiligtümern, so werden sie selbst in unsern nüchternen Städten emporwachsen können. Der Mittelpunkt muß freilich ein großes Nationalheiligtum sein, etwa in Thüringen.

Was ist »persönlicher Gott« anderes als der Riesenschatten, den wir selber auf den Vorhang der ewigen Mysterien werfen.

Sieh wie deine Studierlampe sich an die Zimmerdecke projiziert. So projizierst du dich auf die Wand des Außer-Dir. Wie du dich dort siehst, das nennst du »Welt«, das Bewußtsein dieses (dich) *So*-Sehens deine »Weltanschauung«.

Das Ich ist die Spitze eines Kegels, dessen Boden das All ist.

Die Welt ist nur eine Form des Menschen.

Nicht im lärmenden Kampf der Tage, auch nicht im Sturm einer großen Zeit, aber nach Jahrtausenden stiller Arbeit, nach Äonen ewig fortwirkenden Webens – dann werden die Menschen gut werden.
O, wer diesen Glauben, der mir Gewißheit ist, in allen Augenblicken seines Strebens im Herzen lebendig fühlte, er würde glücklich sein.

Vor einer Menschenmenge: Ich sehe plötzlich die Gedanken dieses Volks wie eine dicke schwarze Wolke über ihm. Eine Wolke voll Tränen und Blitzen.

Die Menschenverachtung ist für den nachdenkenden Geist nur die erste Stufe zur Menschenliebe.

Was uns allen zumeist fehlt, ist das tiefe, dauernde Bewußtsein des wirklichen Elends auf Erden, sonst würden wir über den Gefühlen einerseits des Mitleids, andrerseits des Dankes ganz der kleinlichen Misere des eigenen Lebens vergessen.

Jeder Jüngling mag von sich denken, er sei der Messias, aber er muß nicht Messias sagen, sondern nur Messias tun.

Es gibt stillschweigende Voraussetzungen unter Menschen von Geist: die soll man nicht aussprechen. »Oberflächlich sein« (oder scheinen wollen) »aus Tiefe«, das gehört hierher. Eine schwere Forderung an den Radikalismus der Jugend.

Wir leben ja doch alle auf dem Meeresgrund (dem Grund des Luftmeeres) – Vineta.

Der Duft der Dinge ist die Sehnsucht, die sie uns nach sich erwecken.

Wer weiß, ob die Gedanken nicht auch einen ganz winzigen Lärm machen, der durch feinste Instrumente aufzufangen und empirisch (durch Vergleich und Experiment) zu enträtseln wäre.

Es ist etwas Jämmerliches um einen Lyriker ohne Liebe.

Ihr fürchtet, daß die Umsturzepoche, vor der wir zu stehen glauben, alle Kunst und Poesie, alles Schöne und Wertvolle im Leben vernichte?
Ich fürchte das nicht. Denn mag jeder Tempel zertrümmert, jedes Kunstwerk verbrannt, jedes Saitenspiel zerschmettert

werden, das unantastbare Saitenspiel, das Menschenherz wird nie aufhören von den ewigen Melodien zu tönen, die der Geist der Welten ihm zuhaucht.

Über all meinen Werken soll es wie ein großes Verstehen liegen – und davon werden viele glücklich werden.

Ein Dichter muß 77mal als Mensch gestorben sein, ehe er als Dichter etwas wert ist.

Der reimlose Jambus hat ein so formelles Pathos, ein so großrednerisches Moment in sich, daß er uns Modernen meistens geradezu unmöglich wird, da wir in tiefster Seele von dem Willen durchdrungen sind, wahr zu sein, redlich vor allem in der Wiedergabe unserer Stimmungen und inneren Erlebnisse.

Höchste Empfindungen, Phantasie im Gewande intimster Natur – eine Durchgeistigung der Realität auf allen Punkten, künstlerischer Polytheismus (im Sinne der Kunst), das meine ich, muß das Programm der Zukunft, unserer Zukunft sein. Der Sieg des menschlichen Geistes über die Außenwelt muß vollkommen werden.

Das naturalistische Drama hat nur dann Wert, wenn es den Menschen, so wie er heute ist, sich selbst unerträglich macht. Ibsen. Hauptmann.
Kritik oder Beispiel – naturalistische oder idealistische Kunst.
Der Naturalismus eine rein historische Kunstanschauung.
Der Naturalismus nur ein Studium, kein Ziel.

Man lasse sich durch meine Ironie nicht irreführen. Meine Ironie ist naiv wie mein Pathos. Ich vermag Unglaubliches ironisch zu sagen, ohne eine Spur von frivoler Empfindung..., ja vielleicht schrieb ich es mit ernsthaftester Miene, ohne ein andres Lachen als das eines in sich heiteren unbewegten Geistes.

Ihr wißt ja alle nicht, was Schaffen heißt. Ein Bild malen, ein Gedicht machen? Nein! Seine ganze Zeit umgestalten, ihr das Gepräge seines Willens aufdrücken, sie mit seiner Schönheit erfüllen, sie überwältigen und unterwerfen mit seinem Geiste.

Der Krug des Nichts, aus dem alle Künstler schöpfen.

Schopenhauer nennt das bloße intellektuelle Anschauen die höchste Seligkeit, weil hier der schaffende Wille ganz schwiege. Als ob Schauen nicht schon Schaffen wäre!

Den Ästhetikern:
Zeigt Wege der Zukunft, aber beschwört nicht ewig die Toten gegen uns.

Vor einer roh gefügten Gebirgsbach-Brücke:
So müßte sich jeder Architekt vor die roheste natürlichste Form der Menschenarbeit hinstellen und an diesen Balken und Brettern seine ersten Kunstgedanken auslassen. Er sollte so von Anfang an die Kunst als Bedürfnis empfinden müssen und würde so gewiß zu originellen Gedanken gelangen, deren Regulativ dann das Studium der Vergangenheit sein könnte.

Das losgerissene Segeltuch des kleinen Dampfers (vor meinem Fenster), das mit seinem freien Ende im Wasser liegt, so daß es für den stärksten Windstoß zu schwer wird, es als Fahne auszurollen: Bild für ein Künstlerschicksal.

Möge der Stern uns Vorbild wahrer Kunst sein. Eine Welt zu

einem leuchtenden Strahlenpunkt verdichtet, der dir Leib und Seele durchbrennt. So denke dir den »langsamen Pfeil der Schönheit«: als den Lichtkegel einer Sternenwelt, von dem allein die Spitze Menschenaugen sichtbar.

Alle Buchstaben, die je von Menschen geschrieben, zählen.

Nach der »Wildente«: Ibsen wäre »ungriechisch«? Aber was taten die alten Griechengötter andres, als (scheinbar) kalt und spöttisch das Treiben der Sterblichen betrachten, im Bewußtsein der Notwendigkeit aller Dinge.
So steht Ibsen vor seinen Mitmenschen. Der herbe Duft einer gewissen Lächerlichkeit, welche das Kennzeichen jeder Tragik ist, schwebt um seine Werke.

Die Griechen gestalteten ihre Sagen, die Renaissance lebte in diesen Sagen und in den Erzählungen der Bibel, die neue Zeit, in der Breite ihrer Völker jenen Sagen wie diesen Berichten ferner und ferner rückend, muß die ganze bisherige Geschichte zum Stoff ihrer Kunstwerke nehmen. Unsere Sage sind die großen Epochen der Geschichte geworden, unser Göttermythos der Mythos vom großen Menschen in allen Zeiten. Dies ist recht eigentlich die uns zugeborene Sage: die Menschheits-Sage. In ihr liegen jene heidnischen und christlichen Stoffe mit inbegriffen, aber sie selbst ist noch unausmeßlich weiter und tiefer, ihr Reich geht noch hinter alle Sagenkreise zurück und unter sie hinab, bis auf die Menschen, ja bis auf die Völker, die diese Kreise ersannen. Ein erster ungeheurer Überblick über dreitausend Jahre geistige Erde ward möglich. Menschen dieses Überblicks werden die neue Tragödie schreiben, die einzige, welche der griechischen ebenbürtig sein wird, ja, welche sie überfliegen wird wie der Adler den Falken.

Ich verbrenne an meinem eigenen Maßstab.

Nicht da ist man daheim, wo man seinen Wohnsitz hat, sondern wo man verstanden wird.

Ich halte es nicht für das größte Glück, einen Menschen ganz enträtselt zu haben, ein größeres noch ist, bei dem, den wir lieben, immer neue Tiefen zu entdecken, die uns immer mehr die Unergründlichkeit seiner Natur nach ihrer göttlichen Seite hin offenbaren.

Ausgraben will ich meiner Seele Schacht.

Umschnalle dein Herz mit Schweigen.

Das ist ein äußerst merkwürdiges Gefühl, wenn man sich frühmorgens Gesicht und Kopf abreibt und sich dabei vorstellt: nun hast du deine Gedanken mit gewaschen und abgetrocknet.

Daß der moderne Mensch nicht schreien soll, ist eine seiner qualvollsten und verderblichsten Forderungen an sich selbst.

Der Mann mit Luftballons: Ideale! Kauft Ideale!

Je mehr Bewegung man in seinem Geiste auffaßt, je glücklicher ist man. Überall die Bewegung aufzeigen, das schafft das meiste Glück.

Ein »Wort« ist etwas unendlich Rohes: es faßt millionen Beziehungen mit einem Griff zusammen und ballt sie wie einen Klumpen Erde. Bald wird die Erde trocken und hart – die Kugel bleibt als rotes drastisches Ganzes, aber die millionen Teilchen, daraus sie besteht, sind als solche so gut wie vergessen.

Oft überfällt dich plötzlich eine heftige Verwunderung über ein Wort: Blitzartig erhellt sich dir die völlige Willkür der Sprache, in welcher unsere Welt begriffen liegt, und somit die Willkür dieses unseres Weltbegriffes überhaupt.

Ich habe oft bemerkt, daß wir uns durch allzuvieles Symbolisieren die Sprache für die Wirklichkeit untüchtig machen.

Du bist ein Gymnaseweis, mein Lieber!

Charleytantismus der Bühne.

Mein einziges Gebet ist das um Vertiefung. Durch sie allein kann ich wieder zu Gott gelangen. Vertiefung! Vertiefung!

Der Mensch ist ein in einem Spiegelkerker Gefangener.

Mein Skeptizismus ist vielleicht gerade das Charakteristische des philosophischen Dilettanten. Der philosophische Dilettant ist immer schnell am Ende aller Dinge, weil er nur die Ergebnisse der bereits gewonnenen Erkenntnis im Auge hat, ohne die Wege zu gehen, ja oft auch nur zu kennen, auf denen jene erreicht worden sind.

Jedes Jahr habe ich mindestens Eine Periode fürchterlichsten Zweifels an mir selbst. Dann lebe ich mit beständigen Todesgedanken.

Mein Hang zu philosophischem Nachdenken beruht auf der einfachen Grundlage, daß ich in jedem Augenblick über das kleinste Stück Natur irgendwelcher Art in höchste Verwunderung geraten kann.

Ich wanderte langsam nach Hause zu, der reizvollen Abendbeleuchtung mich fügend, aber es trieb mich an unserem Tor vorbei, und ich stieg auf die Holteihöhe ... Oben war es still und leer. Dann blickte ich hinunter auf den imposanten Oderstrom, zur Seite das mächtige Regierungsgebäude und ein paar hohe Bäume daneben, alles im Abendlicht mit scharf gezeichneten Umrissen – alles von den im Wasser gespiegelten Laternen bis zum lichtgewölkten Himmel voll Poesie, voll feierlicher Andacht. Ich stand versunken da. Meine Einbildung ließ mich statt der Oder die Alster in Hamburg sehen. Vor mir die gewaltige Lombardsbrücke, über die ich so oft als Schulknabe gegangen, dann bog der Weg links ab, und dann kam ich in jene kleine Straße, an deren Ende meine Schule lag. Auch von den Kameraden dort grüßte ich manchen. Mein Auge schweifte wieder zurück an dem Quai entlang, auf dessen Mitte ich selbst mich befand, aus dem Fenster eines Hotels schauend, das ich einst mit meinen Eltern bewohnt. Und noch etwas weiter: da steht die Petrikirche, mit ihrem hohen spitzen Turm, in der ich so oft mit dem großmächtigen Gesangbuch neben Meta Meyer oder neben der guten »Tante Louise«, dem lieben »Onkel Otto« andächtig saß und sang: »Ein' feste Burg ist unser Gott, ein' gute Wehr und Waffen ...« Ich drehte mich um, denn es wurden Schritte hörbar. Ein armer Laternenanzünder brannte eine Lampe an. Ja, dachte ich, wir sind alle solch armselige Anzünder; am liebsten möchten wir die ganze Welt in Flammen setzen und können schließlich froh sein, wenn wir hier und dort ein Herz finden, das wir anfachen dürfen, ganz so, wie dieser Mann sein Lämpchen. Ich weiß nicht, wie es kam, aber die Tränen kamen mir in die Augen und ich hätte am liebsten die Hände gefaltet und gerufen: Du lieber Gott, wie ist alles so schön, was für ein weites, liebendes Herz gabst Du mir, ich kann nicht anders als mit ihm auch Dich wieder umfassen, – ›ich will einen Gott haben‹ –– und ich – hatte ihn wieder. Mag man mich schelten, wie man will; in Kirchen werde ich nicht gehen, aber wenn ich einsam wandere in der schönen erhabenen Natur, dann will ich stehen bleiben, oder ins weiche Gras mich niederlassen, und will zu den Sternen emporsehen und auf die Felsen, die Bäume, die Bäche, und mein Geist wird alles bevölkern mit lieben Gestalten, mit Hoffnungen, Träumen, Erinnerungen – das wird mein Gebet sein zum ewigen Gott, dessen Wehen ich spüre in meiner Brust. Meinen Gott wieder! Reiner, edler, gewaltiger wieder!

Rückblick auf das deutsche Gymnasium. Zuerst hat mich die Schule zur Unaufrichtigkeit verleitet, sodann hat sie meine Sittlichkeit gefährdet, darauf hat sie mich durch absolute Nichtachtung und Verhöhnung meiner Individualität verbittert und verdüstert, zuletzt hat sie mich tödlich gelangweilt. – Wenn ich trotzdem ein halbwegs vernünftiger Mensch zu werden hoffe, so habe ich das neben einer angeborenen, dem Nachdenken zugeneigten Gemütslage vor allem denen zu danken, die mich lieb gehabt haben und lieben – meinen Eltern und meinen Freunden.

Ich halte an der Benennung (»eine humoristische Studie«) fest; denn die vulgäre Auffassung, daß etwas Humoristisches allezeit identisch mit etwas Lachenerregendem sein müsse, ist nicht die meine und auch, wie ich glaube, nicht die richtige. Der Humor muß wie ein zarter Duft über dem Ganzen schweben.

In solchen Augenblicken ahne ich, was es heißt: Gott sein. All diese unzähligen Schattierungen des Ich zugleich mit *einem* Blicke zu schauen, als ein einziges großes Ich, das uns Menschen wechselnde, in Körper geteilt erscheinende Leben zu erkennen, ja dieses All-Ich selbst zu sein und zu wissen, es zu sein, das – dünkt mir, wäre Gott-sein.

Wenn die Sonne emporsteigt, erwachen die Lerchen. Die Sonne ging auf – da bin ich erwacht, *eine Lerche Zarathustras.*

Symphonie. Am Meeresstrand. Ich erlebe die Neunte Symphonie im Sturm der Elemente. Alle vier Sätze höre ich heraus, der erste muß Niegesagtes enthalten. All der wahnsinnige Schmerz unserer Zeit tönt mir tausendfach aus der schwarzen Wogennacht wider. Es ist ja mein eigenes Herz, in dem dieses Meer dort stürmt, und Chaos erfüllt es noch ganz und gar. Zerschlagene Götter schwimmen auf diesen Fluten, Generationen von Jahrhunderten tauchen wie Schaumkämme in ihm auf, und wozu? So haben wir zu einem Phantom aufgeschaut, so war alles Lüge? Und auf Erden: wird es da besser werden? *Darf* es besser werden, wenn das Leben voll Kraft sich behaupten sollte – ist Glück aller Dinge – Tod? ›Letzter Mensch‹? Oder liegt im Einzelnen die Lösung? Ist dies kurze Dasein wirklich alles …

Ich sehe, wir können alle nur bis zu einem gewissen Punkte denken; Gefangene sind wir im Käfig unseres Kopfes, das *Neue* ist nur ein neu-Kombiniertes, ein neues Bild, kein neues Ziel.

Der unter der Last seines innerlichsten Christentums zusammenbrechende Mensch …
Christus aus den Händen der »Christen« retten!

Immer *Alles* nur beim rechten, innersten Namen nennen (die Worte aufschlitzen und aus ihren Eingeweiden wahrsagen).

Der Welt-Kobold selbst, Inbegriff einer ganzen Welt, die schon einmal gewesen. Oder: er träumt Symphonien, er komponiert Sphärenharmonien. Und wo er einen Ton denkt, da klingt ein glühender, glüht ein klingender Stern auf, und die Spur, die im Äther er zieht, die ist der gewollte Ton.

Ich bin ein Mensch der Grenze. Immer physisch, psychisch, moralisch, künstlerisch mit einem Fuß absturzdisponiert, aber doch immer noch balancierend und geistesgegenwärtig.

Es ist nicht Furcht oder Schmerz oder Schwäche, was den tiefen religiösen Drang in mir nicht schweigen lassen will. Ich stehe in der Blüte meines Lebens, ich fühle mich gesund wie nie zuvor. – Was ist es, das mich empfinden läßt, als sei ich all die letzten Jahre abgestorben, als hätte ich in allem Reichtum gedarbt, als wäre ich bei allem Genießen doch kalt und verstockt durch die Welt gegangen? Oft ist mir, als stände nur eine Wand zwischen mir und dem, was ich in meinen Jünglingsjahren Gott nannte, nein, mir ist nicht nur so, ich weiß es und ich weiß sie auch zu nennen: es ist die Wand meiner geistigen Redlichkeit: ich *will* mich nicht hingeben.
So glaube ich besser, würdiger, männlicher zu handeln, – und doch fühle ich, daß ich weit besser, reicher, liebevoller, fruchtbarer werden würde, sobald ich mich mit ausgebreiteten Armen in jenes Meer stürzen dürfte, das ich Gott nennen muß, obwohl ich mir unter ihm nichts vorzustellen weiß als einen Schoß unendlichsten Lebens, von dem losgerissen gewesen zu sein, Armut, Kälte, Nacht bedeutet.

Stern-Schnupfen. So geht man beständig auf schmalstem Pfad, links unten der Abgrund der Vernichtung, rechts oben die Höhe des Lebens, verlassen für immer, vielleicht noch nie völlig betreten. Aber man geht aufrecht, gleichmütig, sein Glück für sich, sein Wissen für sich. Man hätte es leichter, wenn man auch noch einen ›Glauben‹ für sich haben könnte. Aber in diesem Punkte müssen wir alle ›Nihilisten‹ sein, es sei denn, daß sich ein jeder von uns seinen ›Ring der Wiederkunft‹ erfände.

Warum sollte die Erde nicht innerlich durchleuchtet sein? Warum die Gold- und Silberadern nicht im geheimen von den Strahlen eines Lichtes leuchtend, für das wir keine Augen haben? Warum sollte die Erde nicht wie eine Hummel brummen, da sie doch nichts andres ist und gewiß nicht langsamer fliegt, als eben ein solcher Brummkäfer? Ich meine sogar, die Erde muß ähnlich, aber viel gewaltiger und vielfältiger heulen wie der Sturm, der über unsern Dächern und Wäldern dahinbraust. Daß wir aber selbst auf Bergen und im Luftballon so gar nichts hören, liegt vielleicht doch daran, daß wir, wie die Pythagoräer sagten, Schmieden in einer Schmiede gleichen, deren Ohren den Lärm nicht mehr als Lärm empfinden. Wir stehen nicht außerhalb des Klanges, wir klingen ja vielleicht selbst mit: So wuchtet mächtigen Gesanges / die Erde ihre Ätherbahn ...

Die Straßen gehen alle hinaus in die Ewigkeit.

Indem der wahre Künstler Gefühle ausspricht, adelt und verstärkt er sie zugleich.

Etwas für uns junge Künstler, Dichter usw. Die jungen Pythagoräer mußten fünf Jahre schweigen als Diener einer rechten Philosophie. Diese Leute, welche meinen, vom Primaner zum Übermenschen avancieren zu sollen. Denn nicht darauf kommt es an, daß diese jungen Poeten ihren Alltag in Verse bringen, sondern ob – mit Nietzsche zu reden – die Zucht zweier Jahrtausende nicht erfolglos an ihnen vorübergegangen.

Wir Lyriker müssen des ewigen Posierens müde werden. Da wird alles drapiert und auf den größten Effekt hin gesagt. Man sehe nur das ewige Schwelgen in Farben, Düften, Klängen, als ob wir je so überschwenglich empfänden. Weniger Lüge, mehr Herbe, Strenge, Zucht, Knappheit, Innerlichkeit.

Ibsen hat einmal gesagt, ein Lyriker sei in ihm ertötet worden. Man lese, wie am Schluß des Peer Gynt seine Lyrik hervorbricht, und man wird diesen Schluß überhaupt anders verstehen. Dieser große Satiriker war sein ganzes Leben lang ein noch größerer Lyriker – wie er uns selbst in »Wenn wir Toten erwachen« noch einmal bekannt hat.

Die feigen Menschen sind es, die Ibsen durch alle seine Stücke hindurch verfolgt, die Kompromißler, die Halben. Fast jede seiner Hauptpersonen sagt einmal von sich selbst: Ja, wenn ich nur nicht so schrecklich feige wäre. Bernick, Nora, Frau Alving, Greger Werle, Hedda, Solneß, Ellida, Rosmer. Auch wer Ibsens Werk nicht bestimmt, muß doch wie von dem Brausen eines großen Stromes ergriffen werden, wie von einer Naturkraft, die dich im Innersten aufwühlt, wobei es wenig verschlägt, ob sich dieser an seinem Ufer ansiedeln will und jener nicht. Denn schon das bloß Dasein des Genies hat etwas mächtig Erregendes, Steigerndes, Erhöhendes. –

Zu »Peer Gynt«. Der große Krumme ist der Nebel, der nordische Nebel im natürlichen wie im geistigen Sinne. Man muß durch ihn hindurch, um ans Licht zu gelangen. Wer um ihn herumgehen will, verliert Leib und Leben dabei; denn er läßt sich nicht umgehen: Und flöhe ich bis zum äußersten Meer, / siehe, so bleibst du, Nebel, in mir. / *Durch* dich, durch mich selbst muß ich hindurch, / will ich mich endlich erlösen.
Ibsens ganzes Lebenswerk ist ein solches Hindurchwollen durch seinen eigenen Nebel. Immer wieder meint er in ihm zu versinken; wie ein Krampf letzter Anstrengung, sein Haupt noch einmal über das Übermächtige, ewig wiederkehrende Nebelmeer – die Verzweiflung am Leben, das Absinken der Lebenskraft, – zu erheben, ist der Gipfeltrieb in seinen letzten Stücken.

SPRÜCHE UND EPIGRAMME

Ich möchte größer sein – und bin es nicht,
ich möchte tiefer sein – und bin es nicht,
und daß ich größer nicht noch tiefer bin
als wie ich bin: das ists, was mich zerbricht.

Ich möchte kleiner sein – und bin es nicht,
ich möchte flacher sein – und bin es nicht,
und daß ich kleiner nicht noch flacher bin
als wie ich bin: das ists, was mich zerbricht.

Zum Menschen fühl ich
unverbesserlich mich hingezogen;
belogen und betrogen oft –
was tut's?
Denn was ich liebe,
steht über dem, was einer ist.

An meine Taschenuhr

Du schlimme Uhr, du gehst mir viel zu schnell;
und doch – dich schauend, seh ich selber hell.
Unschuldig Räderwerk, was schelt ich dich?
Ich geh zu langsam, ach zu langsam – ich.

Dunkel von schweigenden Bergen umschlossen,
vergessen die Welt wie ein Puppenspiel,
nebelumflossen, regenumgossen,
doch in der Brust ein leuchtendes Ziel.

Leben ist Licht auf trübem Mittel, sieh.
Das trübe Mittel wirft es erst zurück
als farbige Erscheinung. Im Un-Reinen erst
bricht spiegelnd sich die Gottheit und wird – Gott.

Was braucht ein Volk für Gönner?
Wahrheit-sagen-Könner.

Man muß Künstler sein,
will man Lehrer sein,
man muß *schaffen* wollen
in Fleisch und Bein.

Schicksalsspruch

Unhemmbar rinnt und reißt der Strom der Zeit,
in dem wir gleich verstreuten Blumen schwimmen,
unhemmbar braust und fegt der Sturm der Zeit,
wir riefen kaum, verweht sind unsre Stimmen.
Ein kurzer Augenaufschlag ist der Mensch,
den ewige Kraft auf ihre Werke tut;
ein Blinzeln – der Geschlechter lange Reihn,
ein Blick – des Erdballs Werden und Verglut.

Die großen Worte sind die Horte
des Nichtpersönlichen in dir,
wir halten sie für *unsre* Worte
und unsre Dichtung wird – Papier.

Vergebt, wenn manchen manches hart hier trifft.
Mein Pfeil soll treffen, doch er birgt kein Gift.

Die wir die Welt zum zweiten Male dichten,
wir lernen früh und gern auf viel verzichten.

Was gab ich denn den Menschen, das mir nicht
Natur, die gütige, zuvor gegeben.
Ich bin nur wie ein Krug, in dem das Leben,
die ewige Quelle, seine Wellen bricht.

Ich habe mich zu halten nie gewußt,
ich lebte ohne rechte Zucht so hin –
und fand trotz allem einen Lebenssinn,
zu groß für einer Menschheit Riesenbrust.

Das dank ich Euch, ihr glücklichen Geschlechter,
aus denen ich mir Blut und Namen schreibe,
daß ich im Lebenswirrsal sicher bleibe:
Humor, den Weltumfasser, Weltverächter.

Es gibt auch eine Freude, die nie lacht,
die nie ein Zeichen gibt aus ihrer – Nacht.

Die so tief liegt, daß sie kein Aug ermißt,
und die in allem Schmerz doch Freude ist.

Kinder, Tiere, Pflanzen,
da liegt die Welt noch im Ganzen.

Nur wer den Menschen liebt, wird ihn verstehn,
wer ihn verachtet, ihn nicht einmal – sehn.

Goethe

I

Wer je des Menschen Sinn vergaß,
den lehre dieses Menschenlos.
Nie wies ein Mensch so sehr des Menschen Maß
und war in diesem Maß so tief und groß.

III

Du konntest mitten in die Sonne schauen.
Dein unverhülltes Auge durfte sich
dem Auge Gottes ahnungsvoll vertrauen.

So hoch erhob der Weltenschöpfer dich,
daß, was die Lider streng sonst niederwendet,
in dir der Kraft des Augen-Aufschlags wich,

und du, selbst Schöpfer, vor Ihm standest –
ungeblendet.

Zu »Raskolnikow«

Wenn die Rosen
um deine Stirn, Mensch,
nicht Blutstropfen sind,
wirst du nicht wissen,
warum du lebst,
bleibst du ewig ein Kind,
Mensch.

Nach Gorkis Nachtasyl

Ich misse mehr und mehr den Ernst
für eines Dichters Predigt.
Was du, mein Freund, vom Dichter lernst,
ist meistens längst erledigt.

An des Dichters andere Hälfte, den Leser

I

Wie wenn der Wind von fernen Dingen singt,
heut magst du ihn verstehn und morgen nicht, –
so wehen unsere kargen Worte dir
des Lebens unbestimmten Duft hinüber.

Und heute schwillt dein Herz in Ahnung mit
und unser Werk wird ihm von neuem Welt,
und morgen stehst du fremd und kalt vielleicht
und vor dir liegt ein totes, stummes Lied.

II

War mir selten dein bewußt
während ich geschrieben.
Reine tiefe Bildnerlust
hat mich stets getrieben.

An jeden, den's angeht

Ich weiß, wie der Gesellschaft Mühle klappert,
da kommt der Einkehr Geist kaum zu Gehör.
Es ward ja auch nicht nur so hin geplappert:
das Wort vom Reichen und vom Nadelöhr.

Der Ikaride

Er trinkt zu gern, sein Auge schwimmt
in Wonnen gemeinen Wohls;
er bleibt, so hoch den Flug er nimmt,
ein Ikarus des Alkohols.

Was berufst du dich auf Goethen,
selbstverliebter Larpurlar!
Kann dich doch *ein* Wort schon töten:
›Was fruchtbar ist, allein ist wahr.‹

Wenn ich die Welt durchs Prisma meines Witzes
fallen lasse – wievielmal ihr Bild
gebrochen wird – oft weiß ich selbst es kaum.

An Nietzsche

Mag die Torheit durch dich fallen,
mir, mir warst du Brot und Wein,
und was mir, das wirst du allen
meinesgleichen sein.

Überall bin ich allein,
wie ein Stein,
der in ein Spiel nicht recht paßt,
überall bin ich Gast.
Nirgends ganz dein –
Welt –

Väterliche Kunst der Farbe
treu mit Worten weiter treibend,
daß das Herz nicht völlig darbe,
Unbeschreibliches beschreibend.

Dachstuben-Stimmungen

Auf euren ganzen Kleinkram lach ich,
ein Philosoph, aus heitrer Höh.
Die kecksten Exkursionen mach ich
aus meinem vis-à-vis-de-Dieu.

Von wenigen erkannt in meiner Weise,
so geh ich durch die Menge lächelnd, leise.
Sie wird mein Wesen schon einmal erraffen,
und daß ich ihr zur *Freude* ward geschaffen.

Was ich möchte im Guten und Bösen:
recht viele Menschen zur Freiheit erlösen.

Ich selber

Wahrhaft glücklich geboren.
In der Jugend halb Leben verloren.
Später den Rest mühsam beschworen.

Gewiß, es heißt, nur Lumpe sind bescheiden;
doch wär's nicht besser, wenn wir Lumpe wären,
als ewig so uns selber zu verklären
und unsern Durst nach Macht in Geist zu kleiden?

Und seh ich schon in Kindes Spiel den Funken,
wie es nur stets sich selbst als mehr erfände,
so weiß ich nicht, was mehr den Menschen schände,
als dieses stete mit sich selber Prunken.

Im zoologischen Garten

Der Seehund sah mich aus Augen an,
daß ich ihn nicht vergessen kann
so menschlich war sein Blicken –.

Ich fühlte traurig: Halbbruder Tier,
kein Wörtchen Liebe kann ich dir,
nur höchstens – Fische schicken.

Du magst dich drehn und wenden wie du willst,
du wirst erkannt und das ist dein Gericht,
und wenn nur einer dich erkennt, – genug.
So mancher sieht sich vor sein Leben lang,
verwischt die Spur, verschleiert Wort und Blick,

allein, du bist nur immer Einer, Mensch,
dein Kleines liegt nicht hier, dein Großes dort,
und wie sichs mischt – auch ohne, daß du's weißt,
so bist du und so wirst du einst erkannt.

Niemanden hassen,
jeden belassen
in seinem Wesen,
in jedem lesen
die ewige Meinung;
das macht genesen
zum Allumfassen,
zur Allvereinung.

Sinnlichkeit

Das brennt und bricht
durch alle Zeit:
das Ewige Licht
Sinnlichkeit.

Im Sturm, da gibt es nicht mehr dies und das,
nicht mehrerlei, nicht zweierlei, der Sturm
hat eine Möglichkeit nur, sich, den Sturm.

Das nennt ihr große Kunst?
Ich nenn es – große Brunst.

Rat aus eigener Erfahrung

Du mußt, mein lieber Freund, erst einmal Narr werden,
erst einmal machen, daß die Mienen starr werden,
dann wird man sich vielleicht bequemen,
auch was du Ernstes schreibst, zur Hand zu nehmen.

Nur wer ...

Nur wer die Welt bis auf den Grund zersetzt,
daß ihm der Schaum durch arme Finger rann,
versteht, was Mensch, was Leben heißt, nur ihm
sind aller Freuden Tiefen offenbart.

Ihr seid alle »historisch verseucht«;
wenn euch ein Teilchen nur reizvoll deucht,
gleich sagt ihr »nicht nein« mehr zum Ganzen,
mögt dann nach allen den Pfeiflein tanzen,
die euch umlocken mit ihrem Spiel.
Aber schweigt mir vom »großen Stil«.
Man hat nicht – ihr denkt es euch zu bequem –
klein- und großen Stil außerdem.

Wie war es nur möglich, im Auge unendliches All
im Schoße der Gottheit, ja selber der Gottheit ein Teil
so ganz zu vergessen des Ursprungs unsterblichen Stolz,
so ganz zu verlieren den Adel der Geistesgeburt.
Wie konnte der selber aus nichts als Geheimnis, als nichts
denn wieder Geheimnis erblühete Mensch seinen Sinn
so niedrig-eintägig verdüstern, verbürgern ...

Schwermütiger Dionysos! jetzt erst
wird mir die Schwere deiner Lider ganz
zur Schwere meiner eignen. Tiefster Gott,
der du vom Ich und Du die Lehre lehrst,
die süße bittre, die ich an den Kranz
der Sterne hänge, selbst nach einstigem Spott.

Ein jeder soll den Weg des andern achten,
wo zwei sich redlich zu vollenden trachten.

An Rudolf Steiner

Du reiner Geist,
aus dessen starken Händen
ich meinen Sinn des Lebens neu empfing.

Reinkarnation

Dies ist das Tor, durch das ich eingetreten
und alle Dinge wie verwandelt schaue.

O Tod, so nimm denn dies mein Leben hin.
Dein Sinn ist tief, dein Sinn ist stets mein Sinn.

Pöblesse obligée

Gutes laßt uns stets beschweigen;
denn es dünkt uns selbstverständlich;
Schlechtem aber stets bezeigen,
wie wir ihm so tief erkenntlich.

Antisemiten

Werft doch die Maske von euch.
Es ist ja nicht Sem, den ihr meint.
Hinter dem Rassen- verbirgt
schlecht sich der Klassen-Haß nur.

Arithmetische Progression

Ein Paar Zeitungen
zwei Parteizungen.
Zwei Paar Zeitungen
vier Parteizungen usw.

Ibsen

Ich habe mit dir gerungen
und werde mit dir ringen.
Du hältst mich stark umschlungen,
doch zerreiß ich auch oft die Schlingen.
So schwankt die Seele hin und her,
bald gelöst, bald verstockt.
Du bist fürwahr wie das Meer –
das abstößt und lockt.

Vor allem sind die Klassiker
mit Anmerkungen zu versehn
und Zahlen an den Zeilen,
dann wirst du sie erst verstehn.
Doch daß sie sich ganz erschließen,
so helfe dir ferner fort
ein fachmännisch-gründlich Vor-, Bei-,
Zu-, Mittel- und Hinterwort.

Hartleben †

Den Schädel hebt mir auf! Den Leib verbrennt!
Den Leib verbrennt, ich liebt' ihn nicht so sehr.

Den Schädel hebt mir auf; ihn liebt' ich mehr:
In diesem Schädel schlief ein Firmament.

Die Zeit ist nah, sich zu erfüllen –
da wird man im Tiergarten – Bäume »enthüllen«.

Als Gott den preußischen Mann erschuf,
da sprach er: »Es werde der Ordnungsruf.«

»Schutzmann«

In seinen Kopf geht nur hinein:
»Imgrunde *darf* so viel nicht sein!«

Wir wollen keine Politik;
wir hassen diese Drachensaat;
wir wollen nur einen Sieg:
den über den Staat.

Ibsen

Den Tag im Hausbuch rot gemacht,
da ich dich endlich über-dacht.

Der Künstler

Laß dich nicht nach Menschenweise
an den Tanz der Dinge binden.
Sprich: Verwirrt mir nicht die Kreise!
Alles andre wird sich finden.

An den Bürger

Ich liebe dich wie jede Lebensform,
doch ist mir »Norm« nicht mehr als »Widernorm«.

Wie bin ich, Bürger, oft so gern dein Gast;
wie dient mir deine Welt gar oft zur – Rast!

Zu Röcken liegt ein Grab,
darin liegt Deutschland begraben.
Wann wird es wieder auferstehn,
von neuem über die Erde gehn?
Zu Röcken liegt ein Grab …

O Scham oft, tiefste Schande Mensch zu sein,
Mitmensch von Geier, Büffel, Fuchs und Schwein.

Es ist der Maßstab, der den Rang bestimmt.
Wie leicht, wie schwer ein Geist die Dinge nimmt.

Hier ist ein Mensch, der nicht zu wägen weiß,
und drum gehört er nicht in eines hohen Lebens Kreis.

Der Buchschmuck

Des Schnörkels Welt langweilte sich zu Tode.
Da ging sie hin und ward als – Buchschmuck Mode.

»Wortkunst«

Gestatte, daß ich Eurer »Wortkunst« lache.
Was, »Wortkunst«! Dichtung ist des Dichters Sache.

An die van der Veldes in allen Künsten

Es wirft die Linie sich herum,
als sähe sie ins Publikum.
Und läßt sie nicht von diesem Spiel,
so wird daraus – verlogner Stil.

Bei einer erneuten Lektüre der »Morgenröte«

So oft man seiner auch vergaß,
so oft steht uns aufs neu enthüllt
des Edlen übergroßes Maß,
das jedes seiner Werke füllt.

An Dostojewski

Das *Unerhörte* lockte mich von je
und darum bist du mir so wert vor allen.
Dich läßt nicht ruhn der Erde tiefes Weh,
du mußt aus Schmerzgewölk gewaltig fallen.

An dir soll man sich nähren hier und dort,
an dir des Herzens Unruh wieder lernen.
Du Glut aus Steppenbrand und Gottessternen,
nicht Künder bloß, du selbst ein neues Wort.

»Wissen wir denn, was wir sollen?
Alles ist nur ein Spiel –«
Und das wäre kein Ziel:
Gott verwirklichen wollen?

Wenn von links mich Feld und Dickicht riefe,
und von rechts der Mensch der »bessern Kreise« –

zög ich meinen Hut in aller Tiefe
und begäbe mich zu Fuchs und Meise.

Denn was dort nicht dumm ist, ist verbogen.
Deutsche Bürgerwelt, du bist *verlogen.*

Stoßseufzer

Gib mir Juden, Russen, Franzmann,
Blut und Geist auf alle Weise,
doch erspar mir deine, Landsmann,
sogenannten bessern Kreise.

Ein Rezensent an den Dichter

Der Dichter soll, was *sein,* betreiben,
nichts andres wünscht sein Rezensent,

und zwar, was *er* sein sein benennt,
soll, meint er, sein sein sein und bleiben.

Du also üb dein Konterfeispiel
von Berg und Baum und weiter nichts,
doch tritt uns nie zu nah (zum Beispiel),
denn sieh, am übrigen gebricht's.

Der Lebemeister (Grabschrift)

Er war ein Lebemeister,
er war der Freien Freister,
selbst vor sich selber frei,
und doch so wohl geboren,
daß er sich nicht verloren
an Wahn und Narretei.

Nietzsche an die Zeit

O Zeit, o Zeit, o Zeit, die sich und mich verliert.
Die mich, den Sturm, nicht spürt, nur mich, den Wurm,
seziert.

An ein chinesisches Teekännchen

Bist du auch kein Kunstwerk noch,
machst du doch mich Künstler froh,
bist du aus dem Lande doch
des Li-Tai-Po.

Und ein täglich schmeichelnd Pfand,
daß dein Volk im Werktagskreis
(anders als mein Vaterland)
um *Schönheit* weiß.

Cand. Impond.

Er war ein Candidat des Unwägbaren,
»Cand. Impond.« und *dem* Volk verhaßt,
das nur begreift, was es befaßt;
ein Gnadenreich vor ewig Gnadebaren.

Wiederkäuer

Zuerst erlebt der Mensch, dann käut er's durch,
erlebt im Durchkäun Neues, käut dann wieder,
und so in infinitum, käut sich so
allmählich durch, das göttliche Kamel.

An eine Fliege

»Du bist zu oft der wundersame Trost
von Eingekerkerten gewesen«,
so denk ich, wenn dein Treiben mich erbost.

An M. B.

Du bist der Zarteste der Zarten,
da sich in deiner Wesenheit
die Bürger zweier Welten paarten.

An den abgeschiedenen Genius meiner Mutter

Ich lag in Angst, du hieltst mein Haupt gebettet.
Ich sank in Tiefsinn, du hast mir gelächelt.
Ich wollt verglühn, du hast mich kühl gefächelt.
Ich wollt ertrinken, du hast mich gerettet.

Du, meine Mutter, in mir weiterlebend,
ein Genius, unsichtbar, an meiner Seite,

durchs Lebenswirrsal ewig treu Geleite,
Wegrichtung, Hilfe, Rat und Trost mir gebend.

Meinem Freunde Friedrich Kayßler

Als Haß mir nach der Wurzel schlug,
warst du bei mir, das war genug,
hast mir zu deinem Leben
das meine neu gegeben.

Zehn Jahre zusammen!
Es löst sich der Dunst.
Auf schlagen die Flammen
unserer Kunst.

Ad »Galgenlieder«

Ich habe die Welt zu Flugsand zerdacht,
doch konnt ich das Kind in mir nicht töten,
so hab ich es endlich kaum weiter gebracht
als zum Schnitzen von Weidenflöten.

Wie lieb ich dich o Schmerz, du Erdreich aller Lust;
o litt ich mehr, daß auch mein Freuen tiefer wäre.

Auf Juden hör ich immer gerne,
damit von ihnen meine Zunge lerne.

Sie schärften sie dreitausend Jahre:
Nun spalten sie damit die feinsten Haare.
Und wieviel Haare hat es nicht, das Wahre!

Selbstgespräche

O *ihr* wißt wundergut, was Leben heißt.
Ihr ehlicht, zeugt, genießt, arbeitet, sterbt.
Wie ein Gesetz ist euch das vorgekeilt,
und ihr erfüllts.

Ich ungewisser Geist,
ich hab noch immer leben nicht gelernt,
mir bleibt das Leben ewig fremd und neu.
Ich hab zu viel zerdacht, zu viel entthront.

Ich will vom *Menschen* nicht lassen.
Mein Liebeslied will nichts
als einen Strahl fassen
seines Angesichts.

Und einen Blitz geben
dessen, das ich bin.
Zu eurem, zu allem Leben
ein Funke mehr Maß, mehr Sinn.

Inselchen Urgestein

Ein Felsplateau gewann ich doch,
auf das ich aus der Meerflut kroch:
Den aller Orte letzten Ort,
darin verscharrt der Zwerge Hort
das Felsengrab, in dessen Spruch

die Brandung kocht ohn Unterbruch:
Hier ruht das WORT.

Ihr andern werdet sichrer immerdar.
Ich werde fragender von Jahr zu Jahr.

Rückschau

Sieh, darum war der Tod dir erst nach Jahren
gesetzt – damit du deinen Weg betrachtend
ihn wie von einem Gipfel liegen sähest.

Ein Duft und Schleier webt nun, wo du spähest,
verklärend jeden Tritt, den du gefahren,
und jeden falschen Schritt gelind umnachtend.

Ein armer Mann –
der nicht sein selber lachen kann.

Sieh, das ist Lebenskunst:
Vom schweren Wahn
des Lebens
sich befrein,
fein hinzulächeln
übers große Muß.

Halt unter Schlüssel
Wirken und Leben.
Jedem Schweinsrüssel
bist du sonst preisgegeben.

Nichts trostloser als ein Humor,
den man aus Humorlosem kitzelt.
Die Welt ward zu Tode gewitzelt
und trister denn je zuvor.

Pantheistisch

Die Motte stürzt verfolgt vom Gotte
und ist doch selbst von Gott ein Stück;
so trinkt zugleich er Lebensglück
und Todesleid, – Gott-Mensch, Gott-Motte.

Der Kunst Geheimnis hältst du bald am Kragen:
Hab was zu sagen und du wirst es sagen.

Morgens ein Kristallkelch voll Gefunkels,
Abends lustlos, ein Gefäß des Dunkels.

Mich geht der Jesuit nichts an. Jedoch
sein Satz vom Zwecke, der das Mittel heiligt,

er ist vielleicht ein Griff ins Herz des Lebens:
wenn Welt das Mittel ist zu Gott als Zweck.

Und magst du alle Worte auch verbrennen,
du mußt dich endlich doch zum Wort bekennen.

Chiffernschrift des Geistes

Was sind das – Gegenstände?
Ist alles Werk der Hände
und damit Geisterwerk.

Entgöttlichung heißt Entpersönlichung,
also Weltvergewöhnlichung.

Ich bin ein Mensch und schlag mich selbst ans Kreuz.
Ich Mensch, den Gott in mir, der ich *nicht* bin.

Mag dir dies und das geschehn,
lerne still darüber stehn,
sieh dir selber schweigend zu,
bis das wilde Herz in Ruh,
bis, so fest, es, angeblickt,
sein gewahr wird – und erschrickt.

Dies sich Zerfasern und Zergliedern
wird leicht ein höherer Müßiggang,
durch den wir unsere Art erwidern.

Dies Äugeln auf sein liebes Ich,
dies Grübeln in sein winzig Wesen,
dies stete Wichtigtun mit sich:

Es läßt zu keiner Tat genesen.
Nur wer sich über sich aufschwang,
wird Sich in sich als Schöpfer lesen!

Und dieses Einst, wovon wir träumen,
es ist noch nirgends, als in unserm Geist; –
wir sind dies Einst, uns selbst vorausgereist
im Geist, und winken uns von seinen Säumen,
wie wer sich selber winkt. –

Index zu den Aphorismen

Die Ziffern hinter dem Komma verweisen auf den betreffenden Aphorismus der angegebenen Seite

Zeittafel

1871 6. Mai: Geburt Christian Morgensterns in München.

1881 Frühjahr: Die Mutter stirbt an TBC. Schuljahr in Hamburg.

1882/83 Zwei Internatsjahre in Landshut. Wiederverheiratung des Vaters m. Amélie Dall'Armi aus Starnberg und Berufung des Vaters an die Kgl. Kunstschule in Breslau.

1884/89 Rückkehr C.M.s zum Vater. Besuch des Gymnasiums Maria Magdalena in Breslau. Freundschaft mit Friedrich Kayßler.

1889/90 Fehlgeschlagener Versuch einer Vorbereitung auf die Offizierslaufbahn.

1890/92 Abschluß der Schulausbildung am Gymnasium in Sorau (Nieder-Lausitz). Verkehr im Pfarrhaus Goettling. Freundschaft mit der Tochter Marie.

1892 Studium der Nationalökonomie an der Breslauer Universität (Sombart). Hektographierte Zeitschrift »Deutscher Geist«.

1893 Sommersemester m. Kayßler in München. Scheidungsprozeß des Vaters. Ausbruch des Lungenleidens. Kur in Bad Reinerz (Schlesien). Nietzsche-Studium.

1894 Im Frühjahr Übersiedlung nach Berlin: publizistische Mitarbeit durch Vermittlung von H. und J. Hart an der »Tägl. Rundschau«, der »Freien Bühne«, am »Kunstwart« und am »Zuschauer« (Hamburg). Entfremdung vom Vater bei dessen dritter Eheschließung. Im August Aufenthalt in Bad Grund (Harz).

1895 »In Phanta's Schloß« (Taendler, Berlin). Bruch mit dem Vater. Sommer auf Sylt (Plan zur »Symphonie«).

1896 »Horatius travestitus« (Taendler). Im August: Salzburg und Gardasee. Mitarbeit an der »Jugend«.

1897 »Horatius travestitus«, »Auf vielen Wegen« (Schuster & Loeffler, Berlin). Beginn der Übersetzer-Tätigkeit: Strindbergs »Inferno« (Bondi). Bedeutende Aufgabe mit d. Ibsen-Übersetzung für »Sämtliche Werke« (ISW), (S. Fischer).

1898 Ibsen, »Das Fest auf Solhaug«, ISW, Bd. 2; »Komödie der Liebe«, ISW, Bd. 3; »Ich und die Welt« (Sch. & L.). Aufenthalt in Kristiania (Oslo) für die Ibsen-Übersetzung.

1899 Ibsen, »Wenn wir Toten erwachen«, IWS, Bd. 9. Auf den Spuren des Großvaters Christian E. B. M. in Norwegen:

Molde an der Westküste, Troldhaugen (Edvard Grieg). Herbst Rückkehr nach Berlin. Freundschaft mit Efraim Frisch.

1900 »Ein Sommer« (Sch. & L.). Kur in Davos (Sept. 1900/Frühjahr 1901)

1901 Schweiz: Vierwaldstätter See, Wolfenschießen, Arosa. Ibsen, »Brand«, »Peer Gynt«, ISW, Bd. 4. Lagarde-Studium.

1902 März in Mailand und Portofino, Mai in Florenz. Wolfenschießen, Heidelberg. Dezember in Rom. »Und aber ründet sich ein Kranz« (Sch. & L.).

1903 Ibsen, »Gedichte« und »Catilina«, ISW, Bd. 1. März in Fiesole. Ab Mai in Berlin: Lektor bei Bruno Cassirer, Zs. der Reinhardt-Bühnen »Das Theater«.

1904 Mit Oskar Anwand Komödie »Oswald Hahnenkamm« (nicht zur Aufführung gekommen). Übersetzung von Hamsuns »Abendröte« (Langen).

1905 »Galgenlieder«. Sommer in Wyk auf Föhr. Dostojewski-Lektüre. Winter: Sanatorium Birkenwerder bei Berlin. »Tagebuch eines Mystikers«.

1906 »Melancholie«. Sommer in Tirol, September in Meran, Winter in Obermais. Böhme, Spinoza, Tolstoi.

1907 Ostern am Gardasee, Sommer in der Schweiz, Goldoni-Übersetzung mit Freksa.

1908 »Galgenlieder«, 3. Aufl., vermehrt um »Gingganz und Verwandtes«. Sommer in Dreikirchen bei Klausen: Begegnung mit Margareta Gosebruch von Liechtenstern. Rückkehr nach Berlin.

1909 Besuch der Vorträge Rudolf Steiners in Berlin, Düsseldorf und Koblenz, dann in Kristiania, Budapest (Intern. Theosophen-Kongreß), Kassel, München. Besuch beim Vater in Wolfshau (Riesengebirge). Erkrankung in Obermais.

1910 »Palmström« (Cassirer), »Einkehr« (Piper). 7. März: Eheschließung mit Margareta. Mai–August: Dürrenstein (Dolomiten). Hamsun, »Spiel des Lebens« (Langen). Zum Vortragszyklus Steiners in Bern. September u. Oktober: München. Reise nach Palermo. Erkrankung in Taormina.

1911 Krankenhaus in Rom. Sanatorium u. Wohnung in Arosa. »Ich und Du« (Piper). »Auf vielen Wegen« (neue, zus.gez. Ausg. von »Auf vielen Wegen« und »Ich und die Welt«) (Piper).

1912 »Vermehrter Palmström« (6. Aufl.). Sanatorium in Davos. Oktober: Begegnung mit Steiner in Zürich.

1913 Frühjahr mit Michael Bauer in Portorose (Adria). »Galgenlieder« (15. Aufl.). Erkrankung in München. Teilnahme an Steiner-Vorträgen in Stuttgart mit C.-M.-Feier (November) und in Leipzig mit C.-M.-Rezitation durch Marie von Sivers (Dezember).

1914 31. März Tod M.s in Untermais, nachdem Sanatorien Arco und Gries die Aufnahme abgelehnt hatten. 4. April: Einäscherung in Basel (spätere Überführung nach Dornach). »Wir fanden einen Pfad« (posthum, Piper).

1916/28 Nachlaßveröffentlichungen:
»Palma Kunkel« 1916 (Cassirer), »Stufen« 1918 (Piper), »Der Gingganz« 1919 (Cassirer), »Epigramme und Sprüche« 1920 (Piper), »Ein Kranz« (2., mit »Ein Sommer« verbundene Ausgabe) 1920 (Piper), »Über die Galgenlieder« 1921 (Cassirer), »Klein Irmchen« 1921 (Cassirer), »Mensch Wanderer« 1927 (Piper), »Die Schallmühle. Grotesken und Parodien« 1928 (Piper).

Danksagung

Es wäre nicht möglich gewesen, ohne die Hilfe von Bibliotheken und Archiven die Ausgabe in dieser Form zu Ende zu führen. Vorab nenne ich Barbara Klose an der Bibliothek für Hermeneutik und Literatur-Kritik (Universität Gießen), die die Zusammenstellung der Texte vorbereitet und geleitet hat, sodann Marlies Tropp, die an der Auswahl der Briefe mitgewirkt und die Korrekturen mitgelesen hat. Insbesondere bedanke ich mich beim Urachhaus in Stuttgart (Frau Eichhorn) für die Benutzung der Ausgaben im Morgenstern-Nachlaß, beim Literaturarchiv in Marbach a. N. für die vorzügliche Unterstützung, Erstpublikationen aufzuspüren, bei der Anthroposophischen Gesellschaft in Stuttgart (Frau Hase) für die Bereitstellung der Publikationen im »Goetheanum« und bei Frau Dr. Gertrud Bader (UB Gießen) für Auskünfte und Arbeitserleichterungen.

C. H.

Der Herausgeber

Dr. Clemens Heselhaus, Professor für Neuere deutsche Literaturgeschichte und Allgemeine Literaturwissenschaft. Lehrte in Halle, Münster und Gießen. Herausgeber der Werke Annette von Droste-Hülshoffs und Gottfried Kellers. Lebt bei Gießen.

SERIE PIPER

Rolf Ackermann 8mal Sardinien. SP 5109
Wassilij Aksjonow Defizitposten Faßleergut. SP 115
Michel Albert Herausforderung Europa. SP 384
Fritz René Allemann 26mal die Schweiz. SP 5106
Klaus Allerbeck/Wendy Hoag Jugend ohne Zukunft? SP 433
Franz Alt Frieden ist möglich. SP 284
Franz Alt Liebe ist möglich. SP 429
Altes Testament Hrsg. von Hanns-Martin Lutz/Hermann Timm/ Eike Christian Hirsch. SP 347
Jorge Amado Nächte in Bahia. SP 411
Jorge Amado Viva Teresa. SP 454
Jürg Amann Ach, diese Wege sind sehr dunkel. SP 398
Jürg Amann Die Baumschule. SP 342
Jürg Amann Franz Kafka. SP 260
Jürg Amann Robert Walser. SP 5212
Stefan Andres Der Knabe im Brunnen. SP 459
Stefan Andres Positano. SP 315
Stefan Andres Wir sind Utopia. SP 95
Ernest Ansermet Die Grundlagen der Musik. SP 388
Ernest Ansermet/J.-Claude Piguet Gespräche über Musik. SP 74
Hannah Arendt Macht und Gewalt. SP 1
Hannah Arendt Rahel Varnhagen. SP 230
Hannah Arendt Über die Revolution. SP 76
Hannah Arendt Vita activa oder Vom tätigen Leben. SP 217
Hannah Arendt Walter Benjamin/Bertolt Brecht. SP 12
Birgitta Arens Katzengold. SP 276
Atomkraft – ein Weg der Vernunft? Hrsg. v. Philipp Kreuzer/ Peter Koslowski/Reinhard Löw. SP 238
Aurelius Augustino Aufstieg zu Gott. SP 521
Anton Austermann Kurt Tucholsky. SP 5214
Ingeborg Bachmann Anrufung des Großen Bären. SP 307
Ingeborg Bachmann Frankfurter Vorlesungen: Probleme zeitgenössischer Dichtung. SP 205
Ingeborg Bachmann Die gestundete Zeit. SP 306
Ingeborg Bachmann Die Hörspiele. SP 139
Ingeborg Bachmann Das Honditschkreuz. SP 295
Ingeborg Bachmann Liebe: Dunkler Erdteil. SP 330
Ingeborg Bachmann Die Wahrheit ist dem Menschen zumutbar. SP 218
Ernst Barlach Drei Dramen. SP 163
Giorgio Bassani Die Brille mit dem Goldrand. SP 417
Giorgio Bassani Ferrareser Geschichten. SP 430
Giorgio Bassani Die Gärten der Finzi-Contini. SP 314
Michael Bauer Christian Morgensterns Leben und Werk. SP 421
Bayerisches Lesebuch Hrsg. von Günther Lutz. SP 431
Werner Becker Der Streit um den Frieden. SP 354
Mathilde Q. Beckmann Mein Leben mit Max Beckmann. SP 436
Max Beckmann Briefe im Kriege. SP 286
Max Beckmann Leben in Berlin. SP 325
Hans Bender Telepathie, Hellsehen und Psychokinese. SP 31
Hans Bender Verborgene Wirklichkeit. SP 177
Hans Bender Zukunftsvisionen, Kriegsprophezeiungen, Sterbeerlebnisse. SP 246
Lore Berger Der barmherzige Hügel. SP 396
Bruno Bettelheim Gespräche mit Müttern. SP 155
Bruno Bettelheim/Daniel Karlin Liebe als Therapie. SP 257
Klaus von Beyme Interessengruppen in der Demokratie. SP 202

Serie Piper

Klaus von Beyme   Parteien in westlichen Demokratien. SP 245
Klaus von Beyme   Das politische System der Bundesrepublik Deutschland. SP 186
Klaus von Beyme   Die politischen Theorien der Gegenwart. SP 211
Klaus von Beyme   Die Sowjetunion in der Weltpolitik. SP 455
Harald Bilger   111mal Südafrika. SP 5102
Hildegard von Bingen   Gott sehen. SP 522
Klaus von Bismarck/Günter Gaus/Alexander Kluge
Industrialisierung des Bewußtseins. SP 473
Der Blaue Reiter   Hrsg. von Wassily Kandinsky und Franz Marc. SP 300
Norbert Blüm   Die Arbeit geht weiter. SP 327
Jurij Bondarew   Die Zwei. SP 334
Herbert von Borch   John F. Kennedy. SP 5203
Tadeusz Borowski   Bei uns in Auschwitz. SP 258
Margret Boveri   Tage des Überlebens. SP 395
John Bowle   Geschichte Europas. SP 424
Karl Dietrich Bracher   Zeitgeschichtliche Kontroversen. SP 353
Lily Braun   Memoiren einer Sozialistin. SP 444
Alfred Brendel   Nachdenken über Musik. SP 265
Raymond Cartier   50mal Amerika. SP 5101
Raymond Cartier   Der Zweite Weltkrieg. Band I SP 281,
Band II SP 282, Band III SP 283
Wolfgang Clemen   Shakespeares Monologe. SP 399
Horst Cotta   Der Mensch ist so jung wie seine Gelenke. SP 275
Carl Dahlhaus   Musikalischer Realismus. SP 239
Gerhard Dambmann   25mal Japan. SP 5104
Dante Alighieri   Die Göttliche Komödie. SP 500
Denkanstöße '85. SP 371
Denkanstöße '86. SP 439
Georg Denzler   Widerstand oder Anpassung? SP 294
Dhammapadam – Der Wahrheitpfad. SP 317
Ulrich Dibelius   Moderne Musik I 1945–1965. SP 363
Hilde Domin   Von der Natur nicht vorgesehen. SP 90
Hilde Domin   Wozu Lyrik heute. SP 65
Fjodor M. Dostojewski   Die Brüder Karamasoff. SP 402
Fjodor M. Dostojewski   Gesammelte Briefe. SP 461
Fjodor M. Dostojewski   Die Dämonen. SP 403
Fjodor M. Dostojewski   Der Idiot. SP 400
Fjodor M. Dostojewski   Rodion Raskolnikoff. SP 401
Fjodor M. Dostojewski   Sämtliche Erzählungen. SP 338
Hans Heinrich Eggebrecht   Bachs Kunst der Fuge. SP 367
Hans Jürgen Eggers   Deutsche Sprache im 20. Jahrhundert. SP 61
Hans Jürgen Eggers   Einführung in die Vorgeschichte. SP 93
Irenäus Eibl-Eibesfeldt   Liebe und Haß. SP 113
Irenäus Eibl-Eibesfeldt   Krieg und Frieden. SP 329
Manfred Eigen/Ruthild Winkler   Das Spiel. SP 410
Einführung in pädagogisches Sehen und Denken   Hrsg. von
Andreas Flitner/Hans Scheuerl. SP 222
Paul Eipper   Ateliergespräche mit Liebermann und Corinth. SP 438
Erasmus von Rotterdam   Die Klage des Friedens. SP 380
Die erfundene Wirklichkeit   Hrsg. von Paul Watzlawick. SP 373
Erziehung in früher Kindheit   Hrsg. von Günther Bittner/Edda Harms. SP 426
Theodor Eschenburg   Die Republik von Weimar. SP 356
Jürg Federspiel   Museum des Hasses. SP 220
Joachim C. Fest   Das Gesicht des Dritten Reiches. SP 199
Iring Fetscher   Karl Marx und der Marxismus. SP 374

Iring Fetscher Der Marxismus. SP 296
Iring Fetscher Überlebensbedingungen der Menschheit. SP 204
Andreas Flitner Konrad, sprach die Frau Mama ... SP 357
Andreas Flitner Spielen – Lernen. SP 22
Fortschritt ohne Maß? Hrsg. von Reinhard Löw/Peter Koslowski/ Philipp Kreuzer. SP 235
Viktor E. Frankl Der Mensch vor der Frage nach dem Sinn. SP 289
Viktor E. Frankl Die Sinnfrage in der Psychotherapie. SP 214
Richard Friedenthal Diderot. SP 316
Richard Friedenthal Das Erbe des Kolumbus. SP 355
Richard Friedenthal Goethe. SP 248
Richard Friedenthal Jan Hus. SP 331
Richard Friedenthal Leonardo. SP 299
Richard Friedenthal Luther. SP 259
Friedrich Georg Friedmann Hannah Arendt. SP 5201
Harald Fritzsch Quarks. SP 332
Carlo Emilio Gadda Die Erkenntnis des Schmerzes. SP 376
Carlo Emilio Gadda Die gräßliche Bescherung in der Via Merulana. SP 466
Romain Gary Die Wurzeln des Himmels. SP 412
Imanuel Geiss Das Deutsche Reich und die Vorgeschichte des Ersten Weltkriegs. SP 442
Imanuel Geiss Das Deutsche Reich und der Erste Weltkrieg. SP 443
Stefan M. Gergely Mikroelektronik. SP 449
Walther Gerlach/Martha List Johannes Kepler. SP 201
Jewgenia Ginsburg Gratwanderung. SP 293
Jewgenia Ginsburg Marschroute eines Lebens. SP 462
Albert Görres Kennt die Religion den Menschen? SP 318
Goethe – ein Denkmal wird lebendig Hrsg. von Harald Eggebrecht. SP 247
Erving Goffman Wir alle spielen Theater. SP 312
Helmut Gollwitzer Was ist Religion? SP 197
Tony Gray 5mal Irland. SP 5105
Norbert Greinacher Die Kirche der Armen. SP 196
Heinz Griesinger Überrollt uns die Technik? SP 413
Albert Paris Gütersloh Die Fabel von der Freundschaft. SP 460
Albert Paris Gütersloh Der Lügner unter Bürgern. SP 335
Albert Paris Gütersloh Reden und Schriften zur bildenden Kunst. SP 427
Albert Paris Gütersloh Eine sagenhafte Figur. SP 372
Albert Paris Gütersloh Sonne und Mond. SP 305
Willy Guggenheim 30mal Israel. SP 5108
Olaf Gulbransson Es war einmal. SP 266
Olaf Gulbransson Und so weiter. SP 267
Hildegard Hamm-Brücher Gerechtigkeit erhöht ein Volk. SP 346
Hildegard Hamm-Brücher Der Politiker und sein Gewissen. SP 269
Lukas Hartmann Gebrochenes Eis. SP 397
Harald Hartung Deutsche Lyrik seit 1965. SP 447
Bernhard Hassenstein Instinkt Lernen Spielen Einsicht. SP 193
Bernhard und Helma Hassenstein Was Kindern zusteht. SP 169
Elisabeth Heisenberg Das politische Leben eines Unpolitischen. SP 279
Werner Heisenberg Schritte über Grenzen. SP 336
Jeanne Hersch Karl Jaspers. SP 195
Werner Hilgemann Atlas zur deutschen Zeitgeschichte. SP 328
Elfriede Höhn Der schlechte Schüler. SP 206
Peter Hoffmann Widerstand gegen Hitler. SP 190
Peter Hoffmann Widerstand – Staatsstreich – Attentat. SP 418
Peter Huchel Die Sternenreuse. SP 221
Aldous Huxley Affe und Wesen. SP 337

SERIE PIPER

Aldous Huxley Eiland. SP 358
Aldous Huxley Glücklich bis ans Ende ihrer Tage. SP 423
Aldous Huxley Der kleine Mexikaner. SP 456
Aldous Huxley Die Kunst des Sehens. SP 216
Aldous Huxley Moksha. SP 287
Aldous Huxley Narrenreigen. SP 310
Aldous Huxley Die Pforten der Wahrnehmung/Himmel und Hölle. SP 6
François Jacob Das Spiel der Möglichkeiten. SP 249
Marielouise Janssen-Jureit (Hrsg.) Lieben Sie Deutschland? SP 368
Karl Jaspers Die Atombombe und die Zukunft des Menschen. SP 237
Karl Jaspers Augustin. SP 143
Karl Jaspers Chiffren der Transzendenz. SP 7
Karl Jaspers Einführung in die Philosophie. SP 13
Karl Jaspers Kant. SP 124
Karl Jaspers Kleine Schule des philosophischen Denkens. SP 54
Karl Jaspers Die maßgebenden Menschen. SP 126
Karl Jaspers Nietzsche und das Christentum. SP 378
Karl Jaspers Philosophische Autobiographie. SP 150
Karl Jaspers Der philosophische Glaube. SP 69
Karl Jaspers Plato. SP 147
Karl Jaspers Psychologie der Weltanschauungen. SP 393
Karl Jaspers Schelling. SP 341
Karl Jaspers Die Schuldfrage/Für Völkermord gibt es keine Verjährung. SP 191
Karl Jaspers Spinoza. SP 172
Karl Jaspers Vernunft und Existenz. SP 57
Karl Jaspers Vom Ursprung und Ziel der Geschichte. SP 298
Karl Jaspers Wahrheit und Bewährung. SP 268
Karl Jaspers/Rudolf Bultmann Die Frage der Entmythologisierung. SP 207
Tilman Jens Mark Twain. SP 5223
Tilman Jens Unterwegs an den Ort wo die Toten sind. SP 390
Walter Jens Fernsehen – Themen und Tabus. SP 51
Walter Jens Momos am Bildschirm 1973–1983. SP 304
Walter Jens Die Verschwörung/Der tödliche Schlag. SP 111
Walter Jens Von deutscher Rede. SP 277
Louise J. Kaplan Die zweite Geburt. SP 324
Friedrich Kassebeer Die Tränen der Hoffnung. SP 392
Wilhelm Kempff Unter dem Zimbelstern. SP 446
Wilhelm Kempff Was ich hörte, was ich sah. SP 391
Toni Kienlechner 12mal Italien. SP 5110
Rudolf Kippenhahn Hundert Milliarden Sonnen. SP 343
Michael Köhlmeier Der Peverl Toni. SP 381
Leszek Kolakowski Henri Bergson. SP 5204
Leszek Kolakowski Die Gegenwärtigkeit des Mythos. SP 149
Leszek Kolakowski Der Himmelsschlüssel. SP 232
Leszek Kolakowski Der Mensch ohne Alternative. SP 140
Wilhelm Korff Wie kann der Mensch glücken? SP 394
Christian Graf von Krockow Gewalt für den Frieden? SP 323
Hans Küng Ewiges Leben? SP 364
Hans Küng Die Kirche. SP 161
Hans Küng 20 Thesen zum Christsein. SP 100
Hans Küng 24 Thesen zur Gottesfrage. SP 171
Karl-Josef Kuschel Weil wir uns auf dieser Erde nicht ganz zu Hause fühlen. SP 414
Rudolf Walter Leonhardt Auf gut deutsch gesagt. SP 481
Klaus Liebe 6mal Jugoslawien. SP 5107

SERIE PIPER

Anne Morrow Lindbergh Muscheln in meiner Hand. SP 425
Konrad Lorenz Die acht Todsünden der zivilisierten Menschheit. SP 50
Konrad Lorenz Über tierisches und menschliches Verhalten. Bd. I SP 360
Konrad Lorenz Über tierisches und menschliches Verhalten. Bd. II SP 361
Konrad Lorenz Das Wirkungsgefüge der Natur und das Schicksal des Menschen. SP 309
Konrad Lorenz/Franz Kreuzer Leben ist Lernen. SP 223
Lust am Denken Hrsg. von Klaus Piper. SP 250
Lust am Lesen Hrsg. von Ernst Reinhard Piper. SP 450
Lust an der Musik Hrsg. von Klaus Stadler. SP 350
Lust und Liebe Hrsg. von Christoph Wulf. SP 383
Heinz Maier-Leibnitz Kochbuch für Füchse. SP 468
Franz Marc Briefe aus dem Feld. Neu hrsg. von Klaus Lankheit/Uwe Steffen. SP 233
Yehudi Menuhin Ich bin fasziniert von allem Menschlichen. SP 263
Yehudi Menuhin Variationen. SP 369
Christa Meves Verhaltensstörungen bei Kindern. SP 20
Alexander Mitscherlich Auf dem Weg zur vaterlosen Gesellschaft. SP 45
Alexander Mitscherlich Der Kampf um die Erinnerung. SP 303
Alexander und Margarete Mitscherlich Eine deutsche Art zu lieben. SP 2
Alexander und Margarete Mitscherlich Die Unfähigkeit zu trauern. SP 168
Margarete Mitscherlich Das Ende der Vorbilder. SP 183
Eugenio Montale Die Straußenfeder. SP 145
Das Morgenstern Buch Hrsg. von Michael Schulte. SP 452
Christian Morgenstern Galgenlieder. SP 291
Christian Morgenstern Palmström. SP 375
Christian Morgenstern Werke in vier Bänden. Band I SP 271, Band IV SP 274
Neues Testament Hrsg. von Gerhard Iber. SP 348
Robert Neumann Die Kinder von Wien. SP 382
Ernst Nolte Der Faschismus in seiner Epoche. SP 365
Ernst Nolte Der Weltkonflikt in Deutschland. SP 222
Willard G. Oxtoby Offenes Christentum. SP 435
Pier Paolo Pasolini Accattone. SP 344
Pier Paolo Pasolini Gramsci's Asche. SP 313
Pier Paolo Pasolini Mamma Roma. SP 302
Pier Paolo Pasolini Teorema oder Die nackten Füße. SP 200
Pier Paolo Pasolini Vita Violenta. SP 240
P.E.N.-Schriftstellerlexikon Hrsg. von Martin Gregor-Dellin/Elisabeth Endres. SP 243
Pipers Buch der Physik Hrsg. von Edgar Lüscher. SP 457
Karl R. Popper/Konrad Lorenz Die Zukunft ist offen. SP 340
Ludwig Rausch Strahlenrisiko!? SP 194
Fritz Redl/David Wineman Kinder, die hassen. SP 333
Fritz Redl/David Wineman Steuerung des aggressiven Verhaltens beim Kind. SP 129
Willi Reich Alban Berg. SP 288
Rupert Riedl Evolution und Erkenntnis. SP 378
Rupert Riedl Die Strategie der Genesis. SP 290
Roland Röhl Natur als Waffe. SP 445
Romain Rolland Georg Friedrich Händel. SP 359
Jörg Kaspar Roth Hilfe für Helfer: Balint-Gruppen. SP 389
Ivan D. Rožanskij Geschichte der antiken Wissenschaft. SP 292
Maurice Sachs Der Sabbat. SP 255
Hans Schaefer Plädoyer für eine neue Medizin. SP 225
Oda Schaefer Wiederkehr. SP 465
Robert F. Schmidt/Albrecht Struppler Der Schmerz. SP 241
Christian Schmidt-Häuer Michail Gorbatschow. SP 467
Arthur Schopenhauer Metaphysik der Natur. SP 362
Arthur Schopenhauer Methaphysik des Schönen. SP 415

SERIE PIPER

Arthur Schopenhauer Metaphysik der Sitten. SP 463
Renate Schostack Zwei Arten zu lieben. SP 301
Schwabing Hrsg. von Oda Schaefer. SP 366
Hannes Schwenger Im Jahr des Großen Bruders. SP 326
Gerd Seitz Erklär mir den Fußball. SP 5002
Kurt Sontheimer Grundzüge des politischen Systems der Bundesrepublik Deutschland. SP 351
Robert Spaemann/Reinhard Löw Die Frage Wozu? SP 420
Hans Peter Thiel Erklär mir die Erde. SP 5003
Hans Peter Thiel Erklär mir die Tiere. SP 5005
Hans Peter Thiel/Ferdinand Anton Erklär mir die Entdecker. SP 5001
Ludwig Thoma Heilige Nacht. SP 262
Ludwig Thoma Jozef Filsers Briefwexel. SP 464
Ludwig Thoma Magdalena. SP 428
Ludwig Thoma Moral. SP 297
Ludwig Thoma Münchnerinnen. SP 339
Ludwig Thoma Tante Frieda. SP 379
Ludwig Thoma Der Wilderer und andere Jägergeschichten. SP 321
Giuseppe Tomasi di Lampedusa Der Leopard. SP 320
Giuseppe Tomasi di Lampedusa Die Sirene. 422
Franz Tumler Das Land Südtirol. SP 352
Und die Musik spielt dazu Hrsg. von Ulrike Migdal. SP 451
Das Valentin Buch Hrsg. von Michael Schulte. SP 370
Karl Valentin Die Friedenspfeife. SP 311
Karl Valentin Die Jugendstreiche des Knaben Karl. SP 458
Karl Valentin Riesenblödsinn. SP 416
Vor uns die goldenen neunziger Jahre Hrsg. von Martin Jänicke. SP 377
Cosima Wagner Die Tagebücher. Bd. 1 SP 251, Bd. 2 SP 252, Bd. 3 SP 253, Bd. 4 SP 254
Richard Wagner Mein Denken. Hrsg. von Martin Gregor-Dellin. SP 264
Paul Watzlawick Wie wirklich ist die Wirklichkeit? SP 174
Der Weg ins Dritte Reich. SP 261
Wege zum Sinn Hrsg. von Alfried Längle. SP 387
Johannes Wickert Isaac Newton. SP 215
Wolfgang Wickler Die Biologie der Zehn Gebote. SP 236
Wolfgang Wickler/Uta Seibt männlich weiblich. SP 285
Roger Willemsen Robert Musil. SP 5208
Wörterbuch der Erziehung Hrsg. von Christoph Wulf. SP 345
Wilhelm Worringer Abstraktion und Einfühlung. SP 122
Heinz Zahrnt Aufklärung durch Religion. SP 210
Heinz Zahrnt Wie kann Gott das zulassen? SP 453
Dieter E. Zimmer Die Vernunft der Gefühle. SP 227